互联网背景下企业平台战略研究

——以曼特公司为例

郑水生　著

Research on Platform Strategy under
the Background of Internet
—A Case Study of MANTE Company

经济管理出版社
ECONOMY & MANAGEMENT PUBLISHING HOUSE

图书在版编目（CIP）数据

互联网背景下企业平台战略研究——以曼特公司为例/郑水生著 . —北京：经济管理出版社，2020.4

ISBN 978 - 7 - 5096 - 7064 - 4

Ⅰ.①互…　Ⅱ.①郑…　Ⅲ.①企业战略—研究—中国　Ⅳ.①F279.23

中国版本图书馆 CIP 数据核字（2020）第 053769 号

组稿编辑：李红贤
责任编辑：李红贤　杜奕彤
责任印制：黄章平
责任校对：陈晓霞

出版发行：经济管理出版社
　　　　　（北京市海淀区北蜂窝 8 号中雅大厦 A 座 11 层　100038）
网　　　址：www. E - mp. com. cn
电　　　话：(010) 51915602
印　　　刷：三河市延风印装有限公司
经　　　销：新华书店
开　　　本：720mm × 1000mm/16
印　　　张：13.5
字　　　数：250 千字
版　　　次：2020 年 6 月第 1 版　　2020 年 6 月第 1 次印刷
书　　　号：ISBN 978 - 7 - 5096 - 7064 - 4
定　　　价：78.00 元

前　言

　　全球化的竞争背景下，平台正在成为一种普遍的市场或行业组织形式，深入大众的生活。在平台商业模式的网络效应下，往往出现规模收益递增的现象，强者可以掌控全局、打造共赢生态圈，而弱者只能瓜分残羹冷炙，致使未来的商业竞争将不再是企业与企业的肉搏，而是平台与平台的竞争，甚至是生态圈与生态圈的战争。平台模式不仅适用于互联网企业，一些传统制造企业如海尔也纷纷加入利用平台战略进行企业转型升级的浪潮中。当前，管材行业存在巨大发展机遇与挑战，行业竞争激烈，管材市场站在转型升级的十字路口，实施平台战略是突破同质化竞争、形成竞争优势、推动自身转型的内在要求。尽管国内外针对平台战略的研究较为丰富，但主要是对其概念、分类、优势等方面的探讨，研究大多数处于理论分析与预测层面，对具体行业、企业的平台建设和战略制定的研究仍然处于探索阶段。特别是在我国转型经济背景下，互联网经济、技术的变革日新月异，企业平台战略的整体规划亟待理论研究和实践探索。

　　本书基于理论文献综述及案例研究方法，着眼于传统企业如何在互联网背景下构建平台商业模式这个关键问题，重点分析湖北曼特管业新型建材股份有限公司（以下简称曼特公司）平台战略的创新与发展，研究其如何通过平台模式达到战略目标，包括规模的壮大、生态圈的完善、与竞争者的对抗，以及对传统管业制造市场的重塑。对曼特公司所处的塑料管道行业的宏观环境进行分析可知，曼特公司当前应该大力推进塑料管道的广泛应用。一方面，通过竞争者分析可知，在近年宏观经济情况下行及市场竞争加剧的形势下，塑料管材市场竞争十分激烈；另一方面，面对网络时代消费者心理和行为的迭代化和多样化，企业要从用户需求、平台架构和生态系统这三大角度出发，对传统的产品和服务进行革新，从而实现企业商业模式的优化。通过渠道成员分析可知，中间商对于零售一类的行业有着至关重要的作用。通过对塑料管道行业营销渠道及其中间商环节的分析，笔者发现，目前塑料管道行业的模式正在进行全面的改变，塑料管道行业的营销渠道模式正向着扁平化、精细化的方向发展，由分销模式变成分销与直销结合的综合渠道模式。通过将曼特公司与耐克（NIKE）及鲁泰纺织集团等企业的平台模式进行对比分析，本书总结了曼特公司的优势和不足，并提出适合曼特公司的平台优化建议，为曼特公司转变经济发展模式，寻找产业结构调整方向，提高企业竞争力提供借鉴与指导。

目　录

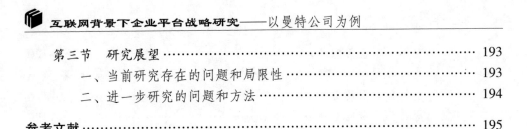

第一章
导论

当前，技术迅速进步，各种平台不断涌现，行业竞争也随之更加白热化。如何利用平台建立可持续性的盈利模式？这与平台战略关系紧密。未来，平台战略路在何方？本章将对平台战略的研究背景、问题和意义进行探讨。

第一节　研究背景

韩梅梅是个普通的大三学生，每天早晨起床的第一件事，就是打开智能手机，看看有没有前程无忧发来的 offer，然后起床洗漱，换上运动装，戴上小米的运动手环，在校园内晨跑，运动完之后将自己的运动记录分享在朋友圈，很快就能收到朋友们的点赞和评论。

下课后的韩梅梅回到寝室，和室友们一起点了美团的外卖，等外卖的时间里，韩梅梅打开淘宝，在"双十一"之前把自己想买的衣服加入了购物车。饭后，韩梅梅打开起点中文网，阅读着自己追了大半年的科幻小说。

下午，韩梅梅打算和室友去植物园游玩，不了解路线的几个人用百度地图选择了合适的交通工具和最近的路线，在植物园用支付宝买了门票。晚上，一行人开心而疲惫地回到了学校。洗完澡，韩梅梅躺在床上，打开微博，看看发生了什么有趣的事，后又在 QQ 上祝贺自己的老朋友拿到了海尔的 offer，感到睡意后沉沉地睡去。

随着互联网技术的发展，人们的生活方式得到了很大程度的改变，上述情境已经成为很多人的日常，韩梅梅一天生活中所接触到的企业，有很多已经与人们的生活、学习和工作息息相关。互联网思维下，传统的战略思维和商业模式正在经受考验、挑战甚至颠覆，新的商业模式应运而生。上述故事中提到的企业，无一例外的都是平台型企业。在一份《中国十大成功商业模式》的调查报告中，位居前列的分别是腾讯、阿里巴巴、百度、携程、苏宁……这些成功的商业模式特点各异，却又惊人的一致。在过去的一二十年中，它们以令人咋舌的速度横扫互联网及传统产业，形成极具统治力和强大盈利能力的商业模式，这就是"平台商业模式"。可以说，平台思维正在带来全球企业的一场战略革命。以平台模式打造共创、共享的生态圈，已经成为全球企业商业竞争中的重要战略，面对"小而美"的趋势，平台在整合资源、跨界合作及调动多元积极性等方面的优势，让其更符合互联网时代下产业发展的趋势和要求。

全球化的竞争背景下，平台正在成为一种普遍的市场或行业组织形式，平台模式已经深入大众的生活，包括社交网络、搜索引擎、第三方支付、电子商务等领域。全球最大的 100 家企业里，有 60 家企业的主要收入来自平台商业模式，包括苹果、谷歌、微软、思科、日本电报电话公司及时代华纳等知名公司。在中国，许多靠平台模式成功的企业都为人们所熟知——BAT（百度、阿里、腾讯）三大互联网巨头围绕搜索、电商、社交各自构筑了强大的产业生态，还有诸如人人网、上证交易所及盛大游戏等公司，同样基于平台商业模式获利并持续扩大市场版图。

平台商业模式的精髓，在于打造一个完善的、成长潜能强大的"生态圈"①。一个成功的平台企业并非仅提供简单的渠道或中介服务。它拥有独树一帜的精密规范和机制系统，能有效激励多方群体之间互动，达成平台企业的愿景。平台模式往往是把两个或多个不同的用户群体联系起来，形成一个完整的网络，并建立有助于促进双方交易的基础架构和规则。其意义在于通过提供信息、搭建渠道以促成双边或多边用户的交易，并在此过程中通过收取一定的费用而盈利。比如，在开篇的故事中，前程无忧连接了企业和应聘者，淘宝连接了商品卖家和买家，起点中文网连接了网络作家和读者，支付宝连接了店家和消费者等，正是平台模式的网络效应，让多个用户群体满足彼此的需求，再巧妙地从中获利。

平台商业模式的网络效应下，往往出现规模收益递增现象，强者可以掌控全局、打造共赢生态圈，而弱者只能瓜分残羹冷炙。如果平台企业在初创期能迅速锁定用户，就能在行业竞争中占据起步优势。"赢家通吃"让很多企业在行业中处于霸权地位：微软曾占据 PC 操作系统 95% 的市场占有率，起点中文网占在线

---

① 生态圈又称商业生态圈，指商业活动的各利益相关者通过共同建立一个价值平台而实现生态价值的最大化，力求"共同进化"。各个角色关注其所在的价值平台的整体特性，通过平台撬动其他参与者的能力，使这一系统能够创造价值，并从中分享利益。与生物生态圈类比，有很多相似之处，首先是竞争性依然存在，但更多是强化了彼此间的联动性、共赢性和整体发展的持续性；其次是弱肉强食的收购、吞并现象依然持续，一些非正当竞争依然存在，这就是生态圈自由性的体现。

出版行业的 71%，淘宝占在线购物的 70%，携程网占在线旅游行业的 50%，前程无忧占网络人才招聘的 30%……达不到成长临界点的很多平台往往无法继续生存下去，而一旦用户规模超过临界容量，就会呈现出惊人的扩张速度，并且随着客户数量的增长，它的边际成本会越来越低——越扩张越省钱。凭借庞大的用户数量和精确的用户数据，这些企业可以进一步渗入其他产业，建立新商业模式，从而使自己具有超级成本优势。平台型企业特殊的成本结构，决定了它们对扩张的嗜好。所以我们看到，淘宝、Facebook 对用户数量永不满足。在互联网的驱动下，21 世纪将是历史上通过平台战略全面普及人类商业行为的分水岭。

实际上，平台模式不仅适用于互联网企业，一些传统制造企业也开始思考平台战略在企业转型升级中所起的作用。例如，海尔率先将平台战略引入传统制造业，它的平台战略颠覆传统的管理模式，以互联网为基础，实现平台资源的交互，成为一个生态循环系统，为制造业企业的改革发展提供了借鉴。因此，本书着眼于传统企业如何在互联网背景下构建平台商业模式这个关键问题，重点分析了湖北曼特管业新型建材股份有限公司（以下简称曼特公司）的平台战略创新与发展，进一步验证并解析了平台模式不仅仅适用于互联网企业，传统制造业企业也可以通过平台战略整合内外部资源，适应时代发展，实现企业的转型升级。

未来商业竞争将不再是企业与企业的肉搏，而是平台与平台的竞争，甚至是生态圈与生态圈的战争。平台生态圈里的一方群体，一旦因为需求增加而壮大，另一方群体的需求也会随之增长。如此便建立了一个可以良性循环的机制，通过此平台交流的各方也会促进对方的无限增长。曼特公司是如何通过平台模式达到战略目标的，包括规模的壮大、生态圈的完善、与竞争者的对抗，以及对传统管业制造市场的重塑，是本书要探讨的主题。

第二节　研究问题与意义

一、研究问题

科技创新是推动经济发展的原始动力，实现经济可持续发展是经济发展的内在要求。计算机技术的进步和互联网的普及，使"互联网＋传统行业"成为现阶段推动我国经济发展方式转变的重要手段，以互联网为新载体，可以激发传统行业的新活力，带动传统行业快速向前发展，对于提高企业的运作效率和国际竞争力，都具有不可替代的作用。

目前，我国管材市场存在着管材产品较为单一、产品同质化、生产成本高等许多问题，必须加强相关理论的研究，完善行业规制，改善市场环境，活跃市场氛围，以提高公司的运作效率，为不同客户群体提供低成本、差异化服务，最终达到增加市场份额、提高企业利润的目的。

本书对管材行业的外部环境及曼特公司的内部环境展开分析，以平台模式为切入点，通过对曼特公司的深度分析及比较其他企业的平台模式，总结出适合曼特公司的平台发展路径，为曼特公司转变经济发展模式，寻找产业结构调整方向，提高企业竞争力提供借鉴与指导。

二、研究意义

（一）理论意义

尽管国内外针对平台战略的研究较为丰富，但主要是对其概念、分类、优势等方面的探讨，研究大多数处于理论分析与预测层面，对具体行业、企业的平台建设和战略制定的研究仍然处于探索阶段。特别是在我国转型经济背景下，互联网经济、技术的变革日新月异，企业平台战略的整体规划亟待理论研究和实践探索。

本研究从平台战略理论出发，拓宽了研究视角，延伸了研究广度，丰富和完善了国内具体行业的平台研究和实践探讨，为之后的平台战略研究提供了充足的经验借鉴，使理论更加科学、系统。

（二）实践意义

经济与技术的迅猛发展催生了新的经济形式——网络经济。在新的经济浪潮中，科技不断进步，全球一体化不断推进，商业组织所面临的市场环境也越来越复杂，企业竞争变得更加激烈，这推动着企业的竞争优势和商业模式的不断演进。在商业革命推动下，有许多新公司不断诞生，他们或依赖技术的创新，引领甚至颠覆了消费者的消费习惯，改变了更多人的生活方式；或依靠组织创新、敏锐把握市场，探索出独特的商业模式取得自己的竞争优势。当前，互联网发展迅速，只有加快依靠互联网的网络经济的发展才能实现经济的可持续发展，从而使我国企业拥有应对全球化经济的实力。因此，顺应这一趋势对平台战略进行仔细研究和深入分析，具有相当重要的意义和作用。

当前，管材行业存在巨大发展机遇与挑战，行业竞争激烈，管材市场站在转型升级的十字路口，实施平台战略是突破同质化竞争、形成竞争优势、推动自身转型的内在要求。本书以平台思维解决转型问题，为管材企业发展提供思路，助推转型升级的成功。本书的研究结论为研究对象提供了针对性的转型思路，可帮助管材企业克服转型的盲目性和局限性，提升其经营管理能力、联系整合能力，使企业具备一般竞争者难以比拟的优势和巨大潜力，从而提高管材企业的核心竞争力，以更好地应对外来竞争性的入侵和行业的多元变化。

管材行业与居民生活息息相关。互联网时代，消费者这一群体在产业链中的中心地位和价值越来越突出，把握好这一群体成为企业发展的关键。本书探索了管材企业构建平台的路径，即通过建立用户主导的平台，加强产业链双方或多方的沟通联系和交易，进而增加企业直接收益或间接收益。同时，本研究提供了具体的平台实施路径，即高品质、新策略、优体验，提高消费者满意度，不断发掘市场中新的商业机会，为我国区域经济发展注入新的发展活力，实现社会效益与经济效益的双丰收。

（三）研究创新点

1. 研究观点的创新

本书在借鉴营销研究中使用较多的"市场发展战略""专业化发展战略"和"多元发展战略"等战略思想的基础上，通过对行业和市场基本情况的分析，进一步解析"平台发展战略"这一崭新的战略研究路径。随着网络效应影响的不断扩大，平台战略对于企业发展也将越来越重要。

2. 战略实施的创新

本书围绕曼特公司的核心业务，从结构创新、销售模式创新等各方面总结出平台战略的建立及运行战略。这些办法对于解决曼特公司的现存问题有较强的针对性和指导性，对管材行业存在的共性问题也有较强的借鉴意义。

第三节　研究内容

本书总体上分为七章，如图 1-1 所示。

第一章是导论，对研究背景、研究问题和意义以及总体框架进行介绍。首先是对本书的研究背景进行介绍。由生活中常见的现象导出研究的问题。互联网思维下，传统的战略思维和商业模式正在经受考验、挑战甚至颠覆，新的商业模式应运而生，进而引出了"平台商业模式"这一战略概念。全球化的竞争背景下，平台正在成为一种普遍的市场或行业组织形式，平台模式已经深入大众的生活，

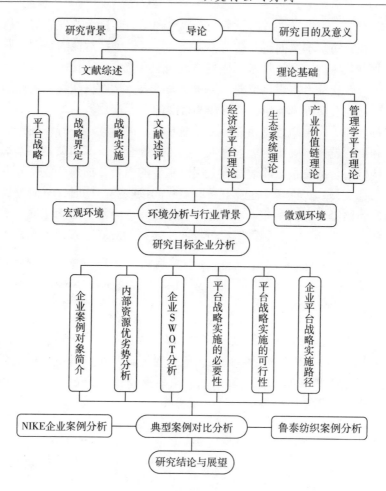

图1-1　本书研究内容框架

包括社交网络、搜索引擎、第三方支付和电子商务等领域，不仅是互联网企业在采用平台商业模式，一些传统制造企业也开始思考平台战略在企业转型升级中所起的作用。未来商业竞争不再是企业与企业的肉搏，而是平台与平台的竞争，甚至是生态圈与生态圈的战争。其次是对研究问题及研究意义进行介绍。本书对管材行业的外部环境及曼特公司的内部环境展开分析，以平台为切入点，通过分析曼特公司及其他平台企业的模式，对比优劣势，总结出适合曼特公司的平台战略，为曼特公司转变经济发展模式、寻找产业结构调整方向、提高企业竞争力提供参考。本研究从平台战略理论出发，不仅拓宽了研究视角，延伸了研究广度，还对国内具体行业的平台研究和实践进行了丰富和完善，为之后的平台战略研究提供了充足的经验借鉴，使理论更加科学、系统。本研究可提供针对性的转型思路，帮助管材企业克服转型的盲目性和局限性，提升其经营管理能力、联系整合能力，使企业具备一般企业难以比拟的优势和巨大潜力，从而提高管材企业的核心竞争力，以更好地应对外来竞争性的入侵和行业的多元变化。通过对比分析的方法，为曼特公司的发展提出建议，并将曼特公司的管理发展特点进行深挖，以达到外部性效果。因而本研究具有理论与实践双重意义。最后是对本书的整体框架进行介绍。

第二章是文献综述，对平台的定义、平台战略的界定与类型及平台战略的实施路径与效果这三个方面从学术研究的角度进行了讨论。首先，从工程设计的角度来看，平台是一种技术架构；从产业经济的角度来看，平台是具有网络外部性的双边市场；从战略管理的视角来看，平台是一种商业生态系统。学者们对平台的界定随着时代背景和商业环境的变化不断发展创新，焦点从产品到组织，到产业，再到整个商业生态系统，视角也从微观一步步发展为宏观。工程设计视角这种观点局限于产品层面，不能帮助我们解释平台本身的发展方式和演变过程，也无法说明平台之间的竞争合作关系。这两点在产业经济学的相关研究中得到了弥补。战略管理角度的研究通过对最新商业现象的观察分析，进一步补充了产业经济学中没有涉及的平台的内部结构及成员之间可能存在的竞争与合作关系，从而可帮助企业更好地制定发展战略。其次，平台战略的界定与平台的概念相一致，平台战略意味着不同的事物与不同的人群对接。最后，平台战略的类型，在理论和实践方面，根据不同的标准有不同的划分方式。本次主要讨论基于市场类型、商业系统生命周期、研究发展阶段和行业类型的划分方法。

本书的第三章是理论基础，首先从经济学的视角介绍了平台理论，主要围绕着双边市场的平台理论。在双边市场的市场竞争中，由于规模效应的存在，市场存在集中的趋势，这经常会导致垄断的产生。平台有充足的动力在一开始为了尽可能追求市场份额而打价格战，然后在占领市场以后提高价格。其次从生物学的生态系统理论视角展开介绍，包括生态系统理论的兴起和发展、生态系统的基本概念和功能、生态系统相关理论以及生态系统评估与管理四个方面。生态系统理论的基础是一般系统理论，一般系统理论最早起源于生物学，该理论主张所有的有机体都是系统，每个系统由不同的亚系统组成，同时又是更大系统的一部分。在生态系统理论研究中，布朗芬布伦纳较系统地将生态学的知识引入人类行为的研究中，提出了具体的系统模型。杰曼和吉特曼提出的生命模式是生态系统理论应用于社会工作实务的干预模式，1996 年进一步完善和发展了生命模式。再次从管理学中波特产业价值链理论视角进行介绍。最后从管理学中与平台战略及生态系统构建相关的其他理论视角进行介绍。

第四章是行业环境分析，对塑料管道行业的发展环境进行了分析，主要包括宏观环境分析和微观环境分析。宏观环境分析主要采用"PEST 分析"方法，其是对某一行业或者企业进行宏观环境分析的方法，通过对政治（P）、经济（E）、社会（S）、技术（T）四个方面的分析来把握企业或某一行业所处的宏观环境，进而制定和调整相应的企业战略及策略。微观环境分析主要涉及竞争者分析、消费者分析及渠道成员分析。

第五章是案例解析，主要包括案例对象简介、案例企业 SWOT 分析、企业平台战略实施的必要性与可行性、企业平台战略实施路径等内容。案例研究对象为浙江曼特管业新型建材股份有限公司，该企业创建于 2002 年，专业生产经营各类新型塑料管道，是专业生产 PP－R 给水管、PVC 排水管等管材管件产品的企业，简称曼特公司。公司内部具有技术与研发优势、品牌优势、营销网络优势、产品系列化优势、产品品质优势以及文化建设和管理团队优势。但是，公司在市场操作方面，网点多且较集中，未进行科学的规划与统筹。在售后服务方面，没有自己的售后服务指定地点，只靠代理简单维护。人力资源管理方面，曼特公司自 2009 年 12 月起进行了薪酬改革，实行了宽带薪酬方案，但新的薪酬体系存在诸多不公平之处，比如为吸引高学历人才制定了较高的起点岗位工资，挫伤了学历相对较低的资深员工的工作积极性。员工对新薪酬体系的整体满意度较低。同时，薪酬分配方式单一，没有采用延期发放等长期激励方式，薪酬分配缺乏长期激励效果，容易使员工倾向于追求短期绩效而较少顾及公司的长远发展利益。

第六章是案例对比研究，选取了两个有代表性的企业——耐克和鲁泰纺织，并对这两个企业进行了对比分析。首先是对耐克企业进行分析。耐克作为采用平台战略的成功典范，是一个先锋型企业，耐克的成功经验可以为后来的平台型企业提供方向和指导。其次是对鲁泰纺织企业进行分析。目前，鲁泰纺织是国内一家在探索中前进的企业，与曼特公司所处的环境类似，都是传统企业探寻转型之路的觉醒者，因而研究鲁泰纺织企业对于曼特公司探索平台模式实施路径来说，具有很好的借鉴意义。最后是对耐克与鲁泰纺织两家企业进行对比分析，通过比较两家企业的异同点，进而对曼特公司平台模式的发展提出措施建议和方向指导。

第七章是研究结论与展望，对全文的研究结论、意义以及未来的研究方向进行了梳理。首先总结了本书的研究结论，概述研究解决的主要问题，包括"是什么""为什么""怎么做"，并对研究成果进行分析，包括宏观环境分析、微观环境分析和案例分析；其次从理论和实践两个层面阐述了本书研究的意义；最后进行了研究展望，包括当前研究问题的局限性以及进一步研究的问题和方法。

本章小结

　　笔者在本章对本书的总体内容进行了简要的概括，讨论了平台战略的研究背景、问题和意义，并对全书的总体框架进行介绍。由本章的内容可知，未来商业竞争将不再是企业与企业的肉搏，而是平台与平台的竞争，甚至是生态圈与生态圈的战争。由此，本章提出了全书将要探讨解决的问题，即曼特公司是如何通过平台模式达到战略目标的，包括规模的壮大、生态圈的完善、与竞争者的对抗，以及对传统管业制造市场的重塑。从第二章开始，笔者将一步步揭开答案。在第二章，笔者将对平台的概念、平台战略的类型、平台战略的实施及效果进行解析。

第〇章

文献综述

在第一章，笔者阐述了平台战略发展的研究背景及意义，那究竟什么是平台呢？平台战略又该如何界定及分类？平台战略的实施将会产生哪些效果？以上问题将在这一章进行讨论。

第一节　平台的概念

一、平台的定义

随着信息技术的快速发展，"平台经济"这个术语越来越受人们的关注（Hagiu，2006）。最近几年的商业形式证明，越来越多的具有平台经济特征的企业不断演化升级，从门户网站、网络游戏、各种电子商务到网上社区、第三方支付等不断创新，平台企业演化出平台产业，平台经济发展迅猛。这些平台的出现，导致了双向或多边市场的出现，以协调不同用户群体之间的交易（Cennamo & Santalo，2013）。例如，视频游戏的消费者和游戏平台应用程序的生产者互为补充内容。平台的最终功能是创建和维护两个不同用户组的交互的基础设施，从而为一方或双方创造收入（Beyeler et al.，2012）。平台的出现是一个新的现象，影响当今大多数行业，从产品到服务（Gawer，2009）。近年来，许多社交网站，像Facebook 和 Twitter 已成为平台战略的有效战场。

（一）工程设计中的平台：一种技术架构

平台，原指船体结构中用作安装设备、人员工作等用途的局部水平板架。自从被应用于汽车制造业并产生巨大成效以来，平台的概念、思想和战略逐渐得到推广。产品开发研究人员首先使用"平台"一词来描述为特定公司创造新一代产品或家族产品的项目。在 20 世纪八九十年代，许多企业运用平台方法获得巨大成功，引起了学者们的关注。工程设计中的平台包括产品平台和技术平台两个方面，但在实际的理论研究与实践应用中，这两者通常是混在一起的，缺乏清晰的界限。

Wheelwright 和 Clark（1992）在进行产品开发规划和执行时，引入了"平台产品"一词，将它定义为"满足核心客户群需求，并通过流程设计添加，替换或删除组件来实现生产过程的简化"。他们是较早明确提及平台概念的学者。Weyer 和 Utterback（1993）明确提出产品平台，认为它是一组产品共享的设计与零部件集合，这个集合可以提供具有不同性能与特征的产品，形成产品族，以满足不同用户的需求。Wcgrath（1995）认为平台是在一系列产品中采用的共同要素，尤其是技术要素的集合。一个平台是一个产品族系列产品生产技术的最低共同标准。这个定义表明，技术平台是产品平台的基础，甚至可以替代产品平台的概念。Weyer 和 Lehnerd（1997）将平台定义为一组子系统和接口，形成了可以开发产品族的共同结构。Robertson 和 Ulrich（1998）则提出了一个更广泛的定义：平台是一组产品共享资产的集合，这些资产包括组件、流程、知识、人员或关系。

Bresnahan 和 Greenstein（1999）把平台的定义上升到产业层面，认为平台是交易双方共同遵守的标准要素集合。Krishnan 和 Gupta（2001）将平台简单地定义为在一系列产品中共享的组件和子系统资源，Wuffato 和 Roveda（2002）则增加了一个有意规划和开发的子系统和接口集，从中可以开发产品。胡树华、汪秀婷（2003）认为，技术平台是企业设计、生产和制造一系列相关产品的共同技术，它是技术因素占主导地位的平台。

这些平台的定义都与产品族中不同产品的共同组件系统性重复使用有关，认为平台是一组产品共享的技术与零部件集合。产品平台可以是一种技术、一项设计、一个子系统等任何被一个或者多个产品系列共享的内容，可以根据不同用户需求调整性能与特征，提供一系列产品的产品族，从而实现过程中的范围经济[①]。工程设计流程中的实证研究已经确定了这样的范围经济可以在各种工业环境（如汽车制造、航空发动机制造、消费电子）及各种组织环境中发生。所以，系统地创造和利用范围经济可以被看作是基于平台的新产品开发的基本原则。

[①] 范围经济是指在相同的投入下，由单一企业生产两种或两种以上的可以使用共用设备、技术、管理等资源条件的技术特性相同或相近的产品的产出水平，比多个不同企业分别生产每种单一产品的产出水平要高。

Gawer（2009）、Baldwin 和 Woodard（2009）强调，所有观察到的平台都具有结构性的共性：模块化技术架构（Ulrich，1995；Baldwin & Clark，2000）。模块化是将复杂系统分解为分散组件，通过标准化体系结构内的标准化接口进行交互，可以降低系统连接管理的难度（Parnas，1972；Langlois，2002）。而且，模块化通过减少模块之间的相互依赖关系，简化模块互连规则，减少了设计人员设计模块所需的信息范围，提高了专业性和标准化，这有助于通过模块重组实现混合搭配创新（Garud & Kuwaraswawy，1995）。Baldwin 和 Clark（1997）认为平台具有三个特征，即模块化架构、界面（模块相互作用和交流的接口）及标准（模块遵循的设计原则）。Baldwin 和 Woodard（2009）提出了最新的定义，试图描述平台架构的独特之处。他们将平台视为具有特定类型的技术架构，不仅是模块化的，而且围绕着核心和外围进行设计。他们认为，平台架构将系统分为稳定的核心组件和可变外设组件，平台本身由产品系统的稳定核心组成，而互补部分是可发生变化的。

（二）产业经济中的平台：具有网络外部性的双边市场

随着平台概念的不断演变，管理者和学者对平台的关注焦点逐渐从产品层面上升到组织层面。20 世纪 20 年代初，产业组织经济中就出现了"双边市场""多边市场"或"多边平台"等多种平台理论（Rochet & Tirole，2003，2006；Evans，2003）。经济学家将平台视为特殊类型的市场，扮演不同类型消费者之间交换协调者的角色，而这些消费者之间无法相互交涉。双边平台大多数经济定义的必要条件是市场"双方"之间存在"网络效应"（Evans，2003；Rochet & Tirole，2003，2006；Armstrong，2006）。

1. 双边市场

双边市场这一概念起源于 1833 年美国发动的"便士报纸"运动①，距今已有百余年历史。当平台向需求双方索取的价格总体水平 $P = PB + PS$ 不变时（PB 为用户 B 的价格，PS 为用户 S 的价格），任何用户方价格的变化都会对平台的总需求和交易量产生直接的影响。简单来说，如果通过提高一边的收费，同时同等程度地降低另一边的收费，平台可以改变交易量，则称这一市场是双边市场（Rochet & Tirole，2006）。也就是说，在双边市场中，价格结构影响交易量，平台应该设计合理的价格结构以吸引两边的参与者，同时提升其竞争力。一个双边市场通常包括两个方面：①市场中有两个不同类型的用户，他们通过一个平台或中介进行交易或互动；②一边用户的决策通常会通过外部性来影响另一边的用户

---

① "便士报纸"运动是 19 世纪 30 年代由美国《纽约太阳报》带头掀起的运动，即报纸以低廉的价格和通俗的内容去争取大量的读者，是双边概念的起源。

结果。

例如，一个人买东西时用信用卡支付，成功的信用卡消费既要求消费者使用信用卡，又需要商家接受，如果没有消费者使用银行卡，商户就不愿意受理它，而如果商户不受理银行卡，消费者自然也不愿意持有它，顾客和商家都要珍惜彼此的参与。此外，还有很多其他的产品适合这种范式，如搜索引擎、报纸和几乎所有广告客户支持的媒体，以及大多数软件或基于标题的操作系统和电子消费产品。寻求零售商和消费者的商场，寻求买卖双方的会议组织者，以及寻求内容和读者群体的杂志等都体现了双边市场的经济学。互联网和高科技市场、新的支付系统及媒体的多方面性质表明，双边和多边市场变得越来越重要（Beyeler et al.，2012）。

关于双边市场，近几年的文献主要是针对具体行业的，但事实上几乎所有市场都是双面的，因为买卖双方需要汇集在一起才能出现市场，并在市场中进行贸易并获取利润。平台的使用费用会影响双方在平台上交易的意愿，从而使其净盈余存在潜在的波动；平台的固定费用反过来限制终端用户在平台上的使用。已有的文献研究，一般将双边市场分为三类：媒体、支付工具和软件平台（Rochet & Tirole，2003；Cailaud & Julien，2003；Arwstrong & Wright，2004；Arwstrong，2006），它们体现了双边市场重要的不同类型的技术和商业模式。下面将重点介绍这三类。

第一类：媒体。媒体是一个规范的双边市场，它们提供了一个从广告商到消费者的沟通平台。媒体类型的双边市场常见的有报纸、杂志等传统媒体和门户网站、微博、直播平台等新传媒，其特点是，平台通过提供新闻、评论、节目等来吸引读者或者观众，进而通过读者、观众来吸引广告客户。早期研究没有考虑媒体产业的双边市场特性，研究重点是电视频道的节目选择问题（Reisinger，2004），这类研究并不是很完善。对媒体产业进行分析比较著名的是对电视广告的分析，主要分析两个频道是否会播放同样的节目，以及他们会插播多少条广告。通过研究发现，随着情况的不同，广告可能会过少，也可能会过多，节目可能会过于单一，也可能过于多样化（Anderson & Coate，2003）。Anderson 和 Coate 也分析了向观众收取费用的情况，发现如果采取收取费用的方式，广告水平一般较低。部分学者分析了媒体产业的双边市场情况，认为很多媒体企业已经利用双边市场的相关竞争策略取得了快速发展（Bergh & Kind，2012）。

第二类：支付工具。在平台经济的研究中，支付工具主要指银行卡，包括借记卡和信用卡。消费者用借记卡或信用卡购买产品时，消费者向消费者的银行支付费用，该银行将资金转移给商家的银行，然后付款给商家，商家向商家的银行支付费用。在这种类型的双边市场中，要使支付工具得到充分利用，不仅消费者

（持卡人）要愿意使用，同时商户也必须接受刷卡消费。消费者愿意持卡消费，不仅因为发卡行会提供种种优惠，如免年费、积分等，还因为信用卡消费可以提供短期的无息贷款和长期的信用贷款。商户接受刷卡消费，主要是因为间接外部性，消费者愿意持卡消费，提供这种服务可以提高销售量（Rochet & Tirole，2002；Chakravorti & Ewwons，2003；Wright，2003）。

第三类：软件平台。软件平台是现实中常见的双边市场，如操作系统等。在这种类型的双边市场中，买方要使用卖方的产品，必须通过平台如软件平台或硬件平台来实现，所以有学者称这类平台为共享投入平台（Evans，Hagiu & Schwalensee，2004）。软件平台一般会涉及"多边"市场，以操作系统为例，就有硬件、应用软件、用户三边。因为"双边"的本质在"多边"的情况下不会发生改变，所以习惯上还是以双边命名。

2. 网络外部性

平台市场最重要的特征是网络效应[①]，从而创造了平台消费者需求与服务提供商需求之间的相互依存关系。平台提供的服务范围越广泛，消费者的需求也就越多。一些学者认为，由于存在网络效应，平台可以吸引越来越多的消费者和服务提供商，即使初始平台弱于竞争对手的质量，但随着时间的推移积累，完全可以占领市场（Schilling，2003）。

网络外部性理论是双边市场的重要理论基础。间接网络外部性通常存在于互补产品的"网络"中，即硬件软件范例。这种间接网络外部性与庇古提出的外部理论相比，在市场价格机制中是固有的。间接网络外部性只涉及租金的转移，一方获益同时另一方受损，不影响帕累托的最优。间接网络外部性与双边市场不同类别用户的硬件软件范例存在差异。以交易平台为例，较大的卖家规模将吸引买家加盟，卖家的市场利益溢出导致买方市场规模的增加。同样，增加买家的规模也将吸引更多卖家加盟。平台外部效应双方溢出通过平台服务和买卖双方价格机制进行调整，所以双边市场间接外部网络在价格机制之内，不会影响整体价格水平，只是影响价格结构。一些文献认为，与间接网络外部性不同，直接网络外部性在市场机制的作用之外，是外在的，如一个人单一网络市场中的电话价值取决于连接到网络的另一个人，电话网络的用户越多，个人的协同效应值越大，但电话用户之间并没有产生经济行为。根据外部性理论，技术外溢溢价机制无法纠正，需要政府干预或产权定义才能达到最佳社会福利。通过研究发现，双边市场在直接网络外部性方面，不取决于外部市场机制，而是与市场结构、产品特征、消费者行为等因素有关。在电子商务平台上，直接网络效应的溢出就是用户通过

---

① 网络效应，也称网络外部性或需求方规模经济、需求方的范围经济（与生产方面的规模经济相对应），是指产品价值随着购买这种产品及其兼容产品的消费者数量的增加而不断增加。

平台接收服务，同一边的用户通过平台的服务来了解用户的数量和大小。因此，就电子商务平台来说，直接网络外部性并不在市场机制之外，间接网络外部性在价格机制中也是固有的。

平台经济具有很大魅力的原因是因为它具有特殊性的"网络外部性"。网络的最一般含义是指通过一系列链接直接或间接地连接起来的一组节点。网络的结构特征体现在网络结构的互补性上，正是网络结构的互补性引发了网络外部性。所谓的网络外部性指的是最终用户的一方的规模会显著影响最终用户的另一方使用平台的效用或价值。例如，银行卡消费者越多，POS 机就越有价值；安装 POS 机的业务越多，对消费者来说，银行卡的价值也就越大。这种消费者行为之间的相互作用通常被称为消费"积极外部性"。早在 1974 年，J. Rohlfs 在电信服务研究中就发现了这种现象，后来有不少学者称之为"网络外部性"（N. Ecno-Wides，1996）。Rochet 和 Tirole（2003）、Evans（2004）区分了成员外部性和用途外部性来解释平台会员费和交易费用。

（1）成员外部性。成员外部性，即间接网络外部性，是指平台一侧的用户数量与市场另一侧的用户的潜在价值。消费者只需加入网络，作为成员之一，无需进一步消费产品，就会对其他消费者的行为和决策产生影响。例如，在网络购物平台上，网络的外部性在很大程度上影响了市场的吸引力，因为卖家会吸引更多的买家，买家有更多的选择；反过来，买家的增加又会吸引更多卖家参与，存在典型的正面外部性。值得注意的是，Rochet 和 Tirole（2004）定义的成员外部性是在交易之前，那么如果基于外部性理论，成员之间没有支付行为产生，这个价值溢出就是市场机制的外部因素，需要受到监管或定义产权来纠正。一般来说，注意成员外部性的主要原因是最终用户的成本是交易性的。这里提到的费用包括平台收取的固定费用及客户的技术固定成本。当然，交易敏感性成本的总和对终端用户才是有意义的。对于外部性的使用，Rochet 和 Tirole（2004）解释为事后的，与直接网络外部性相似，通过平台服务进行交易，用户可以将潜在价值改变为实际价值，随后的直接网络外部性就增加了用户的协作价值。上述分析表明，无论直接或间接的网络外部性如何，在一些双边市场中，都可以通过供应商价格机制进行内部化。因此，我们不需要区分固定和技术成本（Evans，2004）。一些学者认为，由于间接的网络效应，市场上的一个平台有一个小的领先地位，可能会吸引更多的消费者和更多的应用开发者，所以随着时间的推移，即使质量低于对手，也可以占用整个市场（Schilling，2003）。

（2）用途外部性。平台的用途外部性，也称为直接网络外部性，一般是指平台的价值和使用该平台的消费者交易有关，特别是与用户使用产品的数量有关，是指通过消费相同产品的市场主体的数量所导致的直接物理效果而产生的外部性。直接网络外部性是通过消费相同产品的购买者人数对产品价值的直接影响而产生的。如果有 N 个使用者，从而有 N（N－1）种连接出现在电话网络中，第 N＋1 个使用者将通过给现有连接增加 2N 个新连接（从而使原来 N 个使用者的连接价值增加）的方式，给网络中所有其他使用者提供直接的外部性。具体地说，由于消费某产品的用户数量增加而导致的网络价值的增大就属于直接网络外部性中的用途外部性，是由使用产品产生的，如共享软件、电子邮件服务等，其价值几乎只与产品用户的数量和产品的使用频率有关，因为它们主要用于用户之间的通讯。直接网络外部性在后期阶段表现出来，平台提供服务来完成交易，并对买方和卖方之间的交易进行定价或收费。当然不排除买卖双方在第一阶段通过平台相互了解，然后在第二阶段绕过平台直接交易，但这笔交易费用可能会高于在平台上交易的费用。例如，美国银行卡的发行人以一定的费率（如相关价格的2%）向商家收取费用，而使用银行卡的买方不必支付任何费用，用途外部性是在使用产品的过程中产生的：如果使用银行卡比使用现金可以获得更多的利益，那么商家将通过接受银行卡来获得他的（积极的）用途外部性。在研究双边市场特征的购买商业竞争策略中发现，行业领先者购买客户的基数越大，网络外部性越大，购买业务将提供更多的折扣产品和更多的平台营销服务，以培育更大的客户群，提升企业的竞争优势。

（三）战略管理中的平台：商业生态系统的连接方式

双边市场不断发展扩大，最终演变为多边市场。平台的应用情境也由组织发展到产业，进一步扩展到商业生态系统。平台之间的竞争被认为是行业层面的重要力量，能够决定企业的成败和产品设计的演变，因此许多管理者将平台确定为行业中的价值控制点（Baldwin & Woodard，2008）。Stabell 和 Fjeldstad（1998）认为，平台作为企业价值创造的三种基本架构之一，为拓展传统战略管理理论提供了可能。但是由于从商业生态系统视角对平台的研究发展比较晚，所以学术界暂时还未能给出一致、成熟的定义。

Woore（1993）将生态系统的观点引入企业战略管理研究中，提出了商业生态系统（Business Ecosystem）的概念，将它定义为"一个由相互作用的组织和个人建立起来的经济共同体——商业世界的有机体"，其成员除企业自身外，还包括顾客、主要生产者、竞争者和其他利益相关者。这个概念既具备技术平台的特征，又融合了生态系统的相关元素，为平台研究提供了新的思路。

以此为基础，Wäekinen 等（2014）指出，平台型商业生态系统（Platform－based BES，PBES）建立在由相互连接的供应商、互补商、分销商以及（新产品）开发企业等所构成的平台周围，其竞争能力依赖于成员企业利用共享平台来为绩效提升服务，特别是为终端客户开发新的、有价值的产品和服务。平台型商业生态系统是以平台为媒介的商业生态系统，系统中的各成员通过平台相互连接。平台型商业生态系统通常包括四类成员：负责管理和治理的平台拥有者、连接平台和用户的提供者、提供产品和服务的生产者，以及使用产品和服务的消费者。与商业生态系统类似，平台型商业生态系统更强调竞合的伙伴关系（Hawel et al.，1989）。这种竞合表现在，作为硬件或软件平台所有者的平台企业，一般都会设立合作程序供平台成员使用，通过开发可用于平台的应用和解决方案共同创造价值。商业生态系统的特点就是自组织和协同演化。自组织是指在没有外部或内部的领袖来制定目标或控制系统时，系统成员自发地相互作用的过程。协同演化则是系统成员之间或者系统与环境之间在相互作用中共同发展进化的状态。组织平台战略的实质就是组织的开放式互动合作，在推动生态系统发展的同时实现组织自身的成长。

Gawer（2014）从组织视角将平台定义为演化的组织或元组织，按照组织情景的不同将平台分为内部平台和外部平台，其中，外部平台又分为供应链平台和产业平台，并给出了这几种平台所处的组织层次、系统组成、技术架构和可用创新能力。其中，产业平台的分析层次为产业生态系统，其系统组成包括平台领导者和互补品提供者。Gawer认为，不应该将平台限定于先验性的组织形式，只具有取用组织在人与人间协调方面的含义。Baldwin和Woodard（2008）认为，平台系统中的核心部分作为系统的稳定组成是不变的，但是互补部分是可发生多样性变化的。Gawer（2014）则认为，系统中成员角色是可以变化的，成员之间竞争合作关系的改变是平台生态系统的重要特征。

二、本节小结

学者们对平台的界定随着时代背景和商业环境的变化不断发展创新，焦点从产品到组织、产业，再延伸至整个商业生态系统，视角也从微观一步步发展为宏观和抽象。其中，工程设计视角的研究将平台解释为为了促进创新而设计的技术架构（包括接口），认为平台的设计和使用有助于企业在生产和创新上实现范围经济。然而，这种观点却局限于产品层面，不能帮助我们解释平台本身的发展方式和演变过程，也无法说明平台之间的竞争合作关系。这两点在产业经济学的相关研究中得到了弥补。产业经济学中的理论将平台看作一种可以调节不同客户群体交易的市场结构，关注的焦点是网络效应如何促进平台竞争。战略管理角度的研究则通过对最新商业现象的观察分析，进一步补充了产业经济学中没有涉及的平台的内部结构及成员之间可能存在的竞争与合作关系，从而可帮助企业更好地制定发展战略。

整理相关文献，这三种视角研究的比较总结如表2－1所示。

表2－1　三种视角研究的比较总结

研究视角	工程设计	产业经济学	战略管理
概念	把平台看作技术结构	把平台看作市场结构	把平台看作商业生态系统的连接方式
视角	供给	需求	需求
焦点	创新	竞争	合作竞争
价值来源	生产和创新上的范围经济	需方范围经济	协同演化
作用	创新者之间的协调者	买家之间的协调者	系统中的协调者

资料来源：笔者整理。

第二节　平台战略的界定与类型

一、平台战略的界定

（一）平台战略的概念

平台战略是指用于管理它的平台，使其能够为市场创造出有吸引力的产品族群，并与公司的核心资产再利用相匹配的宏观计划（Fine et al.，2002）。

与平台的概念相一致，平台战略意味着不同的事物与不同的人群对接。WcGrath（2001）研究发现，产品平台战略是产品策略的基石。他将产品平台战略定义为，运用的一系列产品的共有要素，特别是基础的技术要素的汇集。同时，他也强调，产品平台起初是有关计划、决策和战略思考的定义，是一个可以保证多类产品供给的完整的技术要素和规则体系，它定义了基本的价值命题、竞争差异化优势、能力、成本结构和产品的生命周期。很明确，平台连接了一个企业的核心能力的同时，也赋予了企业竞争优势。Wuffatto（1999）发现，平台战略与平台发展和整个产品的其他部分如何协调紧密关联。每家企业都将平台战略视为它们未来掌握国内和国外竞争优势的关键力量。Gawer和Cnsuwano（2002）将平台型领导视作驱动工业创新力的目标。他们认为平台是一个标准，比如微软的 Windows 操作系统，或者 VHS 标准①。他们将平台战略视为使平台成为市场主流平台的行动计划。Ke Rong、Yong Lin 和 Yongjiang Shi（2013）对平台战略的定义是，一个用于管理一系列平台，包括对平台自身的管理及各平台间协作的具体的成体系的行动计划。一个平台战略包括对平台存在时间的决策及基于各个平台的产品选择的决策。

（二）平台战略的构建

Meyer 和 Lehnerd（1997）提出了企业定位自身平台战略的五个步骤：第一步，剖析细分市场；第二步，找到有成长潜力的区域；第三步，了解现有的平台；第四步，分析竞品；第五步，思考出未来平台的主动权。

Gawer 和 Cusuwano（2002）提出了一个平台型领导框架，企业管理者可以用来设计获取平台型领导的策略或者使现有的平台更具效率的四杠杆框架。组成框架的四根杠杆，也是公司的四个优势，分别是：第一，公司的经营范围；第二，产品技术，包括技术体系、技术接口和知识产权；第三，与外部替代者的关系；第四，内部组织。我们可以发现，平台战略这四个角度有相当大的差异性，这差异取决于我们如何理解和定义平台。

（三）平台战略的作用

Wuffatto（1999）认为，引入平台战略对产品研发产生了重要的影响，尤其是在成本和研发周期的缩小，国际合作的开展和企业的研究开发、战略管理等方面有着积极的意义。他总结说，平台战略对一系列问题都产生了影响，尤其是在平台与产品模型之间的关系、平台与平台之间的关系，以及与供应商的关系和子公司在其他国家或与其他公司的关系等方面。

二、平台战略的类型

（一）根据市场类型细分的划分

Meyer 和 Lehnerd（1997）从平台运用于不同类型的细分市场的角度来考察平台战略的类型，根据市场类型的细分将平台战略分为了三类：

第一类平台战略是针对特定产品或服务的平台，这类平台战略下的子系统和产品的生产制造缺乏交流和共享。

---

① VHS 标准即家用录像系统（日语：家庭用ビデオシステム），是由日本 JVC 公司在 1976 年开发的一种家用录像机录制和播放标准。

第二类平台战略是利用核心平台的子系统和产品的生产制造的横向优势。

第三类平台战略是进行核心平台子系统的纵向拓展。

此外，他们还定义了一种新的平台战略——滩头堡策略①，是横向优势和纵向拓展的综合。我们可以看出，他们对平台战略的分类与将平台与细分市场连接有关。

（二）根据商业系统生命周期的划分

Ke Rong、Yong Lin 和 Yongjiang Shi（2013）将商业生态系统的生命周期划分为五个发展阶段，然后基于平台的三个维度，将平台战略分为四类：

1. 开放式平台战略

开放式平台战略用于促使企业与其伙伴共同进步发展，并向它们寻求强有力的支持。一般来说，开放式平台战略用于商业生态培育的起步阶段。以 ARM②为例，ARM 公司是一家知识产权（IP）供应商，它与一般的半导体公司最大的不同就是不制造芯片且不向终端用户出售芯片，而是通过转让设计方案，由合作伙伴生产出各具特色的芯片。ARM 公司利用这种双赢的伙伴关系迅速成为了全球性 RISC 微处理器标准的缔造者。这种模式也给用户带来了巨大的好处，因为用户只需掌握一种 ARM 内核结构及其开发手段，就能够使用多家公司具有相同 ARM 内核的芯片。

ARM 公司是苹果、Acorn、VLSI、Technology 等公司的合资企业。ARM 将其技术授权给世界上许多著名的半导体、软件和 OEM 厂商，每个厂商得到的都是一套独一无二的 ARM 相关技术及服务。利用这种合伙关系，ARM 很快成为许多领域全球性 RISC 标准的缔造者。目前，总共有 30 家半导体公司与 ARM 签订了硬件技术使用许可协议，包括 Intel、IBM、LG 半导体、NEC、SONY、飞利浦和美国国家半导体这样的大公司。至于软件系统的合伙人，则包括微软、SUN 和 MRI 等一系列知名公司。目前，采用 ARM 技术知识产权（IP）核的微处理器，即通常所说的 ARM 微处理器，已遍及工业控制、消费类电子产品、通信系统、网络系统、无线系统等各类产品市场，基于 ARM 技术的微处理器应用约占据了 32 位 RISC 微处理器 75% 以上的市场份额，ARM 技术正在逐步渗入我们生活的各个方面。20 世纪 90

---

① 滩头堡策略最早是一种军事战略，意为在你入侵敌方领土时，你需要集中力量，先专注攻占一小块边界地区，将该地区作为你方的据点，然后进一步攻占敌方其他领地。在此，指企业在实施平台战略的过程中需要确保有在抢占第一个核心市场之后继续扩大市场的后续想法和策略。

② 英国 ARM 公司是全球领先的半导体知识产权（IP）提供商。全世界超过 95% 的智能手机和平板电脑都采用 ARM 架构。ARM 设计了大量高性价比、耗能低的 RISC 处理器及软件。2014 年，基于 ARM 技术的芯片的全球出货量是 120 亿颗，从诞生到现在，基于 ARM 技术的芯片有 600 亿颗。技术具有性能高、成本低和能耗省的特点。在智能机、平板电脑、嵌入控制、多媒体数字等处理器领域拥有主导地位。

年代，ARM 公司的业绩平平，处理器的出货量徘徊不前。由于资金短缺，ARM 作出了一个意义深远的决定：自己不制造芯片，只将芯片的设计方案授权（Licensing）给其他公司，由它们来生产。正是这个模式，最终使得 ARM 芯片遍地开花，将封闭设计的 Intel 公司置于"人民战争"的汪洋大海之中。

总之，因为早期的 ARM 的目标市场还不够成熟，或者说尚处于发展的起步阶段，所以更适合采取开放式平台战略。它们培育商业生态系统的关键就是开放和鼓励合作伙伴多奉献。ARM 吸取了它们第一个手机项目的经验，开始开放它们的 IP 体系。因此，LPS 是让主要竞争对手和生态系统的合作伙伴参与基于 ARM 平台的软件开放的关键方式。为了扩大用户量，它们对不同的应用平台都采取了开放措施，即使到了它们产品生命周期的成熟期也是如此。

具体来说，开放式平台战略有以下特点：①技术是与合作伙伴共同开发的，而且他们的支持技术也对第三方开放。当整个行业处于高度成熟期时，整个应用仍保持着多元化，并且整个组织网络总是对后来者保持灵活弹性。②一般来说，当行业发展尚未成熟时，如企业处于新生阶段和扩张阶段时，企业会采取这种平台战略。

2. 占据式平台战略

占据式平台战略旨在掌控这个商业生态系统的发展方向，同时提高产品的用户量。英特尔公司采取了这种平台战略，获取了 PC 业务的市场竞争优势。英特尔（Intel）公司先提出了芯片解决方案并支持了很多 OEW 软件平台。接着，他们引入行业标准来完成产品的设计。然而，由于缺乏开放度和外部支持，他们的 Xscale 计划①失败了。吸取了 X 项目的失败教训，英特尔开始打开平台的大门，激发合作伙伴的创新创造力和贡献能力。他们努力推动软件方面的创新来支持 Atow 芯片核心技术的发展，但他们却从不对外公开 Atow 芯片的核心技术以确保自己在平台中的领导地位。

具体来说，占据式平台战略有以下特点：①在技术层面，英特尔公司总是让它们的合作伙伴与平台紧密联系。但它们开放了它们核心技术的供应一方并鼓励合作伙伴的参与，对于软件研发，英特尔启用了新的联系合作伙伴的设备，但它们总是领导着非常紧密的合作伙伴联盟。所以，整个组织的平台不是非常灵活。②当生命周期到达成熟期或者产品设计完成时，这一平台战略用来占领市场。③如果行业尚未成熟，即使企业已处于权威阶段，也可以像英特尔公司那样采取开放式平台战略。

---

① Xscale 是 ARM 体系结构的一种内核，基于 ARM v5TE，由英特尔（Intel）公司开发，在架构扩展的基础上同时保留了对以往产品的向下兼容，因此获得了广泛的应用。相比于 ARM 处理器，XScale 功耗更低，系统伸缩性更好，同时核心频率也得到了提高。

3. 机会式平台战略/投机式平台战略

机会式平台战略旨在找到合适的替代品来重振整个商业生态系统。台湾联发科技股份有限公司（MediaTek. Inc. ，MTK）是全球著名 IC 设计厂商，专注于无线通信及数字多媒体等技术领域。其提供的芯片整合系统解决方案，包含无线通信、高清数字电视、光储存、DVD 及蓝光等相关产品。

交钥匙解决方案（Turnkey Solution）因为 MTK[①] 的手机平台而为众人所熟悉。MTK 的手机解决方案，将手机芯片和手机软件平台预先整合到一起。这种方案可以使终端厂商节约成本，加速产品上市周期。MTK 公司的产品因为集成较多的多媒体功能和较低的价格在大陆手机公司和手机设计公司得到广泛应用。这一策略使 MTK 在手机市场取得了骄人的业绩。虽然 MTK 的成功无法复制，但"平台战略"的思想已经渗入国内本土厂商。本土厂商正在由提供单一芯片逐渐转向"平台战略"。

实际上，MTK 采取的是机会式平台战略。它们在进行市场渗透时主要考虑以下三点：第一，市场有很大的容量；第二，它们掌握的产品原始技术能保证市场渗透策略 70% 的成功率，同时还为新产品研发投入大量的资源，从而保证了另外 30% 的成功率；第三，整个行业已经进入了成熟期，市场渗透是最佳策略选择。VCD 是 WTK 单芯片解决方案的第一个尝试。接着，它们又在 DVD 和手机市场取得了成功。总之，它们寻找那些带有以上三个因素的机会。此外，为了扩大现有产品的市场范围，它们也开始采纳当地合作商的反馈意见并汇入其单芯片解决方案中。

具体来说，机会式平台战略有以下特点：

第一，在技术层面，为了渗透现有市场，企业也提供替代产品，这一策略也延伸至应用层面。同时，为了扩大产品的用户量，企业开始发展网络合作伙伴关系，建立不同程度的平台开放性。

第二，一般来说，当生态系统达到革新阶段时，企业会采取这种平台战略。

4. 综合型平台战略

综合型平台战略的特点是整合，能够最大限度地发挥各个平台战略的优势。

根据以上分析可知，ARW 的平台战略适用于新生阶段和扩张阶段，英特尔的平台战略适用于权威阶段，WTK 的平台战略则可以应用于革新阶段，如图 2 - 1所示。综合的平台战略可通过整合每个例子对应的商业生态系统发展阶段的典型平台战略而得。

---

① 台湾联发科技股份有限公司是全球著名 IC 设计厂商，专注于无线通信及数字多媒体等技术领域。其提供的芯片整合系统解决方案，包含无线通信、高清数字电视、光储存、DVD 及蓝光等相关产品。

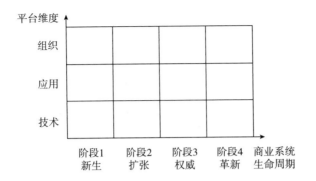

图2-1　平台维度与商业系统生命周期划分

资料来源：笔者整理。

在新生和扩张阶段，市场具有高度的不确定性，产品设计也可能变化。作为小型公司，ARW不仅快速建立起了将其技术平台商业化的供应链，同时还围绕它的平台激发了创新活动，使平台可以适应动态变化的经济环境。这种平台战略也使更多合作伙伴加入平台周围的行业并推动其发展。此外，商业生态系统的成员进行了自我管理并保持了这种互动。

在成熟阶段，市场的不确定性在减小，产品设计也逐渐清晰。为了掌握整个行业的发展方向，企业开始结成小联盟，提高了它们的讨价还价能力。英特尔采用类似的平台战略从而占领了PC市场。在进入手机、计算机市场后，尽管开放了软件方面，但它们从来不公开它们的核心技术平台。因此，一旦行业已经达到成熟阶段，企业的平台战略将产生巨大效应。

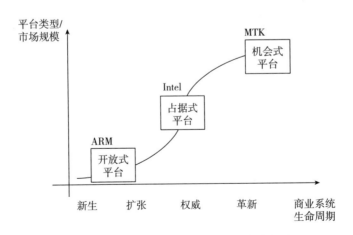

图2-2　根据生命周期划分的平台战略类型

资料来源：笔者整理。

（三）根据研究发展阶段的划分

哈佛大学的平台研究专家 Carliss Y. Baldwin 和 C. Jason Woodard（2008）认为，平台有三种基本类型：产品平台、技术平台、多边（双边）平台。针对平台战略的研究经历了从产品平台战略到技术平台战略，再到双边、多边平台战略等几个阶段，应用领域从企业内部延伸到企业之间的竞争与合作，进而拓展到公共治理领域。当前，双边平台战略研究与实践处于兴盛状态。

1. 产品平台战略

（1）产品平台战略的界定。产品平台战略是指建立一个关于产品的平台，而非产业平台等其他平台。该平台的核心是产品。

Meyer 和 Utterback（1993）认为，产品平台是一组产品共享的设计与零部件集合。这个定义主要是针对有形的物质产品。Robertson 和 Ulrich（1998）进一步拓展了产品平台概念，他们认为产品平台是一个产品系列共享资产的集合，这些资产可以分为四类，即零部件、工艺、知识、人员与联系。这个产品平台的定义不仅包括构成产品的物质要素，还包括为实现产品而需要的能力要素，范围过于广泛。现在我们常说的产品平台，也叫产品开发平台，通常被定义为企业新产品开发项目，基于此，企业可以有效地开发新一代产品、子系统（模块或部件）或者界面。产品开发平台的优势是能够提供产品多样性，从而保持规模或者范围优势。例如，McGrath（1995）把产品平台定义为由一组亚系统和界面组成的，可以有效地开发和生产出相关产品的共有结构。产品平台战略的基本思想是以若干产品所共有的根基为基础，用尽可能少的模块选配组合尽可能多的产品，其基本功能在于快速有效、低成本地开发系列新产品。

（2）产品平台与产业平台的区别。产品平台通常指系列性产品中的一项基础或核心技术，依靠组织自己的力量生产产品。产业平台是指一家或者几家企业所开发的产品、服务或者技术，能够作为其他企业构建互补产品、互补服务和互补技术的基础。产业平台提供商可以是核心零部件提供商（如 Inter 公司），也可以是系统集成商（如 Apple 公司）。

2. 技术平台战略

技术平台战略一般指基于一定开放标准而共通的技术基础构架和信息技术支撑体系。

3. 多边（双边）平台战略

多边平台战略旨在建立多边市场平台，通过多边市场平台达到企业的目的。

多边市场平台是指产品、企业或者机构能够利用网络外部性，协调多边市场之间的交易。Hajiu 和 Wright（2011）将多边（双边）平台定义为"能够使归属于其中的多类（两类）用户通过直接互动创造价值的组织"。该定义强调通过群体间的直接互动来相互满足需求，而非由平台所有者代替或控制他们的互动来直接提供需求。David S. Evans（2007）等的观点认为，平台组织只是为它们的互动提供条件、互动规则和空间等服务，发挥催化剂的作用。Ryswan. M（2009）认为，多边（双边）平台不仅是一种治理工具和服务载体，其本身就是一种组织发展战略。相对于生产模式与经销模式，"双边战略"比"双边平台"的称呼更贴切。

多边（双边）平台一般具有以下特征：平台的规则和流程是公平的、顺畅的，易于为所在的生态系统的运作和发展提供公正公平、规则有序的环境和条件；平台具有开放性与共享性，表现为资源开放、标准开放、信息开放、业务流程开放、基础设施开放，更体现在服务内容供给权力、监督权力、参与权力的开放共享；平台要素的多元性、协作性与整合性，表现为平台多元用户群体的协作性、资源的共享性与能力的整合性。

界定多边（双边）平台的关键是要把它与生产模式、经销模式区别开来。生产模式、经销模式分别代表着对生产、经营的控制权，多边（双边）平台把控制权全部留给卖者，只决定买者和卖者附属于一个共同的市场，由买卖双方直接互动并产生网络效应。因此，双边性取决于卖者与中介之间合约控制权的分割。

（四）根据行业类型的划分

1. 制造企业服务平台战略

目前，世界范围内制造企业呈现出面向服务产业的纵向一体化经营激励与趋势（蔺雷和吴贵生，2009；Brusoni et al.，2009）。吴义爽（2011）基于浙江等地区制造企业采用"服务平台"战略（一种特别的服务化战略）的创新个案，分析其与生产性服务业发展之间的"跨层面协同"模式，及其对制造业、生产性服务业互动发展的理论与政策含义。他将制造企业"服务平台战略"界定为：制造企业将原有隶属于内部价值链上具有服务功能的基本活动或支持性活动进行"产业化经营"，并以"服务平台运营商"的定位为其他专业化服务企业提供具有基石性、共享性、互补性的服务功能——服务基础设施、信息系统、解决问题方案等，通过构建服务生态系统的方式共同对其他制造企业提供生产性服务，获取服务利润，如图2－3所示。

海尔是首次提出实施平台战略的中国制造业企业，利用平台战略整合全球资源，进行了一系列的创新。海尔搭建"全球研发资源整合平台"，不但整合了诸多领域的技术资源，还快速配置了资源。海尔正在把员工、用户、供应商之间的关系变成合作共赢的商业生态圈，共同创造市场价值（张小宁，2015）。

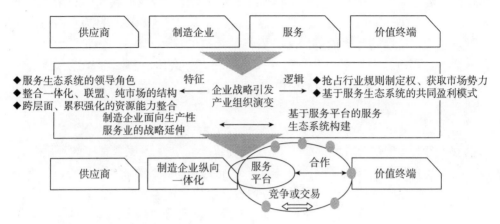

图 2 - 3　制造企业服务平台战略的特征与逻辑

资料来源：笔者整理。

2. 工业互联网平台战略

工业物联网（IIoT）① 的发展导致了技术合作的大量涌现，超过 350 家企业加入了各个联盟，制定了开放式数字平台的标准。但是，这也使工业企业在创造和获取价值方面处于不确定的竞争地位。工业互联网联盟的创始成员包括博世、通用电气、英特尔、IBM、SAP 和施耐德电气等，该联盟致力于确保不同的设备能够共享能源、医疗保健、制造、运输和智能城市应用的数据。迈克尔·布雷迪（2017）指出，在未来，企业不但需要进行技术合作，还需要实施数字平台战略，以实现增长。目前，有两种类型的工业互联网系统：像通用电气那样的宽泛平台和适用于特定行业或应用的小众平台。

3. 传媒行业媒体平台战略

英国广播公司（BBC），是世界上历史最悠久的公共服务广播公司。基于平台生态系统的考量，BBC 在 2011 年 2 月开始将 iPlayer② 向其他公共广播服务机构开放，以此来促进其补足品的供应与创新，并且开始为推出付费服务做准备。

---

① 工业物联网是将具有感知、监控能力的各类采集、控制传感器或控制器，以及移动通信、智能分析等技术不断融入工业生产过程的各个环节，从而大幅提高制造效率，改善产品质量，降低产品成本和资源消耗，最终实现将传统工业提升到智能化的新阶段。

② iPlayer 是一款最近讨论比较火热的 NDS 掌机周边，其最引人瞩目的是该周边可以直接支持 RMVB 格式影音的播放，大大节省了转换时间，极大地满足了 NDS 玩家在自己的爱机上欣赏电影的需求。

BBC 的新媒体战略以 BBC 网站和 BBC iPlayer 为核心，IPTV 电视、网络广播、移动手机为支撑，并通过内容合作及市场营销来实现战略目标，获取经济效益。作为 BBC 新媒体战略中的重要一环，iPlayer 平台的构建无疑是成功的，也是其未来潜在的价值链增值点（周嘉琳，2012）。目前，BBC 已经对英国其他公共服务广播开放共享该平台，在节目的制作、播放等方面进行合作，获得了良好的效果。吕尚彬（2016）认为，所谓平台媒体是基于平台战略而形成的自组织社会信息传播系统。它不是简单的产品平台或者平台型产品，而是一个在线社会信息传播系统。基于平台战略而形成的平台媒体——在线社会信息传播系统，事实上，就是"新型主流媒体"。它是一个实现认知盈余与用户驱动、人人在线与全域覆盖、影响力聚合的新型互联网生态圈，是一个以"网生代"为核心用户的自组织社会信息传播平台系统。

4. 信息行业云计算的平台战略

计算机技术被广泛使用以来，大体经历了三个发展阶段：主机集中处理模式、C/S 分布式处理模式和云计算模式。随着计算技术的发展，企业内部的计算机系统越来越复杂，企业间数据交换越来越频繁和复杂，传统的独立系统发展方式已经成为数据交换的瓶颈。云计算平台就是在这种大前提下产生的，它强调的是用高效率、低成本的方式提供业务信息服务。云计算平台作为一个共用服务平台，其系统架构与普通的企业级系统有着显著的不同（张强，2010）。云计算平台的第一个系统架构特点是具有开放的架构体系，第二个架构特点是虚拟化，第三个架构特点是集中管理。

三、本节小结

首先，本节对平台战略的概念进行了探讨，即平台战略是一个用于管理一系列平台，包括对平台自身的管理及各平台间协作的具体的成体系的行动计划。同时，对平台战略的构建及意义进行了简要介绍，Weyer 和 Lehnerd（1997）提出了企业定位自身平台战略的五个步骤；Gawer 和 Cnsuwano（2002）提出了一个平台型领导框架，企业管理者可以用来设计获取平台型领导的策略或者使现有的平台更具效率的四杠杆框架。

其次，本节基于不同角度对平台战略的分类进行介绍。根据市场类型细分将平台战略分为了三类：第一类平台战略是建立针对特定产品或服务的平台，这类平台的子系统和产品的生产制造缺乏交流和共享。第二类平台战略是利用核心平台的子系统和产品的生产制造的横向优势。第三类平台战略是进行核心平台子系统的纵向拓展。根据商业系统生命周期划分为四种平台战略：开放式平台战略、占据式平台战略、机会式平台战略和综合型平台战略。按照研究发展阶段划分为三种平台战略：产品平台战略、技术平台战略、多边（双边）平台战略。针对平台战略的研究经历了从产品平台战略到技术平台战略，再到双边、多边平台战略等几个阶段，应用领域从企业内部延伸到企业之间的竞争与合作，进而拓展到公共治理领域。当前，双边平台战略研究与实践处于兴盛状态。另外，按照行业类型可以把平台战略划分为制造企业服务平台战略、工业互联网平台战略、传媒行业媒体平台战略及信息行业云计算的平台战略。

第三节　平台战略的实施路径及效果

一、平台战略的路径演化

（一）探索期：架构主导平台

Evans 和 Schmalensee（2007）指出，平台的进入总是在老平台被新平台替代这一基础上。而新平台的进入期一旦开始，其就有了平台质量、网络效应和消费者预期这三种关键因素。认为平台质量占据重要地位的代表人物有 Liebowitz 和 Margolis（1994，1999）、Rangan 和 Adner（2001）、Suarez 和 Lanzolla（2007）、Tellis 等（2009）。原因在于，平台进入的根本动力是新进入者更加具有创新性。平台质量决定了平台战略探索期一系列竞争战略的制定和完善。基于此，一些学者认为一个新平台的进入者能吸引更多位于需求端的用户和位于供给端的服务提供者的原因在于网络效应的正向跨边效应，不仅成功地吸收了一端的用户，还通过用户和服务提供者之间的相关关系将服务提供者也拉进平台的中心。还有学者从消费者预期的角度，将预期与网络效应相结合来评价新进入者进入平台的成功概率。根据消费者对市场上的宏观环境、产品定位的一个预期，以及可能引发的同边效应和跨边效应等网络效应，企业可以初步评估架构主导平台的成功概率。

构建平台的关键在于形成双边网络的同时发挥同边效应和跨边效应（张小宁，2014）。这一关键正是基于不同行业来制定符合其特点的平台的规则。发挥跨边效应的关键在于制定合适的定价方法。Eisenmann 等（2006）认为，平台的定价必须仔细思考以下几个因素：获得跨边效应的能力、用户价格敏感度和质量敏感度、产出成本以及用户的品牌价值。关于对价格和质量敏感的客户，企业应该运用补贴这种激励的方式来实现用户的排他性栖息。双边群体通过平台这一中介提供的基础设施和规则良好地连接起来，可使交易便利化和高效化。

平台型企业不一定要在产业链的各环节都拥有核心竞争力。蔡宁（2015）提出了"主导架构"平台的概念，一旦这些企业将多边用户聚集起来开展深度分工和多方合作，就可以通过平台型生态系统的形成构建起竞争优势，从而拥有被更多需求方和供给方都能运用到的基础技术或者产品乃至服务（张一进，2016）。最初被构建时，平台可以是一个企业，也可以小到一种产品或服务，大到一条产业乃至生态系统。平台构建的先决条件不是规模，而是各大平台的核心竞争力及发挥的中介等功能，因为网络效应的产生不是基于规模效应而是基于外部效应。在外部效应的基础上，规模效应才能得到凸显和发挥。核心竞争力是发挥外部效应的内部动力，企业通过这一核心竞争力可将多边用户聚集在一起，运用多边用户的行动和决策，逐渐连接平台中的其他成分。所以，在平台战略价值链构建的初始阶段，要以价值创造为核心来搭建平台的整体框架。

（二）扩展期：深挖用户基础

当平台企业度过探索期建立整体框架后，就进入了深挖用户基础这一扩展期。在此阶段，徐晋（2006）从经济学的角度提出了平台作为价格管制者、许可授权者和竞争策划者进行策略实施的管制能力。首先，平台通过对买方进行补贴来增加买方的收益，促进平台内部用户的增加；其次，对平台的定价和质量给予同样的重视程度；最后，平台作为市场各方的中介，能鼓动一方获得收益，另一方获得补偿，从而达到收益的内生化。

此时面临的一个大问题就是利润的来源。首先，通过用户的数据开采挖掘不同需求不同阶层的精准客户群体；其次，建立其对应的网络效应机制去唤起用户更深层次的需求；最后，在需求被推到极大值时，运用同边效应和跨边效应实现盈利。Chakravorti 和 Roson（2004）指出，客户差异化的区分决定了不同平台的获益能力。吕尚斌（2016）指出，利润的挖掘可以从构建由企业、用户、供应商等组成的高效系统、预估产业利润的总体规模以及在利润池中共享资源并且协同合作来着手。在这个高效系统中，通过海量的企业、用户和供应商，构建一个自主演化的生态系统，使平台的边界模糊化，为后面的创新期创造机会。

双边甚至多边市场的交易便利性、网络效应、平台规模和角色数量这几个因素体现着平台管理能力。这一管理能力可以从网络效应和双边市场理论的定价、进入、包围等研究视角分为四个方面，即服务差异化、客户差异化、多数行为和动态博弈（李允尧，2013）。张小宁（2014）从战略管理的视角发现，平台企业的结构设计、协调能力等对形成平台管理能力有着重要意义。他指出，平台战略的制定重点是培养平台的管理能力，而这一能力体现为交易过程中的效率和网络效应的联系。

平台化发展战略的实施，即从用户需求、商业模式、平台架构这三个平台商业生态系统的维度对传统企业进行改造，从而实现企业平台生态系统的优化（郭露桑，2015）。在用户需求上，郭露桑提出要先列出用户需求表，运用用户需求矩阵来明确目标的服务，然后将这些服务用服务流程矩阵的方法来明确架构基础上的核心服务和业务流程。

在成长期内，平台包围战略至关重要。平台包围战略的理论基础是资源价值观，此观点表明一旦获取到更多有价值的资源，平台的进入也会更加容易（Dierickx，1989；Barney，1991）。在构建期搭建完整体框架后，企业则需要通过用户基础使网络效应不断扩散，因此，用户基础是最值得关注的资源之一。平台包围战略的潜在假设是，现在平台领导者具有衰落的风险，观察具有代表性的平台领导企业的发展过程会带来一些启示（Cusumano，2011）。这一策略可以使初始阶段的进入者利用原有平台的用户和信息等资源，这样新进入者的进入成本会更低，平台中参与者的数量会得到一定的保证。在这一优势下，不同平台的相同用户群会增加平台之间相互包围的风险，这些用户会投向功能更多、价格更低的新平台，这样原本占据市场的旧平台就不得不退出。Eisenmann 等（2011）基于包围和被包围平台的关系提出了平台包围战略，基于互补关系、弱替代关系，或者功能完全不相关等，对包围策略进行分类，描述了包围策略的战略动机。

关于用户基础的沉淀，首先要去了解客户并刺激客户的需求，进而制定有利于提高用户规模和用户黏性的定价策略，扩展客户的规模，开发新的产品或服务，这样才能保持平台发展所需的源源不断的动力。

蔡宁（2015）从竞争优势这一理论出发，强调"差异支撑竞争"的"供给端范式"要转向"共性支撑竞争"的"需求端范式"，指出网络效应的来源不只是用户数量，还包括用户间网络关系的强度。上述两个理论的共性在于都需要按用户的需求去思维，用户喜欢什么样的产品，就要去研发什么样的产品，并且时刻跟踪用户的需求变化，甚至要超前预测。这样，发展战略才能面向不同行业，包络不同功能，创造多元化商业模式，打造多元化利润来源，走向多元化发展。

（三）创新期：寻找模糊边界

创新平台战略就是要求创造出全面的价值创造体系，其中需要特别把握的仍然是用户需求。Christoph 等（2009）指出，服务创新系统是由多个主体围绕创新空间开展的协作活动。

从战略管理视角研究平台型企业的构建和治理，能够更好地理解如何通过平台战略实施开放式创新（张小宁，2014）。平台创新的先决条件是适中的规模和多层次的平台结构。Iansiti 和 Richards（2006）认为，在创新生态系统中，平台企业扮演着关键角色，加强了创新成果。以平台为中心的创新系统强调网络价值，而不是产品价值。因此，平台的创新需要利用以用户基础为首的社会资源，实施向外扩张的战略。张一进（2016）也从用户数量的角度提出，平台的创新在于不断开发新的功能和用户群体，以此来确立新的核心战略，使规模不断扩展、平台型生态系统得到持续化发展。

另一观点从商业生态系统这一角度强调了产品价值的重要性，指出企业平台战略要注重企业生态位的分层，根据企业的核心竞争力发展壮大，通过各大产品要素的结合、商业过程的连接、互惠的投资等形式完成组织间的紧密结合，有组织、全面地加强自身及自身产品的地位（李景怡，2016）。此时，在商业生态系统中，企业所能利用的现存资源减少，各大成员间生态位的边界逐渐模糊，可以适时将企业的创新战略从这一点出发，不断改进现有产品或服务，同时根据构建期和扩展期的基础开发新的产品，使平台所处的生态系统更加多元化。平台在新产品的开发中，运用平台优势中的低成本来快速满足多样化的市场需求，保证了产品、平台乃至产业链的动态性。

平台的创新还可以体现为企业商业模式的创新，"BAT"等企业的商业模式可以称为平台战略。它们通过建立新的模式，获得了超大的成本优势。袁心士（2016）将此路径划分为两种方式，分别是从顾客的方向和从合作伙伴的方向构建商业模式。其中，一些变量非常重要，包括实现客户的价值、如何与客户沟通、建立伙伴关系网络、内部基础设施或相关活动、目标市场变量等。

（四）平台战略的实施路径总结

在多元化的用户需求使平台有了初步的框架，同时商业模式逐步得到确定，重点放在价值创造上后，要深挖用户基础，通过大数据、偏好调查等增强用户黏性并扩大用户规模。随后，则需要打通线上和线下的用户、服务等资源，重新改造供需结构，甚至进行跨界融合来构建基于多边市场的平台，打造自主演化的生态圈。增强平台之间参与主体的联系需要一个合理的协调机制，使补贴的一方获得收益，另一方获得补偿，达到平台生态系统的良性协调发展。这一平台在满足各方用户需求的同时，可使利益相关者通过平台来交互活动，产生一个正反馈机制来尽可能权衡多方用户的地位和收益。最后，企业通过竞争中的优势在产品、产业、平台、生态系统上衍生出一个价值链，这一价值链又反过来促进收益的形成、分工和战略的全方位设置。

综上所述，平台战略的实施路径如图 2-4 所示。

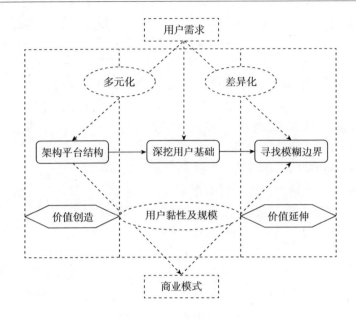

图 2 - 4　平台战略实施路径

资料来源：笔者整理。

二、平台战略的实施效果与意义

(一) 平台战略的实施效果

当前，随着信息技术的发展，传统的竞争方式已经不适应市场的发展，而实施平台战略的领先者们则彰显出强大的生命力。在过去的几十年里，平台战略以惊人的速度崛起并迅猛发展，不仅促进了互联网企业的变革，更使传统产业进行了颠覆式的创新。平台在各个产业形成了极具掌控力和强大盈利能力的商业模式，有效促进了创新绩效（张小宁，2014；左娟，2014）。按照市值排序，平台市场为 60% 的世界 100 家最大企业带来了 50% 以上的收益（Eisenmann，2006）。不论是国外的平台型企业如谷歌（Google）、脸谱网（Facebook）、团宝网（Group On），还是我国著名的"BAT"三巨头——百度、阿里巴巴、腾讯，都通过实施平台战略成为了世界互联网行业的领先者。这些企业共同的成功之处在于它们洞察了市场，捷足先登地采用平台战略来实现企业变革，创立了各自的平台（Jonash R，2007）。纵观企业具体的速度增长数据，谷歌每年的复合增长率接近157%，脸谱网（Facebook）、团宝网（Group On）的年均增长速度也超过了

150%，反观可口可乐、通用电气和宝洁等传统企业，2000～2010年营业额的年均增长率分别仅为12.75%、1.68%和9%，福特汽车近几年甚至呈现出－4.21%的负增长速度。学者们一致认为，合适的平台战略能够为企业带来巨大的效益，使其发展速度远超传统企业（王毅和袁宇航，2003；Jonash R，2007；孙丽娟和方义松，2010；赵占波、邬国锐和刘锋，2015），因此，合理地实施平台战略，是企业获得未来竞争优势和地位的唯一选择（樊志刚、黄旭和谢尔曼，2014）。平台型企业的发展具有"马太效应"[①]，能够实现"赢家通吃"，掌控自己的商业生态圈（张小宁，2014）。

（二）平台战略的效益体现与效益产生原因

具体来说，对于传统企业，平台战略的效益体现在两个方面：一是市场空间扩大与市场占有率提高，二是开发成本与制造成本降低。前者"开源"，后者"节流"。例如，索尼在开发Walkman[②]时，针对每一个市场空隙、分销渠道及竞争者都开发了相应的产品，用基于三个平台开发的200多款产品主导了个人音频产品市场（Wheelwright，1992）。传统制造业企业——海尔集团将以原有业务单元为单位组成的自主经营体作为平台主体，一边连着供应商资源，一边连着用户资源，通过开放式资源整合，创造用户价值，取得了卓越的创新绩效（张小宁，2014）。

iPlayer平台作为BBC新媒体战略中的重要一环，上线三周就获得350万次在线访问或下载，还创下了1.23亿的月播放纪录，覆盖地域从英国扩展到了西欧、澳大利亚、加拿大、美国等11个国家和地区，获得了良好的效果，成为了BBC未来潜在的价值链增值点（周嘉琳，2012）。

芒果TV通过平台化与差异化战略，迅速提升了芒果TV的影响力，日均独立用户与用户峰值跨越性增长，成功迁移湖南卫视的粉丝，优化了用户结构，提高了用户黏性（刘炎飞，2016）。

杭州西冷制冷电器有限公司的平台战略使西冷冰箱推出新产品的速度加快，呈现出一定的产品开发规模优势，产品开发成本、生产成本都得到降低。西冷走出长达两年的低谷，取得了高于40%的增长（王毅和袁宇航，2003）。张小宁（2014）认为，凭借庞大的用户数量和精确的用户数据，平台型企业可以进一步渗入其他产业，建立新商业模式，从而使自己具有超级成本优势。

---

① 马太效应（Matthew Effect），指强者愈强、弱者愈弱的现象。反映的社会现象是两极分化。

② Walkman是日本索尼（Sony）公司生产的一种个人随身音乐播放器的通称，随着Walkman的普及，Walkman已经成为一种文化现象。1979年，世界第一台个人便携式磁带放音机在索尼公司诞生，其型号为TPS-L2，产品名字就是Walkman。

研究平台战略效益体现的文献汇总如表 2-2 所示。

表 2-2　平台战略效益体现的文献汇总

视角	企业	具体体现	学者
"开源"：市场空间扩大	索尼	用基于三个平台开发的 200 多款产品主导了个人音频产品市场	Wheelwright, Steven 和 Kim（1992）
	海尔集团	通过实施平台战略，企业能够获得相应的用户基础，更好地吸引客户、凝聚客户，将网络平台与客户的生活、消费和投资紧密关联，难以分割	张小宁（2014）
"开源"：市场空间扩大	英国 BBC	iPlayer 平台的高渗透率和访问率使其成为了 BBC 未来潜在的价值链增值点	周嘉琳（2012）
	芒果 TV	商业生态系统中的网络口碑能对平台卖家行为产生较强的约束作用，企业不断扩大生态系统也能对平台卖家行为产生更强的规范作用	刘炎飞（2016）
"节流"：开发成本与制造成本降低	杭州西冷制冷电器有限公司	产品开发成本、生产成本都得到降低，西冷走出长达两年的低谷，取得了高于 40% 的增长	王毅、袁宇航（2003）
	海尔集团	凭借庞大的用户数量和精确的用户数据，平台型企业可以进一步渗入其他产业，建立新商业模式，从而使自己具有超级成本优势	张小宁（2014）

资料来源：笔者整理。

　　平台战略的实施为什么能够为企业带来巨大效益，学者们大多将其归结于平台战略产生的"网络效应"，根据出发点的不同，大致可分为三个不同的视角。首先，资源基础观认为有价值的"资源"有利于企业的市场进入（Dierickx, 1989；Barney, 1991）。平台战略与这一逻辑相符，通过实施平台战略，企业能够获得相应的用户基础，更好地吸引客户、凝聚客户，将网络平台与客户的生活、消费和投资紧密关联，难以分割（樊志刚、黄旭和谢尔曼，2014）。平台市场积累了大量的用户基础，用户基础可以作为一种有价值的战略资源，平台的管理能力及实施平台战略的过程则成为企业的动态能力。动态能力可以整合资源，产生新的价值创造战略（Eisenhardt & Martin, 2000）。网络效应的存在创造了更大的用户价值，因此，利用平台形式整合社会化资源，实施开放性创新，能够提升平台型企业的创新绩效（张小宁和赵剑波，2015）。其次，李海舰、陈小勇（2011）认为，平台型网络市场可以突破时空约束，形成无边界发展的趋势，最终发展成为商业生态系统。在商业生态系统中，无边界、低成本、可追踪的网络口碑取代了受限地域的口头传播，网络口碑能对平台卖家行为产生较强的约束作用，而企业不断扩大生态系统也能对平台卖家行为产生更强的规范作用（汪旭晖和张其林，2016）。最后，有学者提出，平台战略是实践长尾理论最好的方式。对于呈现长尾化趋势的业务，平台是应对新型竞争的有效手段。通过直接面向客户提供产品和业务来掌控客户，可以增加产业链话语权（孙丽娟和方义松，2010）。研究平台战略效益产生原因的文献汇总如表2-3所示。

表2-3 平台战略效益产生原因的文献汇总

视角	学者	基本观点
资源基础观	Dierickx（1989），Cool 和 Barney（1991）	有价值的"资源"有利于企业的市场进入
	樊志刚、黄旭和谢尔曼（2014）	通过实施平台战略，企业能够获得相应的用户基础，更好地吸引客户、凝聚客户，将网络平台与客户的生活、消费和投资紧密关联，难以分割
	Eisenhardt 和 Martin（2000）	平台市场积累了大量的用户基础，用户基础可以作为一种有价值的战略资源，平台的管理能力及实施平台战略的过程则成为企业的动态能力。动态能力可以整合资源，产生新的价值创造战略
	张小宁、赵剑波（2015）	利用平台形式整合社会化资源，实施开放性创新，能够提升平台型企业的创新绩效
商业生态系统	李海舰、陈小勇（2011）	平台型网络市场可以突破时空约束，形成无边界发展的趋势，最终发展成为商业生态系统
	汪旭晖、张其林（2016）	商业生态系统中的网络口碑能对平台卖家行为产生较强的约束作用，企业不断扩大生态系统也能对平台卖家行为产生更强的规范作用
实践长尾理论	孙丽娟、方义松（2010）	平台战略是实践长尾理论最好的方式，通过直接面向客户提供产品和业务来掌控客户，可以增加产业链话语权

资料来源：笔者整理。

（三）获得平台战略效益的四大关键

虽然大量平台战略的实施效果表明，平台战略已经成为传统企业求得生存与发展的途径，是传统企业谋取未来竞争优势和地位的首要选择。但是，平台战略的实施绝非仅仅创建一个网站或者 IT 系统那么简单。任何一个想要从平台运营中受益的企业，首先，必须明确平台的含义、设计与实施、产生效益的原理等一系列问题，只有了解了平台的基本原理，企业才能够初步把握平台运营的精髓（孙丽娟和方义松，2010）；其次，必须协同进行市场搭建与市场规制，即同步调整管理环境与管理措施，如此才能达到应有的管理效果（汪旭晖和张其林，2016）；再次，在平台战略实施过程中，平台企业应及时对实施效果进行反馈和评价，根据实施效果和行业变化对战略进行调整，改进不足之处，完善链条的发展，形成更全面的竞争优势（韩卓然和吴正刚，2015）；最后，应当积极提升跨边网络效应和向边网络效应，转换成本，使平台具有良好的延展性，保护利润池，从而战胜竞争对手，打赢"平台覆盖"战争（赵占波、邹国锐和刘锋，2015）。这四大关键具体如图 2－5 所示。

图 2－5　获得平台战略效益的四大关键

资料来源：笔者整理。

　　总的来说，针对当前市场产业链能力薄弱、缺乏核心竞争力、同质化现象严重的问题，实施平台战略已经成为企业突破同质化竞争、形成竞争优势、实现自身转型的重点需求。发展平台经济对破解同质化竞争的困局和培育核心竞争力，从而实现社会效益与经济效益双丰收的战略目标，具有十分重要的现实价值与意义（钱晓文，2013）。

三、本节小结

本节聚焦于平台战略实施路径及效果相关文献的整理与述评，主要包含平台战略的路径演化及平台战略的实施效果与意义两大部分内容。

一方面，关于平台战略的实施路径，学者们大体上根据路径演化的历程研究了不同阶段的实施重点。蔡宁（2015）从企业竞争优势理论、平台框架构建这些角度将实施战略的机理归纳为"沉淀—激发—共生—锁定"，从而保证其竞争优势得到可持续发展。张小宁（2015）指出，用户基础可以作为一种有价值的资源，那么管理平台及实施平台战略的过程则可以被看作一种动态能力。动态能力可以整合资源，产生新的价值创造战略。在探索期内，关键因素包含平台质量、网络效应和消费者预期。此时，实施平台战略的重点在于架构主导平台，即搭建平台实施路径的主要框架，进而发挥同边效应和跨边效应；在构建期内，实施平台战略的重点在于深挖用户基础，代表理论有竞争优势和资源价值观；在创新期内，实施平台战略的重点在于寻找模糊边界，创造商业和社会价值。围绕着平台战略实施路径的演化历程，基于探索期、构建期、创新期的策略，笔者探索并总结了"架构平台框架—深挖用户基础—寻找模糊边界"这一演化历程，各时期的共性在于用户基础发挥着不可替代的作用。一旦抓住了需求端的用户诉求，即使不在价值链具备优势，企业也可以通过平台提供的异质资源、能力或者网络构建核心竞争力。

另一方面，关于平台战略的实施效果与意义，学者们一致认为实施平台战略的企业都已经彰显出强大的生命力，在各个产业形成了极具掌控力和强大盈利能力的商业模式，有效促进了创新绩效（张小宁，2014；左娟，2014）。企业合理地实施平台战略是其获得未来竞争优势和地位的唯一选择（樊志刚、黄旭和谢尔曼，2014）。具体来说，对于传统企业，平台战略的效益体现在"开源"和"节流"两个方面，"开源"即扩大市场空间与提高市场占有率，"节流"即降低开发与制造成本。究其带来巨大效益的原因，学者们大多将其归结于平台战略产生的"网络效应"，根据出发点的不同，大致可分为资源基础观、商业生态系统及实践长尾理论三个不同的视角。首先，资源基础观认为有价值的"资源"有利于企业的市场进入（Dierickx，1989；Cool & Barney，1991）；其次，平台型网络市场可以突破时空约束，形成无边界发展的趋势，最终发展成为商业生态系统（李海舰和陈小勇，2011）；最后，平台战略是实践长尾理论的最好方式，通过直接面向客户提供产品和业务来掌控客户，可以增加产业链话语权（孙丽娟和方义松，2010）。值得一提的是，虽然平台战略实施效果良好，但获得平台战略效益需要做到四点：了解平台的基本原理（孙丽娟和方义松，2010），同步调整管理环境与措施（汪旭晖和张其林，2016），及时反馈、评价和调整战略（韩卓然和吴正刚，2015），以及积极提升跨边和向边网络效应（赵占波、邬国锐和刘锋，2015）。

本章小结

本章首先对平台的定义和发展过程进行了梳理，其次进一步对平台战略的类型进行了剖析，阐述了不同平台战略的定义以及应用机制，最后对平台战略的实施方法和具体的应用效果进行了分类和说明。

第三章

理论基础

平台战略目前在企业实践中已被广泛运用，这些企业及其合作伙伴参与了基于平台的生态系统创新（Moore，1996；Iansiti & Levien，2004），平台商业模式也吸引了学者们的目光。然而，平台现象由来已久，为何会在互联网环境下迸发出生机，演化出具有强大生命力和独特竞争力的商业生态系统呢？平台理论来源于哪里？其他学科的研究中是否早有涉足呢？上一章的理论综述总结了学者们的最新研究成果，对平台战略的概念、类型、路径演化及实施效果进行了阐述。在此基础上，本章将从经济学、管理学等方面对平台战略及其相关理论进行梳理，探索平台战略的理论起源，探寻平台到商业生态系统的发展过程和作用机理，构建平台战略的理论基础和研究框架。

第一节　经济学中的平台理论

一、双边市场的平台理论

（一）平台竞争和定价策略

网络效应会在双边市场创造一种锁定效应①，即用户被锁定在同类平台中的某一个，转而使用另外一个的成本很高，这意味着用户的转换成本很高。在双边市场中，一个用户的效用取决于其他用户的参与情况。当同时存在的同类平台的

---

① 锁定效应，指行为主体当前的决策选择受制于前期的决策行为，从而导致行为主体的利益受到相应的影响。行为心理学中，通常把这种一旦形成行为规划就很难改变这种规则的现象，称为阿瑟的路径锁定效应，简称"锁定效应"。

成本较低，或者产品差异化程度较高时，锁定效应会较弱。

在双边市场的市场竞争中，由于规模效应的存在，市场存在集中的趋势，这经常会导致垄断的产生。平台有充足的动力在一开始为了尽可能追求市场份额而打价格战，然后在占领市场以后提高价格。

由于双边市场中，某一边用户的效用会受到另一边用户的影响，因此，对某一边用户的定价不仅取决于这一边用户的需求和服务这部分用户的成本，也取决于另一边用户的需求和服务另一边用户的成本。因此，对某一边用户的价格取决于两方的需求弹性和边际成本。一种常见的定价策略是，通过对弹性更低的一边定更低的价格，甚至低于服务这一边用户的边际成本，来吸引这一边的用户，产生规模效应，从而吸引弹性更高的另一边的用户加入市场，并对另一边用户收取较高费用。

（二）信用系统

信息不对称问题是平台面临的一个大问题。主要的信息不对称问题有两个：道德风险，比如违反平台规定；逆向选择[1]，比如低质量产品进入市场。因此，基于评论和评分的信用系统对于平台非常重要。

信用系统同样会对用户产生锁定效应[2]。双边市场的信用系统对效率产生了很多影响。比如，信用体系对长期用户的约束力大于其对短期用户的约束力，短期用户有作弊的动力；在用户刚进入市场时建立信用的动力较强，而离开时动力较弱；如果信用体系可靠度比较低或者建立信用的时间比较长，信用体系可能失效；评分和评论是公共品，供给会低于社会最优值；评论可以被刷；自选择可能使评论系统有偏；用户可能不会基于真实感受评价，比如害怕差评带来麻烦，或者由于社交因素倾向于好评等。

二、多边市场的平台理论

Rochet 和 Tirole（2004）对多边市场的研究认为，平台可以将体现在不同消费者群体中的外部性内部化。这一作用主要是通过设置能够平衡各个不同消费者群体需求的价格，使平台的价值最大化来实现。其中一个关键结论是，因为价格

---

[1] 逆向选择，指市场的某一方如果能够利用多于另一方的信息使自己受益而使另一方受损，倾向于与对方签订协议进行交易。

[2] 锁定效应，是指两个相同意义上的科学技术产品，一个较先进入市场，积累了大量用户，用户对其已产生依赖，另一个较晚才进入市场，同种意义上的科学产品，用户对第一个已经熟悉了解，而另一个还需要用户重新学习了解，产生了很大麻烦，因此较晚进入市场的那个很难再积累到用户，从而慢慢退出市场，先进入市场的那个相当于已经锁定了同种类型的科学产品，从而发展越来越快。

结构可促使外部性内部化，所以各个市场的价格水平并不遵从传统的定价模式——通过边际成本等于边际收益来确定最优价格（Armstrong，2004）。实际上，最优价格依赖于消费者的需求机构及多个市场共同的边际成本（Evans，2003）。

在多边市场中，为使利润最大化，向某一方收取较低的价格，而向另外几方收取较高价格，是平台经常采用的做法。

（一）多方市场与一体化

我们经常看到，在一个特定行业里，不同时期或不同公司，一体化的程度都显现出明显的差异。一般来说，一体化程度越低，市场多边性的程度越高，也就是说，将多方同时连接到一个平台就越难，市场也更依赖于产品的低价和品质提升。在一些行业中，也确实出现了印证这种特点的大趋势，有越来越多的行业开始提供低价高质的产品来提高利润。反之，一体化程度越高，终端用户感受的平台影响力就越大（Evans & Hagiu，2004）。

（二）价格策略

不同行业的价格策略可能会有很大不同（Evans & Hagin，2006）。连接于同一平台中的行业，有可能具备相似的商业模式，但其价格结构却可能完全相反，比如连接了 PC 和 PDA 业务的软件平台。可以明显看出，当不同行业采用了大致相同的技术和一体化策略但价格策略却大相径庭时，是行业的成本水平和需求差异首要地影响了价格策略，而不是行业里企业的水平差异或者战略选择导致的（Evans，2004）。

第二节　管理学中波特的产业价值链理论

价值链基本理论最初是由美国哈佛大学教授迈克尔·波特（Michael E. Porter）[1] 于 1985 年在其出版的《竞争优势》[2] 中以制造企业为例提出的。价值链理

---

[1] 迈克尔·波特是哈佛大学商学研究院著名教授，当今世界上少数较有影响的管理学家之一，开创了企业竞争战略理论并引发了美国乃至世界的竞争力讨论。他先后获得过大卫·威尔兹经济学奖、亚当·斯密奖，五次获得麦肯锡奖，是当今世界上竞争战略和竞争力方面公认的第一权威。

[2] Michael E. Porter. Competitive advantage：Creating and sutaining superior performance［M］. New York：The Free Press，1985.

论自波特提出后，迅速得到了广泛推崇、应用与发展，相继出现了虚拟价值链理论、价值网理论和全球价值链理论。本节将对此进行梳理，以期能够有助于价值链理论的进一步发展。

一、波特价值链理论的基础内容

1980 年，波特发表了《竞争战略》① 一文，从产业结构分析入手，论述了一个产业内部的竞争状态，即同行业内现有竞争者的竞争能力、潜在竞争者进入的能力、替代品的替代能力、供应商的讨价还价能力、购买者的讨价还价能力五种基本竞争力的相互作用，并在此基础上，提出了三种可用以应对产业内竞争力作用的竞争战略，即总成本领先战略、标新立异战略和目标集聚战略。除此之外，波特还提出了关于竞争对手的理论分析模式，明确了如何辨别竞争对手以及如何把握竞争对手的市场行动信号。然而，波特的这一部分理论，对企业的内部——组织的强项与弱项和竞争力的关系涉及不多，因此具有一定的局限性。

鲁梅尔特（R. P. Rument）的研究表明，"产业内长期利润率的分散程度比产业间的分散程度要大得多"。一般产业内的分散程度比产业间的分散程度要大3～5倍。有些企业进入利润很高但缺乏经验或与自身优势毫不相干的产业，进行无关联的多元化经营遭遇了失败。基于此，波特在 1985 年出版了《竞争优势》一书，提出了价值链（Value Chain）这一重要理论概念，为系统识别和分析企业的竞争优势设计了框架，使其竞争理论更趋成熟（见图 3 – 1）。

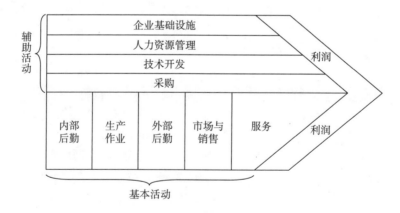

图 3 – 1　波特的价值链分析模型

资料来源：笔者整理。

---

① Porter M E. Competitve Strategy [J]. Journay of Marketing, 1980, 1 (2)：2001.

波特（1985）认为，"每一个企业都是在设计、生产、销售、发送和辅助其产品的过程中进行种种活动的集合体，所有这些活动可以用一个价值链来表明"。企业的价值创造是通过一系列与价值相关的活动完成的，这些活动共有九种，可分为基本活动和辅助活动两类。基本活动是"涉及产品的物质创造及其销售、转移给买方和售后服务的各种活动"，具体包括内部后勤、生产经营、外部后勤、市场销售、服务。辅助活动是"辅助基本活动并通过提供外购投入、技术、人力资源以及各种公司范围的职能以相互支持的活动"，具体包括采购、技术开发、人力资源管理和企业基础设施。这些互不相同但又相互关联的生产经营活动，构成了一个创造价值的动态过程，即价值链。这些活动共同保证了价值创造较为稳定的流程，这一流程被称为基本价值链。

二、产业价值链

在最初基于制造业的观点中，价值链被看成是一系列连续完成的活动，是将原材料转换成最终产品的一系列过程。波特的价值链通常被认为是传统意义上的价值链，较偏重于以单个企业观点来分析企业的价值活动及企业与供应商、顾客可能的连接，进而分析竞争优势。

随着社会的发展，价值链理论也在不断地丰富。对各个价值链理论的核心观点进行归纳总结后，可以得到适用范围广泛的价值链的基本内容。根据价值链之间的关联关系和涵盖范围可以将价值链分为两种，即企业的内部价值链和外部价值链。企业内部的价值链由企业的基本活动和辅助活动组成，体现了企业生产经营的基本过程，属于波特提出的基本价值链。企业外部价值链包含与企业相关的外部一系列的价值活动。外部价值链说明企业并不能单独创造价值，而有赖于外部的整个价值系统。

具体来说，企业价值链可以和上游供应商、下游分销商及顾客的价值链相连，进而构成一个产业价值链。波特（1985）认为，每个企业都处在产业链中的某个环节，一个企业赢得和维持竞争优势不仅取决于其内部价值链，而且取决于大的价值系统（即产业价值链）中一个企业的价值链同其供应商、销售商及顾客价值链之间的连接（见图3-2）。产业链企业在竞争中执行完成的一系列经济活动，即为产业价值链。它更加突出"创造价值"这一最终目标，描述了价值在产业链中的传递、转移和增值过程。供应商具有创造和发送用于企业价值链中投入外购的价值链；许多产品通过渠道价值链到达买方手中；企业产品最终又会成为买方价值链的一部分。这些价值链都影响着企业的价值链，所以企业的价值链蕴藏于范围更广阔的价值系统之中。

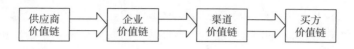

图 3 - 2　波特的价值系统

资料来源：笔者整理。

总而言之，价值系统是企业内部价值链与企业外部价值链的合并，表明价值链本身就具有开放性。企业的价值链体现在价值系统更广泛的一系列活动中。因此可知，获取并保持竞争优势不仅要理解企业自身的价值链，而且也要理解企业价值链所处的价值系统。

三、再定义的价值链

20 世纪 90 年代，英国卡迪夫（Cardiff）大学的教授彼得·海恩斯（Peter Hines）基于波特的理论提出了价值链是"集成物料价值的运输线"的新观点，这是有关价值链的另一种定义。彼得·海恩斯与迈克尔·波特关于价值链定义的差别如表 3 - 1 所示。

表 3 - 1　彼得·海恩斯与迈克尔·波特关于价值链定义的差别

对比内容	Peter Hines（1998）	Michael E. Porter（1985）
主要目标	把顾客对产品的需求作为生产过程的起点，利润作为满足这一目标的副产品	把利润作为主要目标
成员	把原材料和顾客纳入他的价值链	只包含那些与生产行为直接相关或直接影响生产行为的成员
价值活动范围	基本活动具有交叉功能，如在技术开发、生产作业和市场等价值活动之间	价值活动只是存在于生产作业中
辅助活动	现行的辅助活动中包含信息技术的运用，这部分利润是有效完成这一过程的副产品	没有提到

资料来源：笔者整理。

四、产业价值链理论的发展与进化

（一）虚拟价值链

J. F. Rayport 和 J. J. Sviokla 1999 年提出了虚拟价值链这个观点。在当今世界，管理者毫无疑问会意识到真实世界的竞争，同时也会看到在新的电子商务模式下增长的虚拟世界的价值。虚拟价值链与传统价值链在经济原则、经济规模和范围、价值创造过程中有着多个不同点。传统价值链被认为是连续的一系列线性活动；虚拟价值链是非线性的，存在一个潜在的输出点和输入点，并且分布在各种通道的矩阵上。在虚拟价值链的每个阶段，即收集、组织、选择、撰写和分发价值以创造信息的这五个活动中，企业通过运用这些活动收集到的原始信息可以增加自身的价值。根据虚拟价值链观点，这将反映信息技术使用中建立的新的客户关系。

虚拟价值链是传统价值链在市场空间的延伸，传统的信息价值链新发展的领域。与现实存在的资产不同，虚拟价值链对应的数字资产在消费过程中从未消耗殆尽，而且业务用于创建具有有限数量转换的可恢复数字资产的价值。这改变了公司的竞争力，挑战了传统的实物价值创造模式。

（二）价值网

随着信息技术和其他科学技术的进步，经济的全球化趋势，在市场需求和竞争格局的变化中迅速发展的能力，促进了公司的发展和生存，适应创新工作的组织需要的能力不断增强。这使得价值链理念面临着新的挑战。在此背景下，产业价值网络的概念开始出现，许多学者引入了价值网络概念。1998 年，美智顾问公司（Mercer Management Consulting）的著名顾问 Adrian Slywotzky 在《利润区》（*Profit Zone*）① 中，首次提出了价值网概念。

这一概念是基于互联网的客户需求增加和激烈的市场竞争所提出来的。个别公司保持自己的优势，使每个企业可以经济高效地运用资源。价值网可以认为是传统供应链的整合（Adrian Slywotzky et al.，1998）。

目前，学术界对于价值网还没有统一的定义。D. M. Lambert（2001）指出，此为以顾客为核心来创造价值的体系。在此基础上，迟晓英（2003）提出，价值网是一种可以通过现代基础设施连接起来的企业之间进行优势互补的创造价值的系统。李垸（2001）指出，这个价值链网络是在价值产生、分配、转换和运用的过程中由利益相关者形成的。吴海平（2004）指出，此价值链网络的本质在于企业从分工的专业化中经过相应的价值传递使各大利益集团成为一个主体。

（三）全球价值链

Gereffi（1999）提出了全球商品链这一概念，后来为了不再局限于商品一

---

① Adrian J Slywotzky. Profit Zone：How strategic business design will lead you to tomorrow's profits [M]. Crown Business，1998.

词，并强调企业在链条上的价值获取和价值创造，于是用全球价值链替代了原先的概念。

王季等（2007）指出，全球价值链这一概念从2000年开始被各界广泛使用。价值链发展到这一阶段后，其定义为基于实现商品或服务价值的目的而连接生产、销售、回收处理等过程的全球性跨企业网络组织，涉及从原料采集和运输、半成品和成品的生产和分销，直至最终消费和回收处理的整个过程。

此阶段，价值链的驱动力来源于生产者和购买者。生产者通过追加投资来推动市场需求；购买者通过各大渠道反向控制和影响着市场中的生产和营销等活动。后来，此驱动模式又发展成购买者和生产者的混合体。此时，划分的依据不再是部门，而是价值增值的序列，企业的边际价值增值率遵循微笑曲线的规律。

全球价值链理论包含投入产出结构、空间布局、治理结构和体制框架四个维度（Gereffi，2003）。所以说，这是一个基于微观环境和宏观环境两个视角所产生的全球化经济组织和发展的理论。

（四）简评

产业价值链理论的发展和进化过程可以总结为"虚拟价值链—价值网—全球价值链"（见表3-2）。在传统价值链的基础上，虚拟价值链改变了原有的价值创造模式，可以通过数字而非实物资产进行创造。在消费者导向的市场上，企业的分工逐渐趋于专业化使各个利益集团成为统一的主体。最后，发展到基于微观和宏观两个视角的全球价值链阶段。

表3-2　产业价值链理论发展与进化的观点汇总

价值链理论	学者	年份	主要观点
虚拟价值链	J. F. Rayport 和 J. J. Sviokla	1999	非线性关系，非实物资产创造价值
全球价值链	Gereffi	1999	宏观、微观环境中的投入产出结构、空间布局、治理结构和体制框架的四大维度应用
价值网	D. M. Lambert	2001	以顾客为中心，企业之间优势互补来创造价值
	迟晓英	2003	企业之间通过现代基础设施进行连接

资料来源：笔者整理。

五、价值链理论未来的发展趋势

尽管世界经济低迷，但是各国企业国际化步伐进一步加快，国际生产进一步扩张，需要价值链理论的支撑，同时也会促进价值链理论进一步发展。在全球跨国公司中，发展中经济体和转型期经济体日益重要，既表现为跨国公司在新兴市场经济体的丰厚利润将刺激来自其他国家的跨国公司的进一步投资，也表现为发展中经济体和转型期经济体的跨国公司特别是国有跨国公司在全球范围内的投资活动越来越活跃，对母国和东道国的经济都将产生重要的影响。

跨国公司在世界经济发展中的地位和作用不言而喻，其在全球范围内维持自身整个生产体系的正常运转需要理论支撑，而这个起支撑作用的理论非价值链理论莫属。同时，发展中经济体和转型期经济体跨国公司的快速发展，将促使更符合发展中经济体和转型期经济体特点的价值链理论及更具普适性的理论的出现。

六、本节小结

价值链基本理论于 1985 年由美国哈佛大学教授迈克尔·波特以制造企业为例提出。波特认为，企业价值活动可以分成基本活动和辅助活动两大类，其中基本活动是"涉及产品的物质创造及其销售、转移给买方和售后服务的各种活动"，具体包括内部后勤、生产经营、外部后勤、市场销售、服务；辅助活动是"辅助基本活动并通过提供外购投入、技术、人力资源以及各种公司范围的职能以相互支持的活动"，具体包括采购、技术开发、人力资源管理和企业基础设施。

价值链理论被波特提出之后，迅速得到广泛推崇、应用与发展，相继出现了虚拟价值链理论、价值网理论和全球价值链理论。英国学者海因斯（Peter Hines）是新价值链理论的主要代表之一，他将价值链概念延伸至产业总体范围，将顾客和原料供应商纳入价值链，并将波特的价值链重新定义为"集成物料价值的运输线"。价值网的本质是在专业化分工的生产服务模式下，通过一定的价值传递机制，在相应的治理框架下，由处于价值链上不同阶段和相对固化的彼此具有某种专用资产的企业及相关利益体组合在一起共同为顾客创造价值。世界经济一体化与跨国公司生产经营全球化成为全球价值链（Global Value Chain）理论产生的催化剂，成为当前研究跨国生产经营活动开展和利益分配的有效分析工具。

随着各国企业国际化步伐的进一步加快，国际生产进一步扩张，特别是发展中经济体和转型期经济体跨国公司进一步发展，将推动价值链理论进一步发展。

第三节　管理学中与平台战略及生态系统构建相关的其他理论

一、生态系统理论的兴起和发展

生态系统理论（Ecosystems Theory）目前已成为国外社会工作领域中一个重要的实务理论，并在不同的行业领域得到了广泛应用。其从一般系统理论发展而来，回应了社会工作领域中"社会"的缺失，关注个人与环境的互动。在评判和反思中，一般系统理论引入了生态学等相关理论元素，发展出生态系统理论，并提出了具体的系统模型和实践模式。总的来说，生态系统理论以冯·贝塔朗菲（Von Bertalanffy）为代表的一般系统理论（General System Theory）为基础，发展出了以布朗芬布伦纳（Bronfen Brenner）为代表的生态系统理论的系统模型和以杰曼和吉特曼（Germain & Gitterman）为代表的生态系统理论的干预模式这两种主要的模式。

（一）生态系统理论的系统模型

1979 年，布朗芬布伦纳在其《人类发展生态学》中较系统地将生态学的知识引入人类行为的研究中，提出了具体的系统模型。布朗芬布伦纳在其生态系统理论模型中将人生活于其中并与之相互作用等不断变化的环境称为行为系统。在这个理论中，该系统分为四个层次，由小到大分别是：微系统（Microsystem）、中系统（Mesosystem）、外系统（Exosystem）和宏系统（Macrosystem）。微系统指个体直接接触的系统，比如家庭、学校、同伴群体等，对个体的影响较为重大，往往会在日常的潜移默化中使个体形成特定的行为方式、价值观念和人际关系模式。中系统指各微系统之间的联系或相互关系，如家庭和学校、父母与同伴之间的互动。布朗芬·布伦纳认为，如果微系统之间有较强的积极的联系，发展可能实现最优化。相反，微系统间非积极的联系会产生消极的后果。外系统指那些个体并未直接参与但却对他们的发展产生影响的系统，如父母的工作环境、学校的领导机构等。宏系统指个体成长所处的整体社会环境，直接或间接影响着个体的成长经历及感受，如价值观念、风俗习惯、社会阶层、经济结构、文化模式、法规政策等。这四个层次是以行为系统对儿童发展影响的直接程度分界的，从微系统到宏系统，对儿童的影响也从直接到间接。此外，布朗芬布伦纳的模型还包括时间纬度（Choronosystem），或称作历时系统，指在个体发展中所有的生态系统都会随着时间的变化而变化，强调各生态系统的变迁对个体发展的影响，如随着时间的变化，微系统中可能会有弟弟妹妹的出生、父母可能会离异等。布朗芬布伦纳生态系统理论的行为系统模式，如图3-3所示。

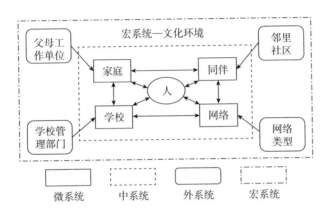

图3-3 布朗芬布伦纳提出的社会生态系统

资料来源：笔者整理。

布朗芬布伦纳根据系统对人的影响程度和方式的差异，将系统结构化、具体化，并建立不同系统之间的联系，有助于对问题的分析，改进了一般系统理论中过于抽象的系统观。但是，如何利用生态系统理论去指导社会工作实践，如何改善系统达到个体问题的解决，布朗芬布伦纳并没有给出具体方案。

（二）生态系统理论的干预模式

20世纪70年代后期，杰曼和吉特曼（Germain & Gitterman）从自我心理学与系统理论出发，总结了过往的理论来源，提出了一套综合性的社会生态系统观点。1980年，杰曼和吉特曼将该模式发展成为"生命模式"，该模式是生态系统理论应用于社会工作实务的干预模式，强调环境、行动、自我管理与身份认同的重要性，认为社会工作的干预焦点应将人置于其生活的场域，重视个人的生活经验、发展时期、生活空间与生态资源分布等有关个人和环境的交流活动，从生活变迁、环境品质及调和程度三个层面间的互动关系来引导社会工作的实施。这个模式强调生命模式建立在生态比喻的基础上，其中人们相互依赖并与环境互相依存。人们与环境之间是互惠的，社会工作的目标是增强人与环境的适应度。

　　杰曼和吉特曼不仅在理论上对社会生态理论有所发展，在时间操作上也提出了自己的方法，如将干预的发展分为初始、持续和结案三个阶段。初始阶段即关系的建立、资料的探索和契约的签署，社工需要创造一个温馨、接纳和支持性的环境，并鼓励案主"讲述自己的生命故事"，社工和案主就问题本身及各自的职责进行讨论和协商，达成一致意见，以协助案主建立正向社会网络关系为目的；持续阶段，社工协助案主提高能力、改善环境，增强人们与环境的适应度，在个体方面社工扮演赋能、教导和推动的角色，提高案主控制情绪、解决问题、争取资源的能力，在环境方面社工扮演中介、倡导、组织的角色，推动和创建支持性的社会环境；结案阶段，案主和社工也许会为分离而痛苦，需要精心准备和细致工作以成功结案，确认案主有关结案并评估助人历程的有效性。初始阶段、持续阶段和结案阶段三个干预阶段来回循环，直到案主的问题解决。杰曼和吉特曼进一步具体说明了有关个人的适应策略，这对社工操作这一模式提供了周全的帮助。这一说明主要包括以下几点：①增进适应技巧：降低个人由压力和经验所发展出来的挫折感，可分为内在资源和外在资源；②增进个人胜任能力：消除环境障碍，增进个人的人格动力；③重组生活空间；④重新调整实践的步骤与生活规律，如生物钟等。

　　基于生命模式的社会工作干预为我们提供了很好的干预路径，一是提高了个体应对环境的能力，二是创建了具有支持性、滋养型的社会环境，并指出社工在干预过程中所扮演的具体角色。但它缺乏对能力和环境系统的分类，虽指明了干预方向却没有具体策略，可操作性不强。之后，众多学者从不同的视角对生态系统理论提出了改进与补充。

二、传统战略

（一）竞争优势理论

1. 产生背景

　　企业与其他组织的主要区别在于竞争性，即企业的成长和发展是以市场竞争为基本前提的。市场竞争力决定了企业的生存与发展，而竞争力来自于企业的竞争优势，这意味着企业能否持续成长取决于企业是否具有持久的竞争优势。基于这样的认识，关于企业竞争优势的理论研究逐渐发展起来。

2. 基本含义

　　所谓竞争优势一般是指，当两家企业在同一市场上面对类似客户和市场时，其中一个能够赢得更高的实际或潜在的利润或市场份额，那么该企业就拥有了一定的竞争优势。换句话说，所谓的企业竞争优势是指企业超越竞争对手的能力，有助于实现企业的主要目标及利润和市场份额的增长。企业发展的目的主要是获得持续的竞争优势，而不是暂时的竞争优势。如果有竞争对手或潜在的竞争对手试图模仿或者减少企业的优势，制造商仍可以继续保持优势，那么我们说这种竞争优势是可持续发展的竞争优势。

3. 发展历程

企业竞争优势是企业通过实施特定的竞争战略维持企业在市场中的有利地位。其概念的提出及发展，从 20 世纪 60 年代至今，经历了较长的发展过程。从总体上看，企业竞争优势理论经历了三个不同的阶段：基础阶段、形成阶段及成熟阶段。

（1）基础阶段。20 世纪 60 年代，哈佛学派开始关注企业在相同的市场条件下的战略对企业竞争优势的影响，得出企业的成功取决于企业对该企业运行的产业环境的威胁和机遇的反应能力。企业的战略性决策过程和获利的结果受到外部市场的影响。

企业及其运行的产业环境之间的关系在三个方面得到了发展：首先，只有当企业发展战略目标是一个连续系统，企业采取一致的功能性政策时，企业才可能具备竞争优势；其次，该系统和政策必须和连续变化的市场环境相适应，随着市场环境的变化，企业必须采取动态的管理手段；最后，该战略必须致力于发展企业独特的能力，所谓独特的能力是指企业运用其资源和技术帮助企业实现其目标。到了 1979 年，Hofer 和 Schendel 将企业独特的能力和企业的竞争优势联系起来，他们认为企业的竞争优势是一个组织通过其资源的运用而发展起来的相对其竞争对手的独特地位。根据 Hofer 和 Schendel 的观点，企业能够通过运用其资源发展竞争优势，但产业的环境依然重要，企业发展其独特能力的战略开始被纳入考虑范畴。

（2）形成阶段。20 世纪 80 年代初，波特（1980）的竞争战略理论成为战略管理的主流，其理论的核心是五种竞争力量模型：企业竞争者、购买者、供应商、替代者、潜在竞争者的产业结构力量（见图 3-4）。该理论认为，公司的战略与其所在的外部环境高度相关，最关键的环境因素是企业所在的行业。行业结构影响竞争规则，五大竞争力量模型的综合影响因行业而异。企业战略分析的基本单位是行业、企业和产品，关键是通过分析五种竞争力量来确定企业所处的合理的位置，通过实施战略对五项竞争战略力量产生影响，从而影响产业结构，甚至改变一些竞争规律。

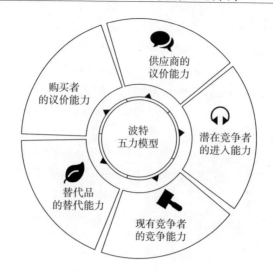

图 3 - 4 波特五力模型

资料来源：笔者整理。

波特认为，许多公司战略的失败是由于无法将广泛的竞争战略转化为具体的实施步骤，以获得竞争优势，而竞争优势是任何战略的核心和灵魂。竞争优势理论强调企业如何在实践中创造和维持行业的竞争优势。竞争优势来自企业可以为其客户创造的价值：通过在提供相同的收益时给予相对较低的价格，或者使用其不寻常的收益来补偿溢价。因此，竞争优势有两种基本形式：成本优势和差异化，由产业结构决定，来源于企业比竞争对手更有效地处理五个竞争力的能力。

为此，波特采用"价值链"作为基本的分析方法和工具，认为企业的竞争优势来源于生产经营活动中所进行的许多相互分离的活动环节。企业创造价值的过程可以分解为一系列互不相同但又互相关联的经济活动，其总和构成企业的"价值链"。企业的价值链同时会和供货商、通路和顾客的价值链相连，构成一个产业的价值链。任何一个企业都可以价值链为分析的架构，思考如何在每一个企业价值活动上，寻找降低成本或创造差异的策略，同时进一步分析供货商、厂商与顾客三个价值链之间的联结关系，寻找可能的发展机会。企业在竞争中的优势尤其是在长期竞争中的优势，主要来源于价值链战略环节上的优势。因此，企业价值链的战略环节必须控制在企业内部，其他非战略环节完全可以分散出去，利用市场降低成本，增加灵活性。

价值链将客户、供应商和企业分解为既分离又相关的行为群体，并将一个企业分解为与战略性相关的许多价值活动，价值活动分为两大类：基本活动和辅助活动。基本活动有五种基本类型：内部后勤、生产作业、外部后勤、市场和销售、服务；辅助活动分为四种基本类型：采购、技术开发、人力资源管理、企业基础设施。以上每一种类型又可根据产业特点和企业战略划分为若干显著不同的价值活动。企业正是通过比其竞争对手更廉价或更出色地开展这些重要的战略活动来赢得竞争优势的。成本优势和差异化都是企业比竞争对手更擅长应用五种竞争力的结果。

将这两种基本的竞争优势与企业相应的活动相结合，就可导出可让企业获得较好竞争位置的三种一般性战略：总成本领先战略、差异化战略及专一化战略。"总成本领先战略"要求企业必须建立起高效、规模化的生产设施，全力以赴地降低成本，严格控制成本，管理费用及研发、服务、推销、广告等方面的费用。"差异化战略"是将公司提供的产品或服务差异化，树立起一些全产业范围中具有独特性的东西。实现差异化战略可以有许多方式，如设计名牌形象，保持技术、性能特点、顾客服务、商业网络及其他方面的独特性等。"专一化战略"是主攻某个特殊的顾客群、某产品线的一个细分区段或某一地区市场。总成本领先与差异化战略都是要在全产业范围内实现其目标，专一化战略的前提思想是：公司业务的专一化能够以较高的效率、更好的效果为某一狭窄的战略对象服务，从而超过在较广阔范围内竞争的对手。

（3）成熟阶段。20世纪90年代初，竞争优势理论进一步发展。以资源为基础的企业理论选择对单一企业的战略、资源、实力及缺陷进行分析，在测试稳定性和探索竞争优势的构建过程时，从企业内部资源的角度出发，揭示内部资源的积累是企业竞争优势的源泉。

Barney（1991）认为，以资源为基础的企业理论与"环境模型"之间的区别是巨大的，因为以资源为基础的企业理论除去了环境模型坚持的两个前提条件：一是在相同产业部门，企业面临相同的资源和机会；二是资源的充分流动性。环境模型这两个前提条件给企业的战略留下了很小的空间，在相同的市场中，企业采取相同的战略成为必要，企业唯一的选择余地是基于对市场机会的分析，作出市场定位。以资源为基础的企业理论，给予企业更大的选择自由，企业在市场运作的过程中，获得特殊资源和能力，增强竞争优势，从而通过其决策影响和改变市场环境。以资源为基础的企业理论更好地理解了竞争优势的产生过程，区别了企业资源和企业能力的概念。企业资源是指对企业投入产出过程做出贡献的自然资源、人力资源和财政资源。单独或综合使用这些资源，企业可获得知识和人才，形成企业的能力。因此，企业的能力是企业通过利用其资源获得知识和技能。企业能力与企业资源相互作用，资源产生能力，能力一旦产生，就会对资源起反作用，同样的资源可以发挥不同的作用。在企业的组织下，能力和资源之间持续地相互作用。

竞争优势理论的相关观点总结如表 3 – 3 所示。

表 3 – 3　竞争优势理论的相关观点

学者	主要观点
Hofer 和 Schendel（1979）	企业的竞争优势是一个组织通过其资源的运用而发展起来的相对其竞争对手的独特地位
Michael Porter E.（1985）	其理论的核心是五种竞争力量模型：企业竞争者、购买者、供应商、替代者、潜在竞争者的产业结构力量；认为公司的战略与其所在的外部环境高度相关；采用"价值链"作为基本的分析方法和工具；可以让企业获得较好竞争位置的三种一般性战略：总成本领先战略、差异化战略及专一化战略
Barney（1991）	以资源为基础的企业理论，给予企业更大的选择自由，企业在市场运作的过程中，获得特殊资源和能力，增强竞争优势，从而通过其决策影响和改变市场环境。以资源为基础的企业理论更好地理解了竞争优势的产生过程，区别了企业资源和企业能力的概念

资料来源：笔者整理。

（二）资源基础理论

1. 产生背景

长期以来，研究人员对企业如何获得竞争优势这一问题进行了大量研究，产生了许多理论和流派，代表性的理论之一是迈克尔·波特（1980）的产业分析理论，强调了产业结构的竞争优势。迈克尔·波特的产业分析理论在解释企业绩效与环境之间的关系方面获得了学界的认可，并率先研究了企业的竞争优势，但对企业资源和绩效的研究不足。这个理论很难解释同行业企业间利润差距的根本原因，因此战略管理领域的两个基本问题还没有得到解决：①为什么各个公司是不同的？②为什么有些公司能够领先同行业并保持竞争优势？

20 世纪 80 年代初的实证研究引起了学界对上述理论的质疑。R. P. Rumelt（1991）发现，产业中长期利润率的分散程度远远大于产业间利润率的分散程度。在他看来，超额利润的竞争优势不是来自外部市场力量和行业之间的相互关系，而是企业本身的某种特殊因素在起作用。研究人员认为，在信息技术和全球化的驱动下，企业竞争环境的变化比过去更为激烈，企业对外部动态竞争环境的分析和掌握将比以往更加困难，企业的内部资源和能力易于管理和控制，更适合制定战略方向。因此，研究人员将探索竞争优势的重点和"不同投入"对战略管理的重要性逐步从外部转向企业内部。"资源基础观念"（RBV）和"资源基础理论"（RBT）的诞生，受到学术界的关注，从而成为当前战略管理领域的理论前沿。

2. 基本含义

所谓"资源基础理论"（RBT），就是将"资源"作为战略决策的业务逻辑和出发点，将"资源"连接到竞争优势和增长决策上。RBT 基于两个假设：①公司拥有的资源具有"异质性"；②企业之间这些资源的"非完全流动性"。

所以企业有罕见的、独特的、难以模仿的资源和能力，使不同的企业之间存在长期差距，拥有独特资源的企业更有可能获得持久的超额利润和竞争优势。RBT 重点分析公司现有内部资源，探索独特的资源和具体能力，以达到提升竞争优势、获得超额利润的目的。Barney（1985，1991a，1991b）认为，由于企业的异质性和非流动性，竞争优势可以持续下去，因为其中一些资源是有价值的、稀缺的、非模仿的和不可替代的。

RBT 是从企业"异质性"来观察内部资源和能力，其重点是确定、澄清、配置、开发独特的资源和能力，与企业的竞争优势和生存与发展息息相关。企业竞争地位的差异应归因于企业资源形式的差异，竞争优势建立在企业所拥有的异质资源的基础上。企业之间的竞争可以看作是异质资源的竞争，如何垄断某些资源或打破竞争对手的垄断，成为竞争的焦点。事实上，追求可持续竞争优势总是要转化为识别、拥有和分配独特而稀缺资源的战略目标。企业的固有资源是制定和实施战略的基础，成为战略发展和变革的重要基石。资源的基本理论拓宽了企业战略理论研究的范围，丰富了企业对企业资源理论分析的内涵，包括企业能力、组织过程和信息知识。

3. 发展历程

从战略管理学科的发展进程看，自 Barnard 于 1938 年在其《经理的职能》[①]中，通过管理职能与流程的观点来探讨企业组织及其运作机制而开启战略管理研究大门的几十年来，对战略的分析随着竞争环境的变迁及研究方法的进步，不断地在由内而外的"公司面"的观点及由外而内的"产业面"观点间摇摆。严格来说，RBT 追求的"企业本身作为研究单位探索竞争优势的获取"不是一个新的想法。RBT 是由许多研究人员在不懈的努力下开发的，其发展经历了三个阶段。

（1）基础阶段。1959 年，Penrose 在《企业成长理论》中，以经济学原理探索企业资源与业务增长之间的关系，提出了"组织不均衡成长理论"，使 RBT 具有了理论基础。可以说，Penrose 在资源与成长关系的分析与研究中，是以资源为基础观念（RBV）来探索企业最重要的业务增长战略的。她认为，企业的

---

① Chester Barnard. The functions of the executive [M]. Cambridge：Harvard University Press, 1938//Barnard C I. The Functions of Executive, 16 [J]. Autl, Cambridge, Mass, 1938.

"成长"是一种非常自然的现象，企业的定义应该是"协调和限制资源收集边界的行政框架"，业务成长源于企业内部资源，内部资源和能力为业务绩效和发展方向打下坚实的基础。她认为，企业成长的主要原因是"组织剩余"。企业的生产要素是一个动态的组合过程，随着时间的推移而产生剩余，这个概念也是资源基础理论的主要来源。在分析作为企业发展基础的企业资源和能力的特性后，她强调资源和能力是可持续竞争优势的源泉。

（2）形成阶段。1984 年 Wernerfelt 发表了《基于资源的企业观》一文，该文章一出，RBV 便引起了人们的重视。Wernerfelt 借鉴了 Penrose 的观点，明确地提出了"资源基础观念"一词，视企业为有形资源与无形资源的独特组合而非产品市场的活动，认为以"资源"代替"产品"的思考角度进行企业战略决策对企业而言将更有意义。由此，将人们习惯的企业战略思考角度由"产品"观念转变为"资源"观念，此种转变将战略制定的基础由外部的"产业结构分析"，逐步转移到内在资源与能力分析的"资源基础观念"上。

在这之后，许多学者将这一观点应用于企业战略研究所涉及的各个方面，该理论观点被一些人看成是联系企业能力和外部环境的桥梁。如果说控制战略性资源对企业获得竞争优势具有根本意义，那么，如何获得这些资源就成为关键问题。Barney（1986）在探讨企业的竞争优势时，发现企业可由本身的资源与能力的积累与培养，形成长期且持续性的竞争优势，称为"资源基础模式"。如果战略资源在所有竞争企业中平均分配和高度流动，企业不可能预期获得持续的竞争优势。有些公司在产品市场上具有竞争优势，因为他们能够通过不完全竞争的战略要素获得低成本、高收益的战略资源。总的来说，RBV 开始使人们相信企业可以通过提高资源的拥有量及资源的使用效率来使企业获得竞争优势。

（3）成熟阶段。随着 Wernerfelt 所提出的 RBV 观点越来越受到重视，不少学者也开始思考 RBV 是否是一个新的企业战略理论。Grant 是较早称 RBV 为理论的，1991 年他指出，战略与资源之间的关系应主要从两个层面分析：①在公司的战略中，探索以资源来确定企业的活动或地域界线的作用；②在经营策略中，探索资源、竞争与利润之间的关系。

在两个层次的研究中，学者明确提出了"资源基础理论"一词。Grant 认为，资源基础观念主张"内部审视"的重要性，并认为企业内部资源与能力会引导企业战略发展方向，成为企业利润的主要来源。继 RBT 的提出，资源在什么样的条件下才能够产生持续的竞争优势的问题，引发了许多学者的研究兴趣。对此，Barney 认为竞争优势之所以能持久，是因为公司拥有异质性及不可移动性，该观点与 Penrose（1959）认为"企业竞争优势是来自该企业所特有的异质性资源而非其他企业相近的同质性资源"的观点十分相似。Barney 认为，企业的资源如果带来持续的竞争优势就必须是：有价值的、稀缺的、不能完全模仿的、难以替代的。

类似地，Peteraf（1993）总结出可以带来竞争优势资源的四个条件：一是企业的异质性。这意味着某些企业所拥有的高效资源供给有限，至少是供给不够，不能迅速扩张，所以这些企业通过这些资源的"垄断"，可以获得超过平均利润的"租金"。二是对竞争的事后限制。即当一个企业获得优势地位并因此而赢得租金后，存在某些力量限制对这种租金的竞争，而两个关键因素是难以模仿和替代的。三是不完全流动性。不完全流动的资源会保持在企业中，而企业会分享由这种资源带来竞争优势时所产生的"租金"。四是对竞争的事前限制。如果一批具有相同资源禀赋的企业预计可以通过一定的定位选择获得难以模仿的资源状况，那么所有这些企业都将加入这一立场的激烈竞争，最终使预期的回报被竞争掉。因此，当企业采取战略来获取或开发有效的资源时，实施这样一种策略的成本会使其他公司难以采用同样的策略（包括对预期结果的不确定性）。简而言之，资源必须符合这四个条件才能赢得企业的竞争优势。

资源基础理论的相关观点汇总如表 3-4 所示。

表 3-4　资源基础理论的相关观点

学者	年份	主要观点
Penrose E. T.	1959	提出了"组织不均衡成长理论"，企业竞争优势是来自该企业所特有的异质性资源而非其他企业相近的同质性资源；认为企业业务成长源于企业内部资源；认为企业成长的主要原因是"组织剩余"；强调资源和能力是可持续竞争优势的源泉
Wernerfelt B.	1984	企业是有形与无形资源的独特组合而非产品市场的活动；以"资源"代替"产品"的思考角度来进行企业战略决策对企业而言将更有意义
Barney J. B.	1986	企业可由本身的资源与能力的积累与培养，形成长期且持续性的竞争优势，称为"资源基础模式"；有些公司在产品市场上具有竞争优势，因为它们能够通过不完全竞争的战略要素获得低成本、高收益的战略资源
Grant R. W.	1991	战略与资源之间的关系应主要从两个层面分析：①在公司的战略中，探索以资源来确定企业的活动或地域界线的作用；②在经营策略中，探索资源、竞争与利润之间的关系
Petersf W. A.	1993	可以带来竞争优势资源的四个条件：①企业的异质性；②对竞争的事后限制；③不完全流动性；④对竞争的事前限制

资料来源：笔者整理。

通过梳理资源基础理论的发展，我们可以发现资源的基本理论是对产品差异来源的继续探究，认为产品差异是由企业的资源差异决定的，资源差异本质上是资源利用效率差异。资源型理论的分析范式是"资源—战略—绩效"，企业绩效差异与企业战略不同，战略由企业所有资源决定。资源基础理论的基本假设是：企业有不同的有形资源和无形资源，这些资源可以转化为独特的能力；企业资源不易移动，难以复制；这些独特的资源和能力是企业长期竞争优势的源泉。资源基础理论的基本思想是把企业作为资源的集合，把重点放在资源的特点和市场的战略要素上来解释企业的可持续发展优势和相互之间的差异。

三、商业生态系统理论的起源与发展

（一）商业生态系统的概念演变

1. 生态系统

"生态系统"这个词来源于生态学领域，最早于 1935 年由英国植物学家 Tansley 提出。他对生态系统的组成进行了深入的考察，认为生态系统是指在一定的空间内，生物成分和非生物成分通过物质循环和能量流动相互作用、相互依存而构成的一个生态学功能单位。生态系统把生物及其非生物环境看成是互相影响、彼此依存的统一整体。这一整体具有一定的结构（包括生产者、消费者、分解者和非生物组分）与大小，组成生态系统的各个成分之间通过物质循环与能量流动而相互联系、相互影响，并形成具有自我组织与自我调节功能的复合体。

经过几十年的发展，学者对自然生态系统的概念达成一致，即"在一定的时间和空间内，各种生物之间以及生物与无机环境之间，通过物质循环和能量流动而相互作用的一个自然系统"。生态学是研究生物与其环境之间相互关系及作用机理的科学，生态系统的观点将这种关系和作用机理归结为物质循环和能量流动。

2. 生态系统理论的延伸

生态系统理论（Ecosystems Theory）从一般系统理论发展而来，回应了社会工作领域中"社会"的缺失，关注个体与环境的互动，目前已成为国外社会工作领域中一个重要的实务理论，并在不同的行业领域得到了广泛应用。

Bronfen Brenner（1977）在其著作《人类发展生态学》中较系统地将生态学的知识引入人类行为的研究中，提出了具体的系统模型。20 世纪上半叶，为了理解组织与其环境之间的关系，社会学家逐渐将生态系统的观点应用于产业组织的相关研究中，他们认为企业也是在产业中不同的生态位置上争夺资源。社会生态系统通过整体成员的相互依赖形成系统，如果不断引入新的资源以增强系统中人员、信息和能源的流动，那么系统对环境的适应能力就会大大提高，并持续发展（Hawley，1992）。

Jouni Korhonen（2005）从生物生态学的角度探索了企业生态系统的实践与演变历程，研究了各种资源利用、能源循环等模拟自然生态的产业多元化模式，还分析了生物学上生态系统理论在环境规划、组织管理中的应用，强调了生态系统的演化将在未来工业和经济发展中发挥重要作用。

3. 商业生态系统

1993年，美国学者Tames F. Moore将生态系统的观点引入企业战略管理研究，在《哈佛商业评论》上首次提出"商业生态系统"的概念。之后，其针对商业生态系统开展了进一步的研究，将商业生态系统定义为"一个由相互作用的组织和个人建立起来的经济共同体——商业世界的有机体"，其成员除企业自身外，还包括顾客、主要生产者、竞争者和其他利益相关者（Moore，1996）。后又补充定义为："一个扩张的相互支持的组织体系，是一个由顾客、供应商、龙头制造商、股东、金融机构、贸易协会、标准制定机构、工会、政府和其他具有政府职能的单位，以及其他利益相关者组成的群落，这个群落以一种不完全刻意，高度自组织甚至有些偶然的方式形成。"Moore（1998）的第一个定义突出了商业生态系统中成员之间的相互作用，而第二个概念则强调了系统成员分散决策和自组织的特征。

Gossain和Kandiah（1998）在Moore（1998）的研究基础上，更强调互联网在网络信息经济中所起的作用。他们认为，商业生态系统与综合价值链基本相似，但商业生态系统更强调组织间的共生关系及其演变。在他们的观点中，商业生态系统是一种高度以顾客为中心的扁平的技术平台。Lewin和Regine（1999）用生态系统中生态位的概念来理解商业生态系统，认为它是一个由企业松散连接形成的网络，这个网络中的每个企业在他们自己的领域中都占有一席之地，并且和很多其他企业相连接：竞争者、合作者和互补者。由于这些企业相互关联，如果其中一个公司发生变化，就会使商业生态系统中的其他成员也发生改变。在复杂竞合环境中的企业，应该从协同演化的角度来制定战略。Power和Jerjian（2001）反对线性的思维方式，试图用网络连接的方式来思考商业生态系统中组织与个体的关系。他们提出的商业生态系统的定义是："一个覆盖万维网的网站系统，用它们连接的方式与现实世界的各方面建立联系。这是一个物理社区，与环境中的非生物因素一起被看作一个基本单位。"Peltoniemi和Vouri（2004）总结对比了前人从生物、社会、经济、工业、商业等多个角度对生态系统的研究，把商业生态系统定义为一种具有一定关系的动态组织结构，这些组织可能是一些小企业，也可能是大企业、高校、研究中心、公共机构以及其他可能影响这个系统的组织。

商业生态系统是将自然生态系统的观点引入商业活动研究形成的理论，因此，它既具备自然生态系统的特性，如自组织性、稳定性、整体性、有机关联性等，也具备经济系统的特征，如动态性、网络性、目的性。学者们从不同角度对商业生态系统的维度作出了划分，整理如表3-5所示。

表3-5 商业生态系统的维度划分

学者	年份	特征维度
Moore	1996	"4P3S"七维度分析框架，即人员（People）、场所（Place）、产品（Product）、过程（Process）、结构（Structure）、股东（Share Owner）和社会环境（Society）
Power 和 Jerjian	2001	商业生态系统的12条基本准则：学习、计划、系统化、网络化、安全性、关注网络支付、关注购买、关注供应商、关注物流、关注销售、关注消费者以及个性化
Iansiti 和 Levien	2004	衡量商业生态系统健康状况的三个维度：生产率、稳健性（Robustness）和利基创造力（Niche Creation）
Peltoniemi 和 Vouri	2004	商业生态系统具有复杂适应系统的四个基本特征：自组织性、涌现性、共同进化性和适应性
Peltoniemi	2005	商业生态系统的特征包括以创新和商业成功为目的、有意识的选择、动态性、受环境变化的影响、参与者众多、相互依存、交互作用、既竞争又合作和共命运
Anggraen 等	2007	从六个方面来研究商业生态系统的特征：企业特征、企业角色、网络结构、网络动态性、网络绩效和网络治理
Tian 等	2008	一个商业生态系统模型主要包括七个要素：资源、活动、决策、标准、角色、商业实体和商业模式

资料来源：笔者整理。

（二）商业生态系统的核心思想：协同演化

1. 协同演化的概念

协同演化是商业生态系统理论的核心思想（Moore，1999）。协同演化概念由 Ehrlich 和 Raven（1964）首次提出，Kauffman 将其引入组织和环境的战略分析，认为这两者存在协同演进的关系。Norgaard（1985）认为，协同演化不仅是"协同"的，更是"演化"的，是"相互影响的各种因素之间的演化关系"。Bateson将协同演化定义为一个相互依存的物种在无尽的相互循环中进化的过程——物种A的变化为物种B在自然选择中的变化打好基础；反之亦然。物种之间不仅有竞争或合作的模式，也有共同进化的模式。随着时代的变迁和共同进化的继续进行，整个系统会变得更加协调。同样，有密切关系的企业群体会形成一个企业共同体，这些企业无论是以竞争形式存在，还是以合作的形式共存，都要在相互作用中发展进化，结果是"共同体范围"的共同进化。

2. 协同演化的表现

商业生态系统协同中的演化既表现在组织与组织之间，也表现在组织与环境的关系上。组织之间既竞争又合作，既可能为了争夺资源形成竞争关系，也可能因为利益分配形成捕食关系，还可能因为价值共创形成合作关系。但总的来说，商业生态系统中企业之间的利益相关，会在竞争与合作中提升共同利益。商业生态系统与其外部环境也相互影响、相互作用，一方面，环境选择商业生态系统迫使商业生态系统不断提高自身能力以适应环境的变化；另一方面，商业生态系统主动适应环境变化可以促进系统外部环境的优化，如此循环，使商业生态系统与环境协同演化。

3. 协同演化的过程

Moore将商业生态系统的生命周期分为四个阶段：诞生、扩张、领先、自我更新或衰亡。诞生阶段，企业寻找目标市场，完善自身的产品和服务，建立竞争壁垒；扩张阶段，企业通过提供共享的产品或服务建立合作框架吸引其他参与者加入生态系统，与其他参与者建立关系；领先阶段，企业通过引领系统内部的创新成为系统的领导者，为系统提供技术和产品基础，领导协调系统内部成员的协同发展；自我更新或衰亡阶段，通过企业组织变革或再造实现生态系统的组织更替。在此基础上，Moore还分析了这四个阶段的竞争与合作所面临的挑战，如表3-6所示。

表3-6　商业生态系统的演变阶段

阶段	合作挑战	竞争挑战
诞生	与客户和供应商合作，围绕根本创新定义新的价值主张	保护自己的想法不被可能提供相关产品的人知道，维护好官方领导客户、关键供应商和重要渠道
扩张	通过与供应商和合作伙伴一起来提高市场供应，实现最大的市场覆盖率，从而创造更大的市场	防止类似替代方案的实现。通过主导关键细分市场确保自己的方案是同类当市场中的标准

续表

阶段	合作挑战	竞争挑战
领先	提供一个未来的竞争视角,激励供应商和顾客一起工作来保持整体利益的提升	与生态系统中的其他参与者的抗衡,包括主要客户和重要的供应商保持强大的议价能力
自我更新	和创新者一起工作,从而为现有系统带来新理念	建立高进入门槛,防止创新者建立替代生态系统。维持高客户转换成本,以便赢得时间,将新想法纳入自己的产品和服务

资料来源:笔者整理。

(三)商业生态系统的结构模型

商业生态系统由不同种类的企业或组织组成,这些主体在系统中扮演不同的角色,承担不同的职责。学者们从不同的角度划分了系统的成员角色,构建起了不同的商业生态系统模型。

1. Moore 的经典结构模型

Moore(1996)在《竞争的衰亡:商业生态系统时代的领导与战略》中构建了一个商业生态系统结构模型,根据系统成员的功能和角色将商业生态系统分为几个子系统(见图3-5)。其中,核心生态系统是一个基于传统供应链观念建立的线性系统,由供应商、生产企业、中介机构(代理商、经销商、互补品提供者

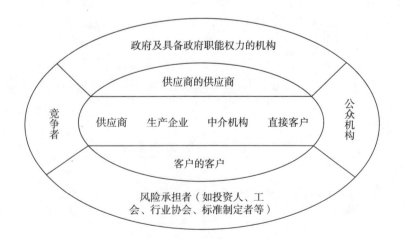

图 3-5 Moore 的商业生态系统结构模型

资料来源:笔者整理。

和服务提供者等）和直接客户这几种系统成员组成。在此基础上向上下游扩展就是扩展生态系统，主要构成是供应商的供应商和客户的客户。竞争者、公众机构、政府部门及具备政府职能权力的机构，以及风险承担者（如投资人、工会、行业协会、标准制定者等）形成了这个生态系统的外部环境。在这个结构模型中，商业生态系统显然超越了行业的边界和供应链的范畴，使企业网络和其所在的环境成为一个整体，通过系统成员的合作进行价值创造，让系统成员共同获利。

2. Iansiti 的结构模型

Iansiti 和 Levin（2004）将商业生态系统中的成员分为三类：核心型企业（Keystones），处于商业生态系统的中枢位置，充当商业生态系统调控者的角色，为系统成员提供价值共享平台，通过影响这个系统的特定行为而维持商业生态系统的健康发展；支配型企业（Dominators），在系统中占据大规模资源的组成部分，通过纵向或横向一体化来管理和控制商业生态系统；利基型企业（Niche Players），着眼于专业化和差异化，将自己独特的能力集中在某些业务上，利用其他企业提供的关键资源来开展经营活动，这类企业规模小，数量大，是商业生态系统价值创造的主要来源。Iansiti 和 Levin 构建的商务生态系统的结构模型如图 3-6 所示。

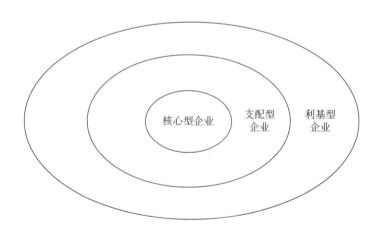

图 3-6 Iansiti 和 Levin 的商业生态系统结构模型

资料来源：笔者整理。

3. Garnsey 和 Leong 的内部交互模型

Garnsey 和 Leong（2008）运用资源基础观和演化理论研究商业生态系统，认为商业生态系统的边界非常模糊，难以界定，系统内部的演化也难以量化，所以提出了企业交易环境的概念，将企业所处的商业生态系统看成是企业的直接交易环境，并且认为这种交易环境是由各种与企业具有资源交换或价值创造关系的组织构成的。Garnsey 和 Leong 构建了图 3-7 中的商业生态系统结构模型。这个模型基于价值链的观点，认为价值链上游的投资者、供应商、劳动力市场，下游的分销商、客户及中游的竞争者等主体都是企业的合作伙伴，是企业实现价值不可或缺的力量，它关注的是系统成员之间相互合作形成的交互机制。

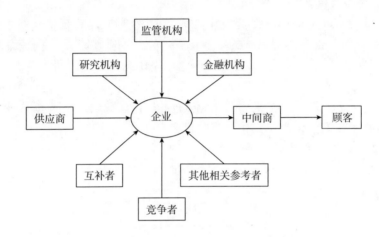

图 3-7　Garnsey 和 Leong 的商业生态系统内部交互模型

资料来源：笔者整理。

（四）相关概念的辨析

1. 战略联盟的概述

进入 20 世纪 90 年代后，信息技术迅速发展，消费者的消费偏好频繁变化，使产品和技术的生命周期越来越短，企业不得不对高额的研发投入所带来的风险和经营的安全性进行平衡。为了分担技术研发和市场开拓等方面的巨大投入，美国 DEC 公司总裁霍普兰德（Hopland）和管理专家奈格尔提出了战略联盟的构思。这是一个内容与形式均不断变化的动态概念。学术研究中，与企业战略联盟相关的学术名词包括"企业战略同盟""战略合作伙伴""组织间联盟""虚拟企业""动态企业联盟"和"供应链联盟"等，目前尚无统一标准的定义。不同学者从不同的研究视角和需要出发对其的界定也存在一定差异，具有代表性的包括以下几种，如表 3-7 所示。

表 3-7 战略联盟的几种典型定义

学者	概念界定
Teece（1992）	两个或两个以上的独立企业，为了实现资源的优势互补、共享等战略目标，而进行的以承诺和信任为特征的合作性活动
Yoshino 和 Rangan（1995）	两个或更多企业通过提供相互获得的技能、技术或产品等，形成一种特定层面上的业务连接关系，从而加强了彼此的竞争优势
Porter（1996）	介于市场交易和科层组织之间的中间边际组织，可作为企业市场交易行为的补充，被视为不完全契约状态下的企业治理结构
Gulati（1998）	企业之间依据自身目的结成的一系列横向和纵向交织的社会网络，通过形成协作关系，来形成某种排他性的非该网络进入壁垒，达到追求成员企业共同的经济利益的目标
Inkpen（1998）	为达到企业个体目标所签订的持续的企业间合作协议，这一协议包括使用各企业提供的资源、技术、管理能力或者治理结构形成的不同流程和链接
Pyka 和 Windrum（2003）	两个或两个以上企业为了追求共同目标，在一段持续的时间内为解决共同面临的问题所进行的合作或达成的某种合作协议

资料来源：笔者整理。

根据这些定义总结得出，企业战略联盟是两个或多个独立企业为实现某种特定的共同战略目标，各自从自身利益出发，以共同提供资源、技术或能力的股权或非股权合作方式，自愿达成的要素双向或多向流动、资源优势互补、风险共担、利益共享的松散型合作竞争组织。

美国学者戴维·雷在实证研究的基础上将战略联盟的建立划分为三个阶段：选择合适的联盟伙伴阶段、联盟的设计和谈判阶段及联盟的实施和控制阶段。在不同的阶段，可采用不同的形式，如成立合资企业、产品交换、签订许可证协议和技术联营等。企业通过战略联盟可以分担巨额的技术研发费用和固定资产投资，从而降低风险；可以实现优势互补，增强企业竞争实力；可以克服市场壁垒及降低与对手的竞争强度。但战略联盟也存在一定缺陷，如可能为竞争对手提供了一条低成本的获得技术和进入市场的途径。此外，联盟控制权的不明确及联盟自身无法克服的风险，都限制了战略联盟的运用。

2. 概念辨析

战略联盟通常是企业为达到某些阶段性的企业目标而与其他企业的结盟，通过相互交换互补性资源形成合力优势，共同对付强大的竞争者。例如，就开发某种新产品等问题进行的合作，这类的战略联盟建立在机遇产品基础之上，多个企业利用各自特长联合进行机遇产品的经营生产，产品生命周期一旦结束，联盟也自行解体。所以说，战略联盟强调的是几个企业之间的阶段性合作关系，而商业生态系统所涉及的范围远比战略联盟大。另外，商业生态系统是为适应或改善环境而组成的共同体，共同体的形成原因也与战略联盟有根本的区别。

（五）小结

商业生态系统战略挑战了资源观将独特、稀缺的资源作为竞争优势来源的有价值资源的观点。过去的研究都认为，一个稳固的战略应该依赖于对有价值的和稀缺资源的排他性控制，并认为战略成功的关键要素是不可替代的资源和不可模仿的能力（Barney，1986），且竞争优势来源于独特、稀缺的资源。但显而易见，获得和保护这样的资源需要相当的成本，毕竟，一个产业的大部分企业都想获得这样的资源。事实上，关键资源或战略性资源仍然是通过撬动普通资源（Ordinary Resources）来实现效用发挥的（Fréry et al.，2015）。商业生态系统战略下，那些一度被认为是相对而言没什么价值（Useless）或者价值很小（Trivial）的资源所产生的价值，反而可能超越部分独特的战略资源所产生的价值。

本章小结

本章从经济与管理学中的平台理论出发，系统地阐述了平台理论的演变过程，通过双边市场、网络效应、产业价值链理论、竞争优势理论、资源基础理论和商业生态系统理论进一步论述了平台理论，为本著作的深入研究奠定了理论基础。由于网络效应和多边市场的存在，经济学中的平台理论主要聚焦企业的竞争策略、定价策略和信用系统；管理学中的平台理论则是受生态学影响，在产业价值链理论的基础上发展出的新的商业模式。商业生态系统中的成员通过价值或利益交换的关系共同构成价值链，实现价值共创，协同发展。那么，平台战略的具体实践情况如何呢？企业又该如何在理论的指导下正确制定平台战略，改变商业模式，在动态环境变化中创造新的竞争优势呢？接下来，本书将聚焦于企业对平台战略的实践，通过案例分析企业的平台战略实施状况，从而进一步完善理论研究。

第四章
行业环境分析

基于上文对平台理论的梳理及研究框架的构建，接下来本著作将着眼于传统企业如何在互联网背景下践行平台商业模式这个关键问题。在探讨曼特公司平台战略具体的实施方案之前，首先要对曼特公司当前面对的外部环境进行整体分析和评估，从而全面了解市场变化趋势，为企业制定和调整发展战略提供指导。因此，本章将从政治、经济、社会文化和技术四个方面对曼特公司的宏观环境进行全面分析，同时也关注以企业竞争者、消费者和渠道成员为主的微观环境变化，深刻剖析曼特公司进行平台战略布局所面临的行业环境和竞争局势，为下文进行具体案例分析提供参考依据。

第一节　宏观环境分析

"PEST 分析"是对某一行业或者企业进行宏观环境分析的方法，通过对政治（P）、经济（E）、社会（S）、技术（T）四个方面的分析来把握企业或某一行业所处的宏观环境，进而制定和调整相应的企业战略及策略。

一、曼特公司所处的政治和法律环境

政治和法律环境（Politics）是指一个国家或地区在一定时期内的社会制度，执政党的性质理念，政府出台的各种方针、政策，以及国家制定的相关法律、法规等。中国正在进一步地进行市场化和法制化转型，政治方面的大方向大环境对企业的决策会产生巨大影响，有些政策法规的出台会给企业带来一些新的经营机会，而有些则会限制企业的战略选择，甚至导致企业效率下降，影响企业的盈利

甚至生存。

改革开放 40 年来，中国一直保持着稳定的政治环境，这给企业的发展提供了一个良好的外部环境。近年，中国经济经历了从经济奇迹到常规发展的重大转变，经济增长趋势逐步放缓。这些变化及国家相应政策的调整对塑料管道行业产生了较大的影响。塑料管道业的制造与销售，与新型建材市场所处环境息息相关，同时由于塑料管道被用于装修新房及二手房，所以与房地产行业也有紧密的联系。

（一）"十二五"以来建材行业政策及执行效果

"十二五"以来，国家及行业主管部门在结构调整、绿色发展、技术创新、新兴产业等方面制定了系列政策，对建材工业发展方式转变、产业优化升级起到了重要的引领作用。

"十二五"期间，我国建材行业销售规模突破 7 万亿元，累积达到 29 万亿元，但整个行业规模以上企业的主营业务收入同比增速却表现出持续下滑的状态，从 2011 年同比增速 38.5% 下降到 2015 年同比增速 3.3%，五年时间增速下降 35.2 个百分点。增速下滑表明，我国整个建材市场在销售业绩上整体遇冷。建材市场整体销售业绩的下滑与"高耗能、重污染"的传统型建材企业的产品已经单纯从推高企业收入走向包袱累赘的角色，而新型的建筑材料生产还未成为企业主营业务的重要组成部分有关。具有环保、节能、低碳属性的塑料管道，符合国家政策导向，以塑代钢将成为建材市场的长期趋势，塑料管道业无疑会面临很多新的机会。

1. 化解产能政策

化解产能是建材业进入"十二五"时期面临的最为突出的矛盾和问题，为积极有效地化解传统建材产能严重过剩的问题，国家及行业主管部门相继出台了多项政策（见表 4-1）。在各级政府及有关部门的督促检查和一系列政策措施的推动下，建材工业提前并超额完成了"十二五"淘汰落后的目标，过剩产能的新增势头得到一定的遏制。

表 4-1　建材工业应对产能过剩政策列表

发布年份	发布机构	政策名称
2012	工信部	《关于下达 2012 年 19 个工业行业淘汰落后产能目标任务的通知》
2012	工信部	《2012 年 19 个工业行业淘汰落后产能企业名单（第一批）》
2012	工信部	《2012 年工业行业淘汰落后产能企业名单（第二批）》
2013	国务院	《关于化解产能严重过剩矛盾的指导意见》
2013	发改委、工信部	《关于遏制产能严重过剩行业盲目扩张的通知》
2013	工信部	《工业和信息化部关于下达 2013 年 19 个工业行业淘汰落后产能目标任务的通知》

发布年份	发布机构	政策名称
2014	工信部	《关于做好部分产能严重过剩行业产能置换工作的通知》
2015	工信部	《部分产能严重过剩行业产能置换实施办法》
2016	国务院	《国务院办公厅关于促进建材工业稳增长调结构增效益的指导意见》

资料来源：笔者整理。

2. 绿色发展政策

作为典型的资源能源依赖型产业，建材工业能耗总量和部分污染物排放总量一直位居工业部门前列，如何实现能源消耗的降低和主要污染物排放总量减少，是建材工业必须面对的问题。为缓解资源环境约束，促进建材工业转型升级，增强行业可持续发展、循环发展、低碳发展能力，政府主管部门发布了一系列政策法规，如表4-2所示。

表4-2　建材工业节能减排政策表

发布年份	发布机构	政策名称
2011	国务院	《国务院关于加强环境保护重点工作的意见》
2013	国务院	《关于加快发展节能环保产业的意见》
2013	国务院	《大气污染防治行动计划》
2013	发改委	《关于加大工作力度确保实现2013年节能减排目标任务的通知》
2014	国务院	《2014—2015年节能减排低碳发展行动方案》
2014	工信部	《全国工业能效指南》
2015	工信部	《2015年工业绿色发展专项行动实施方案》
2016	工信部、标准化管委会	《绿色制造标准体系建设指南》

资料来源：笔者整理。

在相关政策的引导和推动下，建材工业节能减排取得阶段性成果，主要表现在建材工业万元增加值能耗总量、能源消耗增长速度及占全国的比重下降，2011~2014年建材工业能耗总量年均增长3%，低于"十一五"时期7.8%的增长速度，占全国能耗总量的比重从2011年的10.2%降至2014年的8.9%，下降1.3个百分点。

3. 技术创新政策

为引导和加强建材工业技术创新，提升产业技术创新能力，政府主管部门出台了一系列技术创新政策（见表4-3）。在相关政策的引导下，建材企业加大自主创新投入力度，科技创新平台建设取得新进展，形成了比较完善的技术创新支撑体系；技术装备水平不断提升，产业优化升级技术得到较大程度的提升和应用。

表4-3 建材工业技术创新政策表

发布年份	发布机构	政策名称
2011	工信部	《产业关键共性技术发展指南（2011年）》
2011	发改委	《国家重点节能技术推广目录（第五批）》
2012	国务院	《关于促进企业技术改造的指导意见》
2013	工信部	《产业关键共性技术发展指南（2013年）》
2014	国务院	《国务院关于促进企业技术改造的指导意见》
2014	工信部、科技部和环保部	《国家鼓励发展的重大环保技术装备目录（2014年版）》
2015	工信部	《建材工业鼓励推广应用的技术和产品目录（2016-2017本）》
2016	工信部	《产业技术创新能力发展规划（2016-2020年）》
2016	工信部	《建材工业鼓励推广应用的技术和产品目录（2016-2017本）》

资料来源：笔者整理。

（二）"十三五"成为塑料管道业发展的重要时期

"十三五"成为了塑料管道行业发展的重要时期，整个行业将在稳步发展中调整、优化产业结构。根据《中国塑料管道行业"十三五"期间（2016-2020）发展建议》，2020年全国塑料管道产量将超过1600万吨，塑料管道在各类管道市场中的占有率超过55%，塑料管道的质量与配套水平有显著提高，产业整体水平达到或接近国际先进水平。

1. 基建投资力度加大

"十三五"期间，得益于海绵城市建设①、城市地下管线建设、棚户区改造、水利系统工程建设、水污染防治行动计划、西气东输、南水北调、煤改气等政府工作部署，国家基础建设大机遇会有效促进塑料管道，特别是PE类管道的推广应用，2004~2016年中国基础设施建设投资同比增速如图4-1所示。2016年3月，李克强总理所作的《政府工作报告》提出全年将开工建设2000公里以上地下综合管廊，按每公里造价0.6亿~1.3亿元计算，2000公里管廊将带来直接投资1200

---

① 海绵城市，是新一代城市雨洪管理概念，是指城市在适应环境变化和应对雨水带来的自然灾害等方面具有良好的"弹性"，也可称之为"水弹性城市"，国际通用术语为"低影响开发雨水系统构建"。下雨时吸水、蓄水、渗水、净水，需要时将蓄存的水"释放"并加以利用。

亿~2600亿元。与2015年相比，2016年管廊获政策支持的力度加大，全年管廊规划建设显著扩大。随着投资观望期的结束，管廊建设正在步入加速轨道。

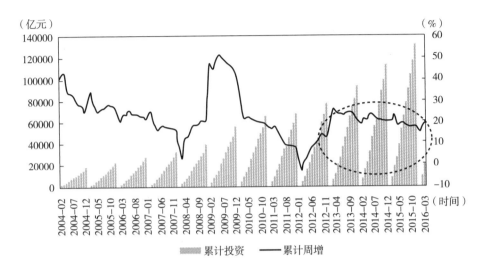

图4-1　2004~2016年中国基础设施建设投资同比增速

资料来源：笔者整理。

2. 发展绿色建材，优化产业结构

为应对传统产业产能严重过剩、新兴产业发展滞后的结构失衡局面，发改委、工业信息部、住建部等部门发布了一系列政策（见表4-4）。随着相关政策的不断发布和行业内对建材新兴产业认识的逐渐加深，建材新兴产业逐渐成为建材企业发展的新方向。

表4-4　建材工业新兴产业政策

发布年份	发布机构	政策名称
2015	住建部、工信部	《促进绿色建材生产和应用行动方案》
2015	住建部、工信部	《绿色建材评价标识管理办法实施细则》
2015	住建部、工信部	《绿色建材评价技术导则（试行）》
2015	工信部、发改委科技部	《关于加快石墨烯产业创新发展的若干意见》

资料来源：笔者整理。

新常态下，国家政策层面更加关注环保、安全，大力发展绿色建筑，开展新型能源利用。从建材业自身产品的生产状况来讲，产业结构作为我国经济新常态的主攻方向，已经开始由中低端向中高端转换，我国传统的"高耗能、高污染"的建材业也实施了去产能、产业制造升级等相关的措施，国家提出的供给侧改革、消费升级、绿色能源等相关政策的落地，势必会影响传统建材工业企业的生产销售业绩；中央、沪、浙等地全装修相关政策的密集出台，使全装修成为大趋势，装配式建筑将引领新的发展，甚至引发新的销售模式变革。

（三）"一带一路"国际化倡议与供给侧改革

国际化大背景下，国家的"一带一路"倡议，给传统的建材行业打开了海外市场，能否把握"一带一路"红利，是能否把企业推向国际的关键。

可见，未来的塑料管道行业机遇与挑战并存，行业内需求虽然不够旺盛，但抓住基建投资的政策扶持，把握"一带一路"红利，塑料管业乃至整个建材行业的发展前景仍是可观的。虽然"一带一路"、国企改革等方案的落地将对需求端改善产生正反馈，但短期内需求端仍难有惊喜，而建材行业供给端具有一定的改善空间，供给侧改革有望加速行业内洗牌，行业的复苏力度很大程度上取决于供给端的改善力度。

二、曼特公司所处的经济环境

经济（Economic）环境是影响企业经营环境诸多因素中十分关键和基本的因素。经济环境主要指构成企业生存和发展的社会经济状况，包括社会经济结构、经济体制、宏观经济发展水平、宏观经济政策等要素，其中影响最大的是宏观经济的发展状况和政府所采取的宏观经济政策。

（一）经济指标趋势

1. 国内生产总值稳步增长

2017 年国家统计局发布的《2016 年国民经济和社会发展统计公报》显示，2016 年，全年国内生产总值 744127 亿元，比上年增长 6.7%，2012～2016 年国内生产总值及其增长速度如图 4-2 所示；全年全部工业增加值 247860 亿元，比上年增长 6.0%，规模以上工业增加值增长 6.0%，其中全年全社会建筑业增加值 49522 亿元，比上年增长 6.6%。

2. 人口数量增加，就业情况稳定

2016 年末，全国大陆总人口 138271 万人，比 2015 年末增加 809 万人，其中城镇常住人口 79298 万人，占总人口比重（常住人口城镇化率）的 57.35%，比2014 年末提高 1.25 个百分点。2016 年末全国就业人员 77603 万人，其中城镇就业人员 41428 万人，全年城镇新增就业 1314 万人，年末城镇登记失业率为 4.02%。2012～2016 年城镇新增就业人数如图 4-3 所示。

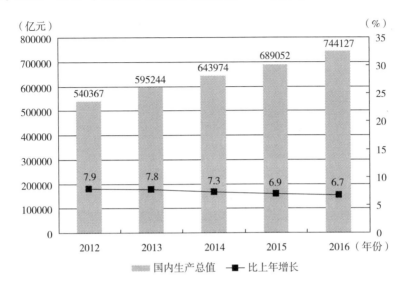

图 4-2　2012～2016 年国内生产总值及其增长速度

资料来源：《2016 年国民经济和社会发展统计公报》。

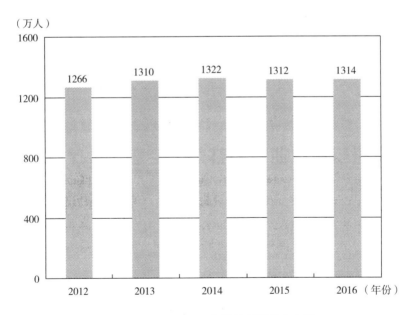

图 4-3　2012～2016 年城镇新增就业人数

资料来源：《2016 年国民经济和社会发展统计公报》。

3. 人均可支配收入增加

如图4-4所示，2016年全国居民人均可支配收入23821元，比上年增长8.4%，扣除价格因素，实际增长6.3%；全国居民人均可支配收入中位数20883元，增长8.3%。全国居民人均消费支出17111元，比上年增长8.9%，扣除价格因素，实际增长6.8%。不断扩展的中国经济规模和平稳增长的居民人均可支配收入都为企业的发展提供了坚固的市场基础和巨大的增长空间，有利于企业进行市场拓展和产品开发。

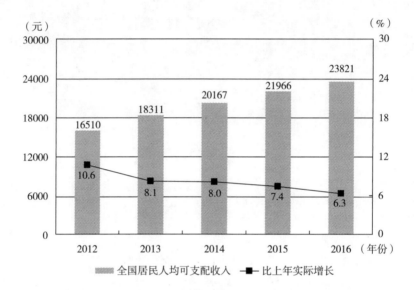

图4-4 2013~2016年全国居民人均可支配收入及其增长速度

资料来源：《2016年国民经济和社会发展统计公报》。

（二）上下游产业的经济情况

1. 国际原油价格下跌

塑料管业所属建材行业的上游相关产业主要是以能源为主的石油、化工、煤炭、电力、原木等大宗产业，其下游相关产业包括建筑业、房地产业、设备制造业、交通运输业等，其中房地产业与建筑业成为直接拉动我国建材产业发展的重点产业。塑料管业的主要原材料属于石化下游产品，自2014年起下滑的国际原油价格，如图4-5所示，会在一定程度上影响企业的生产成本，进而影响定价和销售。

2. 房地产"去库存"，开发投资增速减缓

将我国近些年的房地产开发的投资增速与建材主要产品产量的增速对比后发

现，房地产投资增速的增长变化与主要建材产品的增速变化基本吻合。2015年，全国完成房地产开发投资95979亿元，比2014年名义增长1.0%，成为进入2000年以来我国房地产开发投资增速最低的年份。房地产开发企业房屋施工面积73.6亿平方米，同比增长1.3%；房屋新开工面积15.4亿平方米，同比下降14.0%；房屋竣工面积10亿平方米，同比下降6.9%。房地产业中各维度的增速下降直接致使我国建材产品的产量增速下滑，高负债、高库存的现状决定了短期内仍将延续去库存之路，良好的政策面、资金面改善仍将持续，但难以在短期内扭转地产行业弱复苏进程。房地产行业增速放缓，房产工程量减少会导致塑料管道的需求量减小。中国的房产销售出现了天花板，比如国家出台的供给侧改革所指明的"去库存"，可能导致企业利润降低。

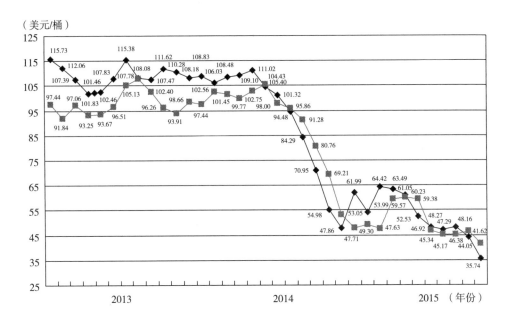

图4-5　2013~2015年国际原油价格走势

资料来源：笔者整理。

2015年，我国宏观经济迈入新常态，GDP增速六年来首次破7，但地产行业复苏仍孱弱。我国建材行业规模以上企业的利润总额全年为4492亿元，低于2014年的4770亿元，同比增速出现了负增长，这是20世纪90年代以来我国建材市场第一次出现利润负增长，社会固定资产对建材工业的投资在2014年后也呈现了下滑的态势。2015年，房屋新开工面积同比增长率出现了负增长，并且在2015年初达到了-17.7%，直到2016年初才打破了负增长的局面，增速达到

13.7%，随后增速虽出现了小幅度下降但仍保持在12%以上。销售收入业绩增速持续减缓、利润出现了负增长，整个建材工业的社会固定资产投资额缓速上升，下游房地产行业开工、竣工面积增速放缓，可以说，我国建材行业的确迎来了发展的寒冬。

2016年，世界经济继续深度调整，发达经济体增长格局出现分化，新兴市场和发展中经济体整体增速逐渐趋稳，国际贸易持续低迷，全球资本流动加剧，大宗商品价格受资本流动影响回升但波动较大。国内经济面对结构性问题突出、风险隐患显现、经济下行压力加大的严峻挑战，不断完善宏观调控手段，以推进供给侧结构性改革为主线，适度扩大总需求，坚定推进改革，妥善应对风险挑战，引导形成良好社会预期，经济社会保持平稳健康发展，实现了"十三五"良好开局。受此影响，国内塑料管道行业也开始转型升级和优化调整，市场需求逐步趋于平稳，行业增速进一步放缓，行业内竞争加剧，产业结构不断优化，落后产能的淘汰速度将逐步加快。

三、曼特公司所处的社会环境

（一）农村城镇化建设对塑料管道的需求增长

改革开放以来，伴随着工业化进程加速，我国城镇化经历了一个起点低、速度快的发展过程。1978~2013年，城镇常住人口从1.7亿人增加到7.3亿人，城市数量从193个增加到658个，建制镇数量从2173个增加到20113个。城镇化率从17.9%提升到53.7%，年均提高1.02个百分点，但如果按户籍人口计算，仅约为36%，与发达国家平均城镇化率达到80%的水平相比，我国城镇化水平依然滞后，未来还有较大提升空间。

《国家新型城镇化规划（2014—2020年）》明确了发展目标：城镇化健康有序发展，常住人口城镇化率达到60%左右，户籍人口城镇化率达到45%左右，户籍人口城镇化率与常住人口城镇化率差距缩小2个百分点左右，努力实现1亿左右农业转移人口和其他常住人口在城镇落户。同时，该规划还提出要统筹电力、通信、给排水、供热、燃气等地下管网建设，确保城镇供水安全；加强防洪设施建设，完善城市排水与暴雨外洪内涝防治体系；加快推进城市清洁能源供应设施建设，完善燃气输配、储备和供应保障系统；加强城镇污水处理及再生利用设施建设，推进雨污分流改造和污泥无害化处置等几个方面的基础设施建设。

总之，我国城镇化水平和质量仍将稳步提升，城镇化建设过程中对塑料管道的需求仍有较大的增长空间。

（二）农村饮水灌溉，给水市场空间广阔

目前，我国部分地区存在取水难、水资源利用率低、浪费严重、饮水安全等问题，政府为解决相关问题制定了长期规划，加大了农村水利基础设施建设投资规模，"十三五"规划纲要指出，我国将新增高效节水灌溉面积1亿亩，农田有效灌溉面积达到10亿亩以上，农村自来水普及率达到80%。

此外，近年来多数农村地区缺少垃圾集中、污水排放处理系统，大量垃圾直接排入河道，加上农药化肥的大量使用，加剧了土壤、地表和地下水资源的污染，直接危害农村种植业、养殖业的健康发展。2017年中央一号文件——《中共中央　国务院关于深入推进农业供给侧结构性改革加快培育农业农村发展新功能的若干意见》的出台，显示了政府对加强农村供水、灌溉、排污管网系统建设的决心，预计未来农村水利工程的推进将在一定程度上拉动对塑料管道的需求。

（三）用户消费意识改变

1. 产品品质要求提高

由于采用新型的化工原料，弥补了钢管及水泥管易腐蚀、不卫生的缺陷，在环保性、卫生性、耐腐蚀性、成本低廉和使用方便等方面具有其他管道不可比拟的优势，所以塑料管道受到了消费者的青睐。20世纪80年代后期，塑料管道开始在我国工业领域发展起来，并在我国得到广泛应用。

随着社会进步、行业发展及产业升级，消费者的产品品牌意识、品质意识逐步提高。消费者开始更多地追求品质保障，这是消费者底层消费心理和行为的转变。产品品质，意味着好的产品与合理价格的搭配，是一种更合理的平衡，代表了消费者对品质的判断能力。如果产品能满足用户的品质需求，将使用户产生对产品的黏性。产品品质和产品性价比有着明显区别，性价比更强调极致的价格。

随着个别问题工程的出现及市场环境的逐步规范化，塑料管道的用户越来越关注塑料管道的品质，优质产品逐渐成为市场主流，这对产品品质和产品品牌打造提出了新的要求，也使塑料管道企业更加注重产品品质的提升。

2. 产品需求多元化推动产品研发

随着生活水平的提高和经济条件的改善，人们的思想观念和行为模式也开始发生变化，对塑料管道行业的影响主要体现在人们对塑料管道品质、功能的多元化要求上，以及对产品外观的追求上。消费呈现个性化的特点。当众多消费者都往同一个方向表达个性时，个性化将会呈现社会整体趋势的概念，而不是单纯的标新立异，这为企业产品设计、生产指明了新方向。

近年来，用户对塑料管材产品有了耐低温、耐热、耐高压、抗震等更多元更高级功能的需求。例如，PPR 管材主要用于家庭精装修，随着生活水平、建筑装修水平的提高，PPR 管材凭借其耐高温、耐高压的优良特点，其用量从无到有，逐年增长。

塑料管道上游为石化行业，原材料主要为 PVC、PE、PP 等高分子材料及部分金属材料，对塑料管道应用不多。

塑料管道下游产业对塑料管道的应用广泛，近年来应用领域拓宽，对塑料管材的需求稳定增长。同时，国内城镇化进程、基础设施建设继续处于上升通道，各种改性、复合材料的塑料管道正逐渐取代传统塑料管道，单一材料管道逐步向复合材料管道过渡，市场空间不断加大，需求也趋向多元化。

这需要相关研发和生产企业密切关注用户不断增长的新需求，满足其对管道的抗菌、阻燃、防火、保温、抗震、抗磨等复杂、应用于特殊环境的功能的需求，积极进行不同材料的塑料管道研发与生产。

3. 消费升级带来的消费新要求

塑料水管有家装和工装之用，家装市场区别于工装市场的一个重要特点是：品牌和渠道更加重要。一方面，随着城镇水网改造的深入，工装市场方兴未艾；另一方面，随着消费升级和家装市场竞争秩序的演进，塑料管材的市场规模存在大幅的拓展空间。家装市场的消费者往往是个体住户。

随着人们收入水平的提高和分级消费的出现，消费者不再只满足于消费某一特定商品，同时还对附带服务有了更细致的要求，买更好、更健康、更个性化的产品的诉求不断显现，消费不再是简单地购买所需，消费者更关注消费体验。例如，售后的清洁服务、检修服务等，要求相关研发和生产企业注重产品品质和后续服务的持续改进，关注用户的需求，做好相关产品和服务的延伸，组织编制不同塑料管道产品在各领域的应用指南或应用手册，积极培训工程技术人员，提高整体品质。

随着互联网发展，社交媒体取代了传统媒体，去中心化的社交媒体解构了大众媒体，重构了新中心，消费者圈子内形成了各类不同的亚文化，这深深地影响了消费者的购买行为及习惯。近年来电商崛起，内容导购和问答评价对消费者购买决策的影响加大，销售渠道也变得更为分散，这对企业的营销提出了新要求，塑造品牌、通过新媒体快速有效触及消费者并形成品牌壁垒，都需要企业的新策略。

（四）环保意识的转变

改革开放以来，社会发生了翻天覆地的变化，城镇化的推进、消费者购买力的增强、消费理念的跃迁、消费方式的转变以及环保理念的落地生根，都将对塑料管道行业的发展产生合力作用。当前，我国企业和个体消费者的环境意识明显提高，积极主动参与环保成为大众的普遍行为，绿色经济被大力倡导。同时，生产成本的增加和市场竞争的加剧，促使企业更加关注加工装备的节能要求、再生原料的合理回收利用。许多行业陆续制定了相关标准、标识和合适的应用范围，来建立、完善回用管理制度。此外，一些企业在产品的设计、研发、生产上也越来越重视环保节能，这既给行业发展带来了动力和新机遇，给企业提供了"弯道超车"的可能性，也对企业发展战略提出了新的命题。

我国塑料管道发展很快，质量在不断提高，目前已初步形成以聚氯乙烯（PVC‐U）管、聚乙烯（PE）管和聚丙烯（PP‐R）管为主的塑料管产业。PVC‐U管在我国使用最早，用量最大，价格较低，但PVC在发展初期添加了铅稳定剂，随着人们环保意识的增强，国家也已经出台有关政策禁止使用铅盐稳定剂的PVC管道用作供水管道。聚乙烯（PE）管是近几年发展最快的一类管道，是目前城镇供水塑料管道系统的首选管材。PP‐R管道口径较小，多用于建筑内冷热供水。总之，社会大众环保意识的提高及国家相关法律法规的进一步完善都对塑料管道的材料及废弃管理的回收处理发出了新的挑战，行业企业必须不断完善不同材料和结构塑料管道系统的制造工艺，加强对新型材料的研发和运用，继续加强相关产品的研发，在保证管道系统运行安全可靠的基础上增强环保效益。

综合来看，塑料管道所处的社会文化环境为其提供了有利资源和机遇，有利于行业的进一步发展。

四、曼特公司所处的技术环境

企业的技术环境指的是企业所处的社会环境中的科技要素及与该要素直接相关的各种社会现象的集合，也就是与本企业有关的科学技术现有水平、发展趋势和发展速度，以及国家科技体制、科技政策等，如科技研究的领域、科技成果的门类分布及先进程度、科技研究与开发的实力等。

（一）产品技术环境

近年来，随着高分子材料技术的发展，塑料（燃气、给水、排水、热力等）新型管材在我国发展十分迅速，这些新材料、新技术的不断涌现，给城市给排水系统中管材的选择提供了更多更好的品种。由于塑料管材柔韧性好、耐腐蚀能力强、重量轻、连接方便、技术可靠，所以其在我国的建筑工程及市政工程中的应用量不断提高。

1. 高分子材料技术发展历程

15世纪，美洲玛雅人用天然橡胶做容器、雨具等生活用品。

1839 年，美国人 Charles Goodyear 发现天然橡胶与硫黄共热后明显地改变了性能，从硬度较低、遇热发粘软化、遇冷发脆断裂的不实用的材料，变为富有弹性、可塑性的材料。

1869 年，美国人 John Wesley Hyatt 将硝化纤维、樟脑和乙醇的混合物在高压下共热，制造出了第一种人工合成塑料——"赛璐珞"。

1887 年，法国人 Count Hilaire de Chardonnet 用硝化纤维素的溶液纺丝，制得了第一种人造丝。

1909 年，美国人 Leo Baekeland 让苯酚与甲醛反应，制造出第一种完全人工合成的塑料——酚醛树脂。

1920 年，德国人 H. Staudinger 发表了《关于聚合反应》的论文，指出高分子物质是由具有相同化学结构的单体经过化学反应（聚合），通过化学键连接在一起的大分子化合物，高分子或聚合物一词即源于此。首次提出以共价键联结为核心的高分子概念，连同在高分子其他方面的贡献，使他获得了 1953 年的诺贝尔化学奖，被公认为高分子科学的始祖。

1926 年，瑞典化学家斯维德贝格等人设计出一种超离心机，用它测量出蛋白质的分子量，证明高分子的分子量的确是从几万到几百万。

1926 年，美国化学家 Waldo Semon 合成了聚氯乙烯，并于 1927 年实现了工业化生产。

1930 年，聚苯乙烯（PS）被发明。同年，德国人将金属钠作为催化剂，用丁二烯合成出丁钠橡胶和丁苯橡胶。

1932 年，H. Staudinger 总结了自己的大分子理论，出版了划时代的巨著——《高分子有机化合物》，这是高分子化学作为一门新兴学科建立的标志。

1935 年，杜邦公司基础化学研究所有机化学部的 Wallace H. Carothers 合成出聚酰胺 66，即尼龙。尼龙在 1938 年实现工业化生产。

1940 年，英国人 T. R. Whinfield 合成出聚酯纤维（PET）。

1940 年，Peter Debye 发明了通过光散射测定高分子物质分子量的方法。

1948 年，Paul Flory 建立了高分子长链结构的数学理论。

1953 年，德国人 Karl Ziegler 与意大利人 Giulio Natta 分别用金属络合催化剂合成了聚乙烯与聚丙烯。

1955 年，美国人利用齐格勒—纳塔催化剂聚合异戊二烯，首次用人工方法合成了结构与天然橡胶基本一样的合成天然橡胶。

1956 年，Szwarc 提出活性聚合概念。高分子进入分子设计时代。

1971 年，S. L Molek 发明可耐 300℃高温的 Kevlar。

1970 年以后，高分子合成新技术不断涌现，高分子新材料层出不穷。

高分子材料技术漫长的发展历程大致如表4-5所示。

表4-5　高分子材料技术大致的发展历程

时间	发展
15世纪	玛雅人用天然橡胶做容器、雨具等生活用品
1839年	Charles Goodyear发现天然橡胶与硫磺共热后明显地改变了性能
1869年	John Wesley Hyatt制造出了第一种人工合成塑料"赛璐珞"
1887年	Count Hilaire de Chardonnet制得了第一种人造丝
1909年	Leo Baekeland制造出第一种完全人工合成的塑料——酚醛树脂
1920年	H. Staudinger首次提出以共价键联结为核心的高分子概念
1926年	Waldo Semon合成了聚氯乙烯
1930年	聚苯乙烯（PS）被发明
1935年	Wallace H. Carothers合成出尼龙
1940年	T. R. Whinfield合成出聚酯纤维（PET）
1953年	Karl Ziegler与Giulio Natta合成了聚乙烯与聚丙烯
1955年	首次用人工方法合成了结构与天然橡胶基本一样的合成天然橡胶

资料来源：笔者整理。

目前，由于高分子材料以其结构决定其性能，对结构控制和改性，可获得不同特性。高分子材料独特的结构和易改性、易加工的特点，使其具有其他材料不可比拟、不可取代的优异性能，从而广泛用于科学技术、国防建设和国民经济各个领域，并成为现代社会生活中衣食住行用各个方面不可缺少的材料。

2. 我国塑料管道发展历程

我国塑料制品行业起步较晚，发展初期水平比较落后。20世纪60年代，我国开始研制生产和应用PVC塑料管道，70年代进行了PE、PP塑料管道的开发与应用，80年代初期开始系统地研究塑料管道在市政工程和建筑工程中的应用。

20世纪90年代，国家先后颁布了《关于加强技术创新推进化学建材产业化的若干意见》《国家化学建材产业"十五"计划和2010年发展规划纲要》和《关于发布〈建设部推广应用和限制禁止使用技术〉的公告》等各项政策措施，明确了各种塑料管道的应用领域和发展目标，大力推进塑料管道在住宅建设、城镇市政工程、交通运输建设、农业灌溉等各领域的广泛应用，同时逐步淘汰能耗高、污染大的传统管道，有力地推动了我国塑料管道行业的快速发展。

近几十年来，我国塑料管道的发展大致经历了研究开发、推广应用和产业化发展三个阶段。1994年全国化学建材协调组成立以前为研究开发阶段，这期间主要是进行技术和设备的引进、消化和研究开发，以及工程试点，初步显示了塑料管道的优良性能和发展前景。1994～1999 年全国化学建材工作会议召开以前为推广应用阶段，这期间主要是对重大技术装备进行自主研究开发，对引进技术进行消化、吸收和创新，同时开始在工程建设中推广应用塑料管道。1999 年全国化学建材工作会议召开和国家《关于加强技术创新，推进化学建材产业化的若干意见》的出台，标志着我国塑料管道进入产业化发展阶段。三个发展阶段如表4-6 所示。

表 4-6　我国塑料管道的发展历程

发展阶段	主要内容
1994 年	主要是进行技术和设备的引进、消化和研究开发，以及工程试点
1994～1999 年	主要是对重大技术装备进行自主研究开发，对引进技术进行消化、吸收和创新，同时开始在工程建设中推广应用塑料管道
1999 年以来	我国塑料管道进入产业化发展阶段

资料来源：笔者整理。

在住建部的指导下，我国塑料管道产业得到迅速发展。原料合成生产、管道生产设备制造技术、管材管件生产技术、管道设计理论和施工技术得到了快速提升，并积累了丰富的实践经验，稳固了塑料管道产品的重要位置，并初步形成了以聚氯乙烯管道、聚乙烯管道和聚丙烯管道为主的塑料管道产业。

塑料管道行业的高速增长，促进了行业的技术进步。我国很重视国际前沿技术，重视新产品的开发和新技术的引进，并在引进先进加工设备的同时，不断加强新产品的研发力度。一些大型的具有先进水平的研究开发中心，有着强大的技术实力。据不完全统计，我国塑料管道行业已经拥有超过 1500 项发明、实用新型专利，部分拥有自主知识产权的产品在国际处领先地位。在超高分子量聚乙烯（UHPE）管材、大口径排水用钢塑复合缠绕管材、塑料与金属复合管材等方面已经具有先进水平。新产品的不断出现，既提高了使用性能，又扩大了产品的应用领域，行业的整体技术水平与发达国家的差距逐步缩小。

3. 塑料管道类别

从原材料类别上看，塑料管道可分为 PVC 管、PE 管、PP 管、PB 管、ABS管等（见表4-7）。一般而言，PVC-U（硬聚氯乙烯）管道及 PVC-C（氯化聚氯乙烯）管道等统称 PVC 管道；HDPE（高密度 PE）管道、LDPE（低密度PE）管道及其他 PE 管道统称 PE 管道；PP-R（无规共聚聚丙烯）管道、PP-H（均聚聚丙烯）管道、PP-B（嵌段共聚聚丙烯）管道等统称为 PP 管道。

PVC 管道作为主要的塑料管道品种，在国内推广使用最早，也是目前使用量最大的塑料管道，广泛用于给排水、通信、电力领域；PE 管道是近几年发展最快的一类管道，也是目前市政给水系统的首选塑料管道；PP 管道以 PPR 管道为主，主要用作冷热水管及采暖管道。

表 4 - 7　塑料管道主要分类

材质		产品名称	主要应用领域
PVC	PVC - U	PVC - U 排水管材、管件	建筑排水
		PVC - U 给水管材、管件	建筑、市政给水
		PVC - U 双壁波纹管	室外排水
		PVC - U 电工套管	建筑电线护套
	PVC - C	PVC - C 给水管材、管件	建筑内热水管
		PVC - U 电缆护套	高压电缆护套
		PVC - U 化工用管	化工用管道
	软质 PVC	软质 PVC	医用导管、花园管
PE	HDPE LDPE MDPE	PE 建筑排水管材、管件	建筑同层、虹吸排水系统
		PE 给水管材、管件	城乡供水输送、地源热泵中央空调系统、农业灌溉
		PE 双壁波纹管等结构壁管材	市政排水、排污
		PE 燃气用管材、管件	城市燃气输送
		PE 护套管	电力、光纤护套
	PE - X	PE - X	建筑内冷热水管、采暖
	PE - RT	PE - RT 管材、管件	建筑内地板辐射采暖
PP	PP - R	PP - R 管材、管件	建筑内冷热水管、采暖
	PP - H	PPH 管材、管件	化工用管道
	PP	改性 MPP 管材	高压电缆护套
PB	PB	PB 管材、管件	建筑内冷热水管、建筑内采暖管道
ABS	ABS	ABS 管道	建筑内热水管、化工用管道

资料来源：笔者整理。

上述塑料管道中，PVC 管道、PE 管道、PP - R 管道是占比最大的三类，各自凭借自身优势在各细分市场得到广泛应用，不存在绝对的相互替代关系。建筑排水管全部应用 PVC 管道，城市燃气用管全部采用 PE 燃气管，家装热水管绝大多数采用 PP - R 热水管，故彼此之间呈现不同应用场景下的互补关系，并非绝对替代关系。

近年来，我国宏观经济持续加速发展，建筑工程、市政工程、水利工程、农业和工业等行业市场对塑料管道的需求不断加大，拉动了中国塑料管道行业的高速发展。在提高生产能力和应用量、增加产品种类、扩大应用领域、促进产业科技进步、加强标准化建设等方面，中国塑料管道行业取得了很大的成绩，中国已成为塑料管道生产和应用大国，塑料成为管道材料的主要品种之一。

（二）服务技术环境

1. 大数据的价值

近年来，大数据以其蕴含的丰富价值，得到了学术界和企业界的广泛关注。对大数据进行管理利用并构建大数据服务，是挖掘大数据价值的关键途径。大数据时代，服务信息化就是从大数据中发现具有规律性、科学性和有价值的信息，创建服务数据中央，从而为相关部门的日常治理与科学研究做出贡献。应用大数据服务技术可以协助相关部门更好地预测未来走向，大数据剖析最主要的应用领域就是预测性剖析，从大数据中发现特点，通过创建评估和预测模型，预测未来发展趋势。大数据的虚拟化特征，还将大大降低发生问题的风险，在问题尚未出现之前就给出相关预防的办法，做到有的放矢。通过大数据技术，解决企业遇到的服务问题可以实现企业问题的精准锁定。企业在服务问题产生的过程中，可利用大数据对每个节点所需要的每一类数据进行搜集剖析，形成基于问题治理的数据资源分布可视图，犹如"电子地图"。通常，将原先只是虚拟存在的点，进行"点对点"的数据化、图像化展现，使相关问题的治理者可以更直观地了解企业的服务问题。

通过大数据整理计算收集的社交信息数据、民众互动数据等，可以提升民众服务能力，帮助环保部门进行民众服务的水平化设计和碎片化扩散。借助社交媒体中的海量数据，通过大数据信息交叉验证技术剖析数据内容之间的关联度，进而可面向社会化用户开展精致化服务，为民众提供更多便利，形成更大价值。

2. 大数据在家装建材行业的应用

智能家居十几年前便进入中国市场，各类家居智能产品逐渐进入人们的视线。但智能家居技术当下还远远不能满足人们对家居生活智能化和舒适性的要求，面临的问题主要是：缺乏行业标准、智能设备昂贵、家居系统维护困难、存在安全隐患、遭遇数据瓶颈以及资源利用率低。

随着传感器技术、RFID射频技术和嵌入式技术的深入发展，物联网成为了国内外研究的热点，掀起了继计算机、互联网的信息产业第三大浪潮。智能家居是科技发展和人们提高生活水平的产物，物联网的发展既实现了物物相连，也带来了智能家居技术上的飞跃进步，使智能家居深入千家万户不再遥不可及。作为大数据的重要来源之一，物联网也必须与时俱进，具备存储和处理大数据的能力。

大数据互联网改变了我们的生活、消费方式，在也正影响和改变着家装建材行业的经营方式。互联网把割裂的市场连接起来，把商品设计、生产、制造、销售等全部连接起来，形成海量的大数据仓库，这将会实现以消费者为中心以消定产的 C2B 模式。

　　在 2017 年全国泛家居行业营销创新峰会后，有湘企乘着"互联网＋"、智能商业的东风，开始尝试建立互联网平台，以数据为支撑，用技术助力家装建材这个传统行业改善经营现状，实现家装建材行业的转型。

　　家装建材行业的特殊性，使得找到潜在家装需求客户成为最大的难题。促销多是通过媒体宣传，或者在高铁站、机场打广告，也有在自媒体上进行促销活动的，但广告转化率并不高，也难以监测实际的宣传效果。

　　湖南聚客加科技信息服务有限公司总经理万程鹏在峰会主题演讲中出示的一组统计数据显示，某装饰公司在某知名自媒体的首页以图片形式进行宣传，宣传效果为：访问人次仅 175，报名参加活动的仅 4 人，最终进店消费量为 0，而通过为家装建材促销量身打造的"聚客加"平台，访问达 18548 人次，报名参加活动的达 2841 人，进店消费转化率超过 70%。这是互联网传播的力量，亦是大数据发挥的作用。"聚客加"平台在开展促销活动期间，能用奖励机制来激励员工，也会利用游戏等线上方式来激励客户进行线上推广及线下门店签单，整个活动从筹备到引流再到最后活动的落地，都能保证人员的参与和数据的实时反馈。为了更好地在门店开展社群化营销，给客户带去更好的体验、产品及服务，湖南苏宁云商有限公司与聚客加在峰会现场签订了战略合作框架协议，双方将共同推动苏宁云商门店营销实现标准化、智能化、大数据化，将在门店的社群化营销及泛家居行业智能家电零售方面进行跨界合作。

　　（三）小结

　　根据塑料管道行业的产品技术环境，曼特公司当前应该大力推进塑料管道在住宅建设、城镇市政工程、交通运输建设、农业灌溉等各领域的广泛应用，同时逐步淘汰能耗高、污染大的传统管道，积极进行技术创新。根据大数据的服务技术环境，曼特公司应该从大数据中挖掘信息，创建评估和预测模型，预测塑料管道的未来发展趋势。同时，通过大数据技术实现企业问题的精准锁定，在服务问题产生的过程中，收集剖析每个节点所需要的每一类数据，形成基于问题治理的数据资源分布"电子地图"。此外，应通过大数据整理收集的社交信息数据、民众互动数据等，提升民众服务能力，面向社会化用户开展精致化服务，为民众提供更大价值。

第二节 微观环境分析

一、塑料管道行业现有企业的竞争力分析

根据前瞻产业研究院发布的《2014—2018 年中国塑料管道行业市场需求预测与投资战略规划分析报告》① 可知，当前我国塑料管道行业现有企业之间的竞争越来越激烈。首先，从竞争数量来看，目前国内一定规模的塑料管道生产企业约 3000 家以上，竞争较为激烈；其次，现阶段数据显示，我国塑料管道行业年增长率很高，近几年都保持在 15% 以上；最后，从行业的退出壁垒来看，塑料管道行业的成本主要为原材料等成本费用，随着技术的发展，这几年有所下降，因此，行业的退出壁垒在减小。由此可知，我国塑料管道行业当前正处于高速发展阶段，现有企业的竞争较为激烈。

以下分别选取该行业中主要的竞争对手——中国联塑集团、宝硕股份、安徽国机通用、凌云股份以及曼特公司，从企业简介、主营业务、企业 2016 年经营状况及企业核心竞争力四个方面进行分析。

（一）中国联塑集团②

1. 公司简介

中国联塑集团控股有限公司是中国内地领先的大型建材家居产业集团，于香港联合交易所有限公司主板上市（股票简称：中国联塑集团，股份代号：02128. HK），基本信息如表 4－8 所示。中国联塑集团是恒生综合指数成分股中型股之一，并先后获纳入沪港通股份及深港通下的港股通股票名单。该集团提供过万种优质产品，涵盖塑料管道及管件产品、水暖卫浴产品、整体厨房、门窗系统、装饰板材、消防器材以及卫生材料等类别，广泛应用于家居装修、给水、排水、电力供应及通信、燃气输送、农用、地暖和消防等领域，为中国建材家居领域产品体系最为齐全的生产商之一。

---

① 王强. 2014—2018 年中国塑料管道行业市场需求预测与投资战略规划分析报告 ［EB／OL］. https：／／bg. qianzhan. com／report／detail／300／140704－440c0b8b. html，2014－07－04.

② 应企业要求，企业名称使用简称。

表 4 - 8　中国联塑集团控股有限公司基本信息

公司的中文名称	中国联塑集团控股有限公司
公司的中文简称	中国联塑集团
公司的外文名称	CHINA LESSO GROUP HOLDINGS LIMITED
公司的法定代表人	左满伦

资料来源：笔者整理。

中国联塑集团于广东、贵州、四川、湖北、江苏、安徽、浙江、河南、河北、黑龙江、吉林、陕西、新疆、海南、云南及山东 16 个地区拥有 22 个先进生产基地，拥有覆盖全国的分销网络，与 2146 名独立独家一级经销商建立长期战略合作关系，为全国客户提供优质丰富的产品和专业的服务。其于 2015 年 3 月开展电子商贸业务，旗下中国联塑集团商城为五金、电气及建材产品的专门电子商贸平台。

2. 主营业务

中国联塑集团主要有三大业务单位，包括塑料管道及管件、建材家居产品及电子商贸平台中国联塑集团商城业务。2016 年，集团继续稳固塑料管道及管件业务，参与政府各项基建项目以提高产品销量，同时积极拓展建材家居和中国联塑商城的业务（见表 4 - 9）。本节所有分析均聚焦于塑料管道及管件业务。截至 2016 年 12 月 31 日，集团在全国各地的独立独家一级经销商数目增至 2146 名（2015 年为 2130 名）。华南市场仍然为集团的主要市场，其亦积极拓展华南以外的地区，其中山东生产基地已于 2016 年上半年投产。集团优化海南基地及广东生产基地的设备，提升产能及产能利用率，同时持续提高自动化水平，并开始布局湖南的生产基地。

表 4 - 9　2016 年中国联塑集团部分业务经营状况

业务	收入（百万元）			占总收入百分比（%）	
	2016 年	2015 年	变动（%）	2016 年	2015 年
塑料管道及管件	14745	13602	8.4	85.6	89.1
按产品应用划分					
供水	5898	5453	8.2	40	40.1
排水	5612	5193	8.1	38	38.2
燃气输送	189	248	-23.9	1.3	1.8

资料来源：笔者整理。

3. 企业 2016 年经营状况

尽管中国经济受到下行压力，但中国联塑集团 2016 年在销售收益、市场拓展及主要业绩指标方面仍然实现了平稳增长。集团于 2016 年获得人民币 172.21 亿元收入，较 2015 年的人民币 152.64 亿元收入增加 12.8%。毛利上升 16.4%，达人民币 45.82 亿元，本公司拥有人应占溢利增加 18.6%，达人民币 19.22 亿元[①]。

2016 年，华南市场为集团带来的收入最多。集团年内继续巩固华南地区的领导地位，并积极提升在国内其他地区的市场渗透率。同时，中国联塑集团计划加快推动生产基地自动化及规模化生产，改善整体生产效率，新建的山东生产基地已于 2016 年上半年投入生产。集团还提升现有生产设备水平，进一步提高集团整体产能。

此外，中国联塑集团进一步发展建材家居产品业务。2016 年，中国内地房地产市场逐步回暖，加上中国政府城镇化政策刺激建材家居产品需求，集团把握市场机遇并拓展了新产品线。新产品线业务与现有产品线业务发挥协同效应，有效提高了销售收入。为配合中国政府实施的环境保护措施，集团制定战略部署，通过收购及与环保服务供应商合作进入环保业务范畴。

4. 企业核心竞争力分析

中国联塑为中国内地领先的大型建材家居产业集团。为配合全球化以实现业务国际化的目标，集团建立 22 个先进的生产基地，分布于全中国 16 个地区以及美国、加拿大等海外国家。集团致力于完善战略布局及销售网络，提供种类齐全、多元化的产品及全面优质的销售服务。

凭借优质的产品、先进的研发技术及广泛的销售网络，集团继续巩固在华南市场的领导地位。近年来，集团积极拓展华南以外及海外市场的业务。除核心管道制造业务外，集团亦加快扩展包括门窗系统、水暖卫浴及整体厨房等的建材家居产品业务，为客户提供一站式及高性价比的建材家居产品及服务。此外，集团 2015 年 3 月推出多元化线上到线下平台中国联塑商城，提供五金、电器设备及家居建材。同时，集团与国内合作伙伴建立战略合作关系，于国内开设中国联塑商城连锁店，以拓展分销业务和提升产品的市场渗透率。

（二）宝硕股份

1. 公司简介

河北宝硕股份有限公司（以下简称宝硕股份，股票代码：600155）创立于

---

① 中国联塑集团. 中国联塑集团控股有限公司 2016 年年度报告 ［EB/OL］. http：//www. lesso. com，2017.

1998 年 7 月，1998 年 9 月在上海证券交易所上市交易，公司基本信息如表4－10所示。宝硕股份是以河北宝硕股份有限公司为核心企业，以母子公司为主体，以产权为纽带，集科、工、贸、金、农为一体，主要从事塑料制品加工和基础化工的大型综合性企业集团，也是我国长江以北地区规模最大的综合性塑料加工企业集团。集团现拥有 47 个成员企业，员工 10000 余人，其中各类专业技术人员达 3000 余人，有 25 个生产场区，总占地面积 221 万平方米，建筑面积 128 万平方米，曾多次荣获国家、省、市级奖。

表4－10 河北宝硕股份有限公司基本信息

公司的中文名称	河北宝硕股份有限公司
公司的中文简称	宝硕股份
公司的外文名称	HEBEI BAOSHUO CO. LTD.
公司的法定代表人	陶永泽

资料来源：笔者整理。

2. 主营业务

2016 年，公司依托华创证券开展证券业务，通过管型材子公司经营塑料管型材。本节所有分析均聚焦于塑料管型材业务。公司管型材公司主要生产、销售PVC 管、PE 管、PVC 型材等，产品广泛应用于城市给水、排水、排污、燃气、房地产等水利工程、市政工程、房屋建设工程。公司主要是通过外部采购原材料，自主设计、加工、生产适合市场需求的管型材产品并对外销售进行生产经营。公司的经营理念和经营模式，为公司长期稳定、持续、健康发展提供了较好保证。具体的经营模式如下：

（1）采购模式：公司使用的原材料和辅助材料均通过国内采购取得。对于原材料和比较重要的辅助材料，各用材部门根据生产需求来确定用料计划，采购部根据该用料计划并结合库存量及到货周期等来确定采购计划。

（2）生产模式：公司主要的生产模式为以销定产。公司与每年主要客户签订框架性协议，客户按照实际需求定期或不定期下达订单，销售部根据具体订单对规格、型号等的要求，判定量产可能性后，由生产部门组织后续生产工作。此外，在原有销售计划基础上，保持合理数量的安全库存，以备市场额外需要。

（3）销售模式：管型材标准化产品先生产入库后再销售，其余非标准化产品按照客户订单需求定制生产。由于市场需求彩色化型材比例增加，公司将潮流灰、翡翠绿、摩卡棕三种颜色的型材定为标准库存，先生产入库后再销售，其余颜色依据客户需求定制安排生产。在销售模式上，采用以代理销售为主、直接销售为辅的销售模式。产品售价在参考市场同类产品售价的同时，结合公司品质、品牌、客户群体等因素进行综合定价。

3. 企业 2016 年经营状况

2016 年，受宏观经济下行及传统行业竞争加剧的影响，公司管型材产品销量及经营业绩下滑。公司 2016 年 9 月将华创证券纳入合并范围，但 2016 年债券市场大幅波动，固定收益类产品公允价值有所下降，华创证券 2016 年 9 ~ 12 月业绩亦受到一定影响，公司 2016 年度业绩出现亏损。2016 年公司实现营业总收入 1115196733.14 元，营业利润 –143413148.36 元，归属于上市公司股东的净利润 –142120986 元。由于本节所有分析均聚焦于塑料管型材业务，因此以下仅呈现建材行业的经营状况[1]（见表4 –11）。

表4 –11 宝硕股份 2016 年部分业务经营状况

	营业收入（元）	营业成本（元）	毛利率（%）	营业收入比上年增减（%）	营业成本比上年增减（%）	毛利率比上年增减（%）
建材行业	332981089.67	317847250.90	4.54	–4.46	–6.63	2.22
分产品						
型材产品	120673291.68	120246796.14	0.35	7.11	5.85	1.19
管材产品	191892059.29	178932764.79	6.75	–6.46	–10.66	–4.39
分地区						
西北	12961362.86	11389578.40	12.13	–36.28	–37.01	1.03
西南	1736077.61	1490698.32	14.13	32.67	7.25	20.35
华北	199733273.25	191383440.92	4.18	12.28	10.94	1.15
华中	20709155.75	20932773.64	–1.08	–21.04	–20.42	–0.78
华南	5083673.02	5334765.72	–4.94	–53.67	–46.82	–13.51
华东	79293753.55	74691676.94	5.80	–2.22	–7.58	5.46
东北	13463793.63	12624316.96	6.24	–56.11	–59.65	8.24

资料来源：笔者整理。

4. 企业核心竞争力分析

公司生产的宝硕牌塑料管型材产品具有一定的品牌知名度，"宝硕"牌为中国驰名商标，产品品质得到市场广泛认可。由于河北及相邻省份塑料管型材产品

---

① 河北宝硕股份. 河北宝硕股份有限公司 2016 年年度报告 ［EB/OL］. http：//www.pvc123.com/b – hebaibaoshuo/，2017 – 04 – 06.

产能较低，公司产品在此区域市场中具备一定优势。公司以引进国外先进的设备为主，工艺设备配备具有国际领先水平，在技术工艺及生产装备上具有一定的竞争优势。

(三) 国机通用

1. 企业简介

安徽国机通用高新管业股份有限公司（以下简称国机通用）是国内首家专业生产新型塑料管材的企业。目前，公司拥有年产 10 万吨的生产能力，位居全国同行业首位，并于 2004 年 2 月 19 日在上海证券交易所上市，基本信息如表 4 - 12 所示。国机通用先后荣获"全国质量管理先进企业""中国名牌企业""国家火炬计划重点高新技术企业""安徽省优秀高新技术企业"等光荣称号，产品被评为"中国免检产品"、"国家重点新产品"、"中国市场名牌塑料建材行业十佳品牌"、建设部"住宅建设推荐产品"、"安徽省名牌产品"，并通过了 ISO 9001 质量管理体系认证。国机通用拥有国内口径最大（1426 曼特公司双壁波纹管全国第一）、规模最大（年加工能力 10 万吨）、品种最多（六大系列 400 多个规格）等多项全国第一，其产品是国家建设部和有关部委优先、重点推广使用的新型化学建材产品，广泛应用于上海浦东国际机场等数千个国家级、省级重点工程和基础设施建设工程，被誉为"中国新型塑料管材第一品牌"。按照公司"十一五"规划的总体目标，2010 年实现年产 30 万吨的生产规模，成为全国最大的塑料管材生产基地。

表 4 - 12　国机通用机械科技股份有限公司基本信息

公司的中文名称	国机通用机械科技股份有限公司
公司的中文简称	国机通用
公司的外文名称	Sinomach General Machinery Science & Technology Co.，Ltd.
公司的法定代表人	陈学东

资料来源：笔者整理。

2. 主营业务

公司主要从事流体机械相关业务和塑料管材业务，包括流体机械的产品研发及制造、技术服务与咨询、工程设计及成套等业务和塑料管材的研发、生产、销售业务。公司未来将成为国内一流、国际知名的流体机械装备技术领域的高科技上市公司。本节所有分析均聚焦于塑料管材业务。

公司塑料管材产品的主要销售模式有经销商销售和直销两种。塑料管道在节能、节地、节水、节材等方面优势突出，符合政府相关产业政策。随着我国加快新型城镇化建设、加强农村水利设施建设、加强城市市政管网改造等基础设施建设政策的推进，塑料管道会有较大的应用量。2017 年，国家继续大力推进的海绵城市建设、城市地下管网改造、城镇排水与排污工程、农村饮用水项目、江河湖泊治理工程、先发地区"五水共治"项目等，都给塑料管材业务开展带来了机会。

3. 企业 2016 年经营状况

公司在 2016 年内实现营业总收入 66909.01 万元，与上年营业收入同比下降7.92%，主要是因为市场竞争加剧，当期管材业务销售下降；实现归属于上市公司股东净利润 1537.65 万元，同比下降 49.08%。管材业务营业收入 26329.89 万元，环境公司营业收入 41397.27 万元，环境公司实现重组承诺的 5129.10 万元的年度盈利目标。由于本节所有分析均聚焦于塑料管型材业务，因此以下仅呈现管材、管件制造的经营状况①（见表 4 - 13、表 4 - 14）。

表 4 - 13　2016 年国机通用机械科技股份有限公司部分业务经营状况

业务	营业收入（元）	营业成本（元）	毛利率（%）	营业收入比上年增减（%）	营业成本比上年增减（%）	毛利率比上年增减（%）
管材、管件制造	257964411.16	227943540.60	11.64	- 20.43	- 18.74	- 1.84

资料来源：笔者整理。

表 4 - 14　2016 年国机通用机械科技股份有限公司部分产品产销量情况分析

产品	生产量（吨）	销售量（吨）	库存量（吨）	生产量比上年增减（%）	销售量比上年增减（%）	库存量比上年增减（%）
管材、管件	26654.77	27609.29	2692.93	- 11.41	- 11.51	- 31.27

注：管材、管件生产量、销售量、库存量按吨计量，管材、管件产量较上年降低约 3435 吨，销量较上年降低约 3590 吨。

资料来源：笔者整理。

4. 企业核心竞争力分析

塑料管材业务方面，公司具有较高的品牌优势，是塑料管材行业第一家上市

---

① 安徽国机通用. 安徽国机通用机械科技股份有限公司 2016 年年度报告［EB/OL］. http://quotes. money. 163. com/f10/ggmx_ 600444. 3309769. html.

公司，"国通"商标在市场上有较强的影响力，品牌优势是公司承接市场订单的重要保证。公司现为国家级高新技术企业、省级两化融合企业，先后通过合肥市工程技术研究中心、数字化车间、市工业设计中心等项目认定。公司近年来加大研发项目的投入，其中高刚度PE双壁波纹管、高导热地源热泵管、GJPE-1型改性增强聚氯乙烯双壁波纹管、GJPVC-1型高强度钢带螺旋PE波纹管四个新产品通过省级新产品的认定。公司塑料管材业务方面目前拥有各类有效专利共11项，其中发明专利3项，实用新型8项。

（四）凌云股份

1. 企业简介

凌云工业股份有限公司（股票代码：600480，股票名称：凌云股份）成立于1995年5月，由中国兵器工业集团公司系统下属的河北凌云工业集团有限公司和英属维尔京群岛第五汽车有限公司、北京市燃气集团有限责任公司、中国市政工程华北设计研究院、中国市政工程西南设计研究院五家企业发起创立，2003年8月15日在上海证券交易所挂牌上市。公司注册资本31200万元，现拥有15家控、参股子公司，年营业收入超过10亿元，基本信息如表4-15所示。

表4-15　凌云工业股份有限公司基本信息

公司的中文名称	凌云工业股份有限公司
公司的中文简称	凌云股份
公司的外文名称	Ling Yun Industrial Corporation Limited
公司的法定代表人	赵延成

资料来源：笔者整理。

公司主要生产汽车零部件、PE管道系统两大系列产品，是国内率先开发生产具有国际水准汽车辊压件、PA-11汽车压力管路总成的企业，辊压、冲压及汽车管路的相关制造技术居国内同行业领先地位。同时，公司不但是国内PE燃气管道产品的开拓者，也是国内同类企业的领先者，经过多年的不懈努力和发展，公司已成为具有国际水准的、技术领先的中国汽车零部件制造基地和中国PE管道系统龙头企业。

2. 主营业务

公司主要生产金属汽车零部件、塑料汽车零部件、PE管道系统三大系列产品。汽车零部件方面，公司是国内最早开发车门窗框、钢制辊压保险杠、防撞杆的企业，是国内唯一有能力与汽车厂家同步设计开发车门窗框、辊压/冲压钢制保险杠的企业，拥有计算机仿真（CAE）分析能力，建立了保险杠低速碰撞实验室。PE 燃气管道方面，公司是国内 PE 燃气管道产品的开拓者，是国内同类企业的领先者，是国内最早能够提供 PE 燃气管道产品开发、生产、施工、维护一体化全程服务的企业。

2016 年，公司的主营业务及产品未发生重大变化。具体的经营模式如下：

（1）采购模式。公司已经建立了一条完整的供应链，参照国内外先进企业的供应商管理模式，由采购中心对供应商实行有效的选择、考核和管理，逐步优化了供应商资源，并在公司财务金融部、市场部、研发中心等部门的配合下，实现了对采购成本和采购质量的有效控制，多年来已与供应商建立了良好的稳定合作关系。

（2）生产模式。公司自主生产的产品采用"以销定产"的生产模式运行，即公司主要根据订单制定生产计划，组织生产。对于技术含量较低、工艺较为简单的配件，公司发包给其他单位进行外协生产。

（3）销售模式。公司生产的汽车零部件和塑料管道主要采用直销方式。汽车零部件产品主要为国内主机厂配套产品，塑料管道产品通过招投标的方式获取订单。公司汽车零部件业务的供货关系是根据主机厂的要求开发出配套产品，审核通过以后再通过招标、议标等方式和客户建立联系。通常在年初签订本年度销售框架协议，执行过程中根据客户的需要进行适当调整。据此，公司的汽车零部件业务的区域布局主要围绕整车厂设厂，以降低运输成本，有效地提高供货效率。公司的塑料管道业务主要直接针对具体工程，通过招投标获取订单。

3. 企业 2016 年经营状况

2016 年，公司实现营业收入 889787.81 万元，较上年同期增长 22.82%，实现利润总额 48837.46 万元，较上年同期增长 25.78%，实现净利润 38182.91 万元，较上年同期增长 26.01%，其中归属于母公司的净利润 21303.47 万元，较上年同期增长 54.96%。由于本节所有分析均聚焦于塑料管道系统业务，因此以下仅呈现塑料管道系统业务的经营状况（见表 4-16、表 4-17）。

表 4-16　2016 年凌云股份部分业务经营状况

业务	营业收入（元）	营业成本（元）	毛利率（%）	营业收入比上年增减（%）	营业成本比上年增减（%）	毛利率比上年增减（%）
塑料管道系统	1390926168.25	1087231992.49	21.83	-4.78	-3.61	-0.95

资料来源：笔者整理。

表 4 - 17　2016 年凌云股份部分业务产销量情况分析

业务	生产量（吨）	销售量（吨）	库存量（吨）	生产量比上年增减（%）	销售量比上年增减（%）	库存量比上年增减（%）
塑料管道系统	99523	94799	13474	10. 38	2. 16	66. 34

注：汽车塑料零部件由于订单量增加生产量同比增幅较大。

资料来源：笔者整理。

4. 企业核心竞争力分析

公司具有很强的研发及配套开发能力，主要产品的生产具备与主机厂同步设计开发能力和实验检测手段。公司持续大力开发具有自主知识产权的关键技术，形成核心技术和专有技术，将打造知名品牌作为自主创新的着力点，每年都有上百个新产品出现。收购 AG① 后，公司逐步实现了国内外技术资源、市场资源协同共享，紧跟汽车发展方向，现已在高强钢、热成型、铝合金领域拥有较强的技术优势。

目前，以国家级技术中心、国家实验室认可委认可的产品检测中心、省级技术中心、省级工程技术中心、汽车保险杠低速碰撞实验室为科研平台的科技开发体系日趋完善。

公司汽车零部件产品涵盖辊压、冲压金属零部件及塑料零部件等领域，并在国内主要汽车生产基地——上海、北京、重庆、长春、武汉、芜湖、广州等城市设有分子公司，与整车厂的配套能力较强，能够满足整车厂的规模化生产需求，分布在全国各地的生产基地和营销网络也为市政工程塑料管道客户提供了便捷的服务。公司凭借产品技术、质量、同步开发能力优势，与全国各大汽车生产厂家均建立了长期配套关系，成为国内大型的汽车辊压件、冲压件生产商之一，在同行业中具有一定的规模优势。市政工程管道产品的生产技术、产品质量和市场占有率多年来稳居全国第一。

（五）曼特公司

1. 企业简介

曼特管业股份有限公司（以下简称曼特公司）成立于 2002 年，是国内较早的塑料管道生产企业之一，也是国内 PP - R 管道的技术先驱与龙头企业，基本信息如表 4 - 8 所示。曼特公司在北京、上海、武汉、杭州、西安建有五大现代

① 应企业要求，名称使用简称。

化生产基地,专业研发、生产、销售 PP－R 管材管件、PE 管材管件、HDPE 双壁波纹管件及 PB 采暖管材管件。公司的给水管道系统、地暖系统、同层排水系统、城市排水排污系统、地源热泵系统被广泛应用于居民住宅、商业建筑、市政工程、工矿企业。

公司多项技术填补国内空白并获专利,公司被认定为高新技术企业,并被授予全国住宅装饰装修行业管道工程示范、体验、研发、创新、采购基地。曼特公司建有企业技术中心、塑料管道工程技术研究开发中心,并拥有强大的专业研发团队,在技术开发、产品配套、系统设计、应用技术等方面具有雄厚实力。截止到 2016 年,公司已获授 200 多项专利。

2. 主营业务

公司专业从事各类中高档新型塑料管道的制造与销售,主要产品分为三大系列:一是 PP－R 系列管材管件,用于建筑内冷热给水;二是 PE 系列管材管件,主要应用于市政供水、采暖、燃气、市政排水排污;三是 PVC 系列管材管件,主要应用于建筑内排水、市政和农村排水排污。公司业务主要分为零售家装、市政工程、房产工程三大类。家装零售类业务主要依托经销渠道进行经营,是公司营业收入和利润增长的主要因素;市政工程和房产工程类业务主要通过直销和经销的方式经营。

3. 企业 2016 年经营状况

面对复杂多变的国内外经济形势及激烈的行业竞争环境,公司坚持以"可持续发展"为核心,攻坚克难,纵深优化"三驾马车"① 发展模式;创新驱动,加快大建材产业升级,取得了突破性发展,出色地完成了 2016 年度经营目标。2016 年公司实现营业收入 23.21 亿元,比 2015 年同期增长 20.94%;营业成本 12.43 亿元,比 2015 年同期增长 14.71%;归属于上市公司股东的净利润 5.71亿元,比 2015 年同期增长 38.46%。具体的经营状况如表 4－18 所示。

表 4－18　曼特公司 2016 年部分经营状况

	营业收入（元）	营业成本（元）	毛利率（%）	营业收入比上年增减（%）	营业成本比上年增减（%）	毛利率比上年增减（%）
制造业	2321757250.45	1243126625.88	46.46	20.94	14.71	2.81
分产品						
PP－R 管材管件	1539197601.95	777853519.16	49.46	32.08	25.51	2.16
PE 管材管件	608595375.90	328870885.63	45.96	3.88	0.94	1.93

① 国民经济的"三驾马车"即投资、消费和出口。

续表

	营业收入 （元）	营业成本 （元）	毛利率 （%）	营业收入比 上年增减 （%）	营业成本 比上年增减 （%）	毛利率 比上年增减 （%）
分产品						
PVC 管材管件	173964272.60	136402221.09	21.59	21.43	24.79	2.03
分地区						
华中地区	368885792.27	189001460.35	48.76	25.79	20.37	2.36
华北地区	1719763398.61	887023519.55	48.42	20.39	15.19	2.36
西部地区	233108309.57	167101645.98	28.32	30.96	25.31	2.36

资料来源：笔者整理。

4. 企业核心竞争力分析

经过十几年的稳健经营，公司在产品品质与品牌、营销模式及渠道、研发与技术、企业文化与管理团队等方面形成了较强的综合竞争优势。具体如下：

（1）品质与品牌优势。公司始终坚持以"做高品质生活的支持者"为目标，专业提供环保健康产品和精致服务，成功打造了"品质上乘、服务优质、信誉卓著"的品牌形象，成就了"高端管道典范"。2017 年，公司获得了"中国著名品牌""先进质量管理孵化基地""塑料行业名优品牌产品"等多项荣誉。

（2）营销模式及渠道优势。公司在全国建立了庞大的营销渠道和高效服务体系，兼具销售、管理、物流、培训及服务等职能，能有效执行公司的决策管理思路，并对市场变化快速响应，具有较强的营销服务能力和核心竞争力。目前，公司在全国建立了几十家销售分公司及办事处，拥有 1000 多名专业营销人员，营销网点遍布全国各地，并与众多建筑装饰公司、知名地产公司、自来水公司、燃气公司保持了良好的长期合作关系。

（3）研发与技术优势。曼特公司拥有一个省级高新技术研发中心，具备一支经验丰富、高素质的研发队伍，研究人员涉及高分子材料、机械设计、给排水及暖通等十多个专业，其中技术研发骨干是中国塑料加工工业协会塑料管道的专家。此外，曼特公司还聘请了多位国内知名的塑料管道行业专家作为公司技术顾问。当前，曼特公司先后开发投产和储备了多项新产品新技术，填补了国内管材市场的空白。技术中心累计研发新产品 100 余种，主编了多项行业标准，参编了多项国家标准、多项技术规程和图集，六项技术国际先进，数十项技术国内领先。

（4）企业文化与管理团队优势。公司以百年企业为目标，努力寻求一套促进企业长期可持续发展的保障体系，形成了以"可持续发展"为核心的企业文化，包括"稳中求进、风险控制第一"的指导方针、"诚信、共赢"的经营理念、"德才兼备、以德为先"的用人理念等，保证了企业的稳健发展。同时，"团结、拼搏、求实、创新"的企业精神，磨砺出了一支诚信勤勉、知变善战、具有高度责任感的优秀管理团队，"积极进取、归属和谐"的团队氛围使公司管理层长期稳定，合作有效，推动公司健康快速发展。

（六）小结

通过竞争者分析可知，在宏观经济下行及市场竞争加剧的形势下，塑料管型材市场的竞争十分激烈。具体来说，世界经济继续深度调整，发达经济体增长格局出现分化，新兴市场和发展中经济体整体增速逐渐趋稳，国际贸易持续低迷，全球资本流动加剧，大宗商品价格受资本流动影响回升但波动较大。国内经济面对结构性问题突出、风险隐患显现、经济下行压力加大的严峻挑战，不断完善宏观调控手段，大力深化改革、强化创新引领，经济运行稳步放缓、缓中趋稳。受此影响，国内塑料管道行业也开始了转型升级和优化调整，行业增速进一步放缓，行业内竞争加剧。

由于中国联塑的财务报告中并未披露其营业成本，此处对其余四个企业进行对比。塑料管道行业现有企业的竞争力对比如表4-19所示。

表4-19 塑料管道行业现有企业的竞争力对比

企业名称	营业收入（元）	营业成本（元）	毛利率（%）	企业核心竞争力
中国联塑	14745	—	—	①品质与服务优势：一站式及高性价比的建材家居产品及服务 ②技术优势：先进的研发技术 ③渠道优势：广泛的销售网络
宝硕股份	332981089.67	317847250.90	4.54	①品牌优势："宝硕"中国驰名商标 ②规模优势：区域市场占有率高 ③技术优势：国际领先技术工艺及生产装备水平
国机通用	257964411.16	227943540.60	11.64	①品牌优势：塑料管材行业第一家上市公司 ②研发能力优势：有效专利共11项
凌云股份	1390926168.25	1087231992.49	21.83	①研发能力优势：在高强钢等领域有技术优势 ②规模优势：国内大型的汽车辊压件、冲压件厂商

企业名称	营业收入（元）	营业成本（元）	毛利率（%）	企业核心竞争力
曼特公司	2321757250.45	1243126625.88	46.46	①品质优势：高端管道典范 ②品牌优势：中国著名品牌 ③营销模式及渠道优势：销售网点密集，服务体系高效 ④研发与技术优势：技术优势明显，6项技术国际领先 ⑤企业文化与管理团队优势：以百年企业为目标

资料来源：笔者整理。

由表4-19可以看出，曼特公司不论是在经营状况还是在竞争优势上，都名列前茅，拥有五大竞争优势——品质优势、品牌优势、营销模式及渠道优势、研发与技术优势以及企业文化与管理团队优势。可以说，曼特公司不仅拥有其他企业拥有的优势，还拥有了其他企业未掌握的优势，已然成为该行业的巨头之一。

塑料管道行业进入壁垒不高，中小企业众多，是充分竞争的市场。但近年来塑料管道行业产业结构发生较大变化，随着消费者质量和品牌意识的提高，规模较大、总体质量较好的企业发展步伐加快，其相应的市场综合竞争能力也逐步得到提升，规模小、低水平的企业发展则出现了困难，甚至已有部分企业停产或转产。产业集中度稳步提升，品牌企业之间的竞争更为激烈。目前，国内规模较大的塑料管道生产企业有3000家以上，其中年生产能力1万吨以上的企业约为300家，有20家以上企业的年生产能力超过10万吨。随着国内经济发展进入新常态阶段，塑料管道市场需求逐步趋于平稳，行业已进入稳健发展的新阶段，行业竞争将进一步加剧，产业结构将不断优化，落后产能的淘汰速度将逐步加快，有利于像曼特公司这样有品牌优势、有品质和服务保障、有社会责任感的企业发展。

二、塑料管道行业消费者分析

（一）工业化时代消费者心理与行为特征——广告促进消费

工业化时代，科学技术的发展为人类的繁荣昌盛提供了物质保障。早在农耕时代，社会上所出现的商品数量就已经满足了人们的生存需求，但进入工业化时代后，则无法完全满足消费者更高层次的需求，这说明消费者已逐渐开始对商品有着多样化的需求，随着时代的变迁，企业需要从更深的层次挖掘消费者的潜在需求。而连接消费者心理与行为的媒介则可以从广告入手，通过广告使消费者对产品产生认识进而形成购买兴趣，并促成最终的购买行动。其中的广告形式包括有局限性的印刷广告、大众化的报纸杂志广告、规模化的广告代理和现代广告。

广告业务的不断扩展，促进着人们的消费，其重要性逐渐增强。对于消费者的心理和行为特征，1898 年美国广告学家 E. S. 刘易斯最先提出，广告是通过AIDMA 模型来对其产生相应的影响的，如图 4-6 所示。

图 4-6 工业化时代消费者心理与行为特征

资料来源：杜鹏. 消费心理学 [M]. 上海：上海交通大学出版社，2016.

1. 引起注意

利用消费者对特定事物指向性和关注性的心理活动来使其有意或者无意地注意广告所要营销的产品。这一阶段，消费者的心理反应可以被广告上产品包装的色彩、字体和形象等吸引。初步的注意可以使消费者形成对此类营销产品的第一印象，因而重要性不言而喻。

2. 产生兴趣

消费者对广告信息有了注意之后，就会因为其中一个诉求点产生兴趣。这个诉求点的来源有三种，分别为：痛点，即能解决消费者有关身体、心理的问题；痒点，即不是消费者的必需品，但消费者又有购买的欲望；卖点，即广告上的产品与其他同种类型的产品所不同的地方。所以，要通过消费者对诉求点的需求来全方位设计广告。

3. 激发欲望

这一阶段在前两个"引起注意""产生兴趣"的基础上，使消费者对某种产品或者服务有一种较为明显的购买欲望，通常结合着消费者的直觉、情感和理性，刺激消费者的外在和潜在需求。

4. 形成记忆

在工业时代，激发消费者的消费诉求可以从广告内容的场景及其他情感因素入手，包括认知、保持、回忆和再认。在形成记忆这一阶段，可以利用消费者感兴趣的事物来强化他们对此品牌的认知，甚至是条件反射。

5. 促成行动

"促成行动"这一阶段是经历了复杂的中间过程后，所要达到的最终目的。从 AIDMA 角度看，消费者的购买决策行为在工业时代经历了一段较为复杂的中间过程，这也是工业时代的弊端所在。

（二）互联网时代消费者心理与行为特征

随着互联网的发展，微信、淘宝、京东等网络互动媒体的出现，消费者的心理与行为特征也发生了演变。互联网时代，信息传播成本低，传播范围广，传播迭代快，消费者之间的互动更强。所以在信息革命的时代背景下，消费者心理与行为的特征不再可以用 AIDMA 机制来解释，取而代之的是 AISAS 这一机制（见图 4-7）。该机制与工业时代心理与行为触发机制的不同主要在于第三阶段和第五阶段。

图 4-7　互联网时代消费者心理与行为特征

资料来源：笔者整理。

1. 信息搜索

互联网时代下，营销渠道不再只限于商场、超市和小卖部这些实体商铺，传播媒介不再只是电视广播和报纸杂志，还有淘宝、天猫之类的购物网站，微商等的个人推广，App 应用推送等。所以，消费者获取到的信息将是盈余的，很快进入一个搜索阶段。

2. 网络分享

"网络分享"是互联网时代下消费者心理和行为一个非常重要的特点。互联网时代，消费者之间的互动和社交性更强，自主性和差异性更大。消费者在购买行为发生以后，可以通过微信、微博等社交平台，淘宝、天猫等后台评价平台，通过其他直播、视频等自媒体平台进行宣传推广。

（三）启示

1. 消费者需求与企业发展互促互进

在工业时代向互联网时代的转型过程中，消费者需求具有动态发展的态势。同时，消费者的变化也和企业的技术、产业发展息息相关。根据中国塑料管道行业的市场需求状况可知，生产企业较多，销售年增长率较高，未来的发展有待观望。所以从消费者需求的角度出发，企业在满足消费的同时还要促进消费者产生更高、更复杂的需求，使两者之间相互影响、相互发展。

在中国塑料管道行业的一个繁荣期里，首先，企业需要具有快速感知环境变化的能力。通过对消费者需求和心理状态的变化分析，感知其变化趋势，同时大胆地对未来的方向进行预测。其次，企业需要对相关现状进行改变。比如运用互联网思维对传统行业作出重新架构等。最后，企业需要对内部的组织架构做出一定的转化和革新。比如塑料管道企业的核心产品是高质量、高附加值的新型管道开发，那么其定位就应该是行业的领跑者，需要具有不断创新和完善的能力，组织上就需要根据企业定位做一个相应的调整。

目前的消费者需求正在从传统的产品转向对体验感的渴望。过去的中国企业依赖于"价格战"，使相同行业的竞争不断趋于白热化，进而使企业在创新体验服务方面投入不足。所以，企业要摆脱这一困境，就需关注消费者需求的差异化，为不同人群精准定位，形成差异化的战略。这将要求企业在打好基础之后继续为新产品的开发选择一个合适的时间节点，将有限的资源用在效率最大的地方。对于还未得到消费者广泛接受的产品线，企业则可以通过反向的激励需求措施来挖掘广大消费者的潜在需求。

2. 选择边界来制定平台建设战略

对于企业来讲，边界的选择其实是通过资源的有效配置更好地满足消费者对产品服务的需求。消费者的需求多种多样且变化迅速，单靠一个企业的力量很难全部顾及。因此，企业可以审时度势，重新审视现有的市场情况，充分连接外部的资源和能力。此时，企业的边界不再明确不变。企业需要将技术因素和组织因素相结合，判断此时的平台是属于价格管制者、许可授权者还是竞争策划者，然后通过用户的数据开采挖掘基于不同需求不同阶层的精准客户群体，最后建立其对应的网络效应机制去唤起用户更深层次的需求，运用有效的资源配置手段，构建服务差异化、客户差异化的动态平台，从而制定能提高用户规模、增强用户黏性的策略使平台的发展拥有不断的创新力。

随着企业核心竞争力的提升，结合各大产品要素来加强自身产品地位远远不够。利用好企业边界模糊这一重大契机，不断改进现有产品和服务，同时连接企业内外拥有比较优势的资源成为十分必要的平台建设战略。这样，企业的成本将会得到有效控制，效率得到大幅提高，进而充分发挥自身的优势和资源，在市场上就能获取更大的竞争优势。

3. 重构产业结构来构建生态系统

产业结构的改变需要技术、商业模式的创新以及合作关系的深化，在前期平台建设中的分工协作和资源整合的基础上去感知整个商业生态系统中各个组成部分的关系。不同产业的界限会随着平台的构建不断模糊。因此，一个能满足消费者需求的生态系统呼之欲出。商业生态系统的本质在于价值与利益互换的共生关系。企业一旦在关键资源和技术上取得重大突破，便更易得到生态系统的控制权。之后，这个核心企业则可以调动各方成员的积极性，从而使其社会价值和生产价值在物质流、信息流和能量流的相互作用下升值，核心资源和剩余资源构成闭环关系，多方形成合作互利共赢的关系。

商业生态系统中的生产者、供应商、经销商中介机构、消费者以及其他利益相关者等通过价值或利益交换的关系共同构成价值链，不同价值链交织形成价值网。这样，商业生态系统中的企业、平台会得到优化整合，资源得到更好的配置。

（四）小结

综合分析发现，面对网络时代消费者心理和行为的迭代化和多样化，企业要从用户需求、平台架构和生态系统这三大角度出发，对传统的产品和服务做出革新，进而实现企业商业模式的优化。对工业时代和互联网时代影响消费者心理与行为的因素进行对比，可以总结出这两个时代下的营销特点和消费者特点如表4－20所示。

表4－20　工业化时代和互联网时代下的营销特点和消费者特点

因素	工业时代	互联网时代
信息量	较少	繁杂
传播速度	慢	快
传播媒介	以电视、广告、报纸、杂志为主	多样化，社交媒体、电商平台均参与其中
运营渠道	单一渠道	全渠道运营，延伸至相应的平台、生态系统
消费者心理需求	主动性，有购买诉求	个性化，社交化共享购买体验

资料来源：笔者整理。

三、渠道成员分析

（一）供应商

1. 供应材料概况

（1）生产塑料管道的原材料。一般而言，生产塑料管道常用的原材料有聚乙烯（PE）、聚氯乙烯（PVC）、聚丙烯（PP）、聚苯乙烯（PS）等化工产品及部分金属。根据塑料管材所用化工合成材料不同，可以划分为硬质聚氯乙烯（UPVC）管、氯化聚氯乙烯（CPVC）管、聚乙烯（PE）管、交联聚乙烯（PE－X）管、三型聚丙烯（PP－R）管、聚丁烯（PB）管、工程塑料（ABS）管、玻璃钢夹砂（RPM）管、铝塑料复合（PAP）管、钢塑复合（SP）管等。

（2）主要原材料来源。塑料管道生产所需的主要原材料为聚乙烯（PE）、聚氯乙烯（PVC）、聚丙烯（PP）等高分子材料以及部分金属材料。其中，PE 和 PP 原料主要来源于石油、天然气，我国 PVC 原料主要来源于煤炭。石油化工行业作为我国支柱产业之一，是塑料管道行业最主要的原材料来源，受国际原油价格波动影响，我国石油化工行业的波动对塑料管道行业企业的生产成本有着较大的影响。因为塑料是从石油原油中提炼出来的一些物质合成而得到的，如果石油少，那么生产出的塑料就少，石油价格贵，塑料价格也会相应增加。

2. 主要的供应商

（1）石油化工企业。由于塑料管道生产所需的主要原材料为聚乙烯（PE）、聚氯乙烯（PVC）、聚丙烯（PP）等高分子材料以及部分金属材料。其中，PE 和 PP 原料主要来源于石油、天然气，因此，曼特公司在进行生产聚乙烯管和聚丙烯管时，需要依靠上游生产聚乙烯和聚丙烯的石油化工企业，故石油化工企业为曼特公司主要的原材料供应商。

目前，我国生产聚乙烯、聚丙烯材料的厂家主要有燕山石化、大庆石化、扬子石化等（见表 4-21），但是从实际应用情况来看，国内的供应厂家生产的原料数量不足，产品规格不配套，同时产品质量不够稳定，这带来了两方面后果：一方面，由于供应厂家的原材料产品和质量不够理想，使下游的管道生产企业有着较高的议价权；另一方面，下游的管道生产企业对原材料的需求相对较大，使得管道生产企业仍然需要从国外购买大量原材料。

表 4-21　聚乙烯、聚丙烯材料供应商具体信息

企业	燕山石化	大庆石化	扬子石化
公司简介	中国石化扬子石油化工有限公司（简称扬子有限公司）和中国石化集团资产经营管理有限公司扬子石化分公司（简称扬子分公司）统称扬子石化，成立于 1983 年，其前身为 30 万吨/年乙烯扩建工程	大庆石化公司是中国石油天然气股份有限公司的地区分公司，公司始建于 1962 年，历经半个世纪发展，已成为东北地区资源条件最好、社会环境最优、业务门类最多的国有炼化企业	燕山石化公司隶属于中国石化集团，目前燕山石化拥有生产装置 62 套、辅助装置 68 套，可生产 94 个品种、431 个牌号的石油化工产品，是中国石化 12 个千万吨炼厂和 11 个大型乙烯装置之一，是我国重要的合成橡胶、合成树脂和高品质成品油生产基地
主要产品	精细化工产品、聚酯原料、炼油产品、聚烯烃塑料	炼油产品、化肥产品、化工产品	炼油产品、合成树脂、合成橡胶、基本有机原料

（2）化工企业。在进行塑料管道生产中，聚氯乙烯（PVC）原料主要来源于煤炭，因此煤炭化工企业也是曼特公司的供应商。

目前我国生产聚氯乙烯的厂家主要有上海天原集团胜德塑料有限公司和北京化二股份有限公司等（供应商具体信息见表4－22），由于这些公司主要生产聚氯乙烯（PVC），因此它们也是曼特公司的主要供应商。

表4－22　聚氯乙烯供应商具体信息

企业	上海天原集团胜德塑料有限公司	北京化二股份有限公司
公司简介	原上海胜德塑料厂，创建于1921年，是中国最早的塑料加工企业，是上海市首批认定的高新技术企业	前身是北京化工二厂，始建于1958年，是国内最早生产PVC产品的企业
主要产品	工程塑料制品、PVC粒料、城市给排水塑料	加工、制造聚氯乙烯、氯醋共聚物、烧碱、盐酸、次氯酸钠、液氯、聚氯乙烯制品、二氯乙烷、氯乙烯等化工原料

从目前聚氯乙烯原材料的生产行业来看，整个产业的效率较低，并且盈利能力不强，总体上出现产能过剩的情况，这使得上游供应商的整体议价能力不强，对于曼特公司而言是一个利好消息。

（二）中间商

1. 渠道模式

营销渠道大体可以分为直销渠道和分销渠道两部分。从两种形式的特点来看：直销模式可以减少流通的中间环节，使企业直接面对市场，对销售情况有第一手把握。这种形式可以使企业对市场和客户的需求有系统的掌握，进行产品、促销等环节的改变来迎合市场。分销模式则是企业充分利用经销商现有资源，在节省自身成本的同时，弥补企业直销时铺货面有限的劣势，有助于企业全面铺设销售渠道渗透市场。目前，塑料管道行业内的多数企业为了更好地销售发展多选择两者相结合的渠道模式。

塑料管业作为当今社会发展最迅速的行业之一，具有强大的生命力。随着我国提倡使用塑料管道，特别是聚乙烯管道，聚乙烯管道产量呈现逐年稳步增长的趋势。塑料管材的产量在1990～2010年增长了40倍，远超过GDP 6倍的增长速度。塑料从1990年的20万吨增加到2010年的800多万吨，2010年销量增长35%。即使在GDP增长的低迷期，增长速度也超过20%。2015年，我国塑料管道生产量约为1380万吨，增长率为6.15%（见图4－8），这说明塑料管材的应用领域在扩大，对传统管材的替代还有较大的市场空间。目前，中国塑料管道市场占有率已经超过30%。随着消费者对产品品质要求的速度不断提高，我国塑料管道在产量增加的同时，产品质量水平不断提高，行业的技术进步不断加快，品牌规模企业不断增多，新材料、新结构品种不断涌现，企业的营销理念也在不断革新进步。

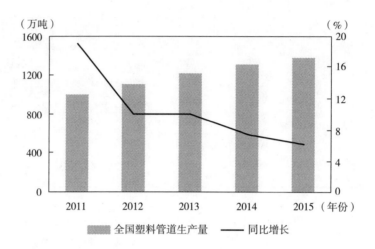

图4-8 2011~2015年全国塑料管道生产量

资料来源：中国产业信息网。

我国的塑料管道行业兴起于20世纪80年代，最初行业内企业采用的渠道模式以多级分销模式为主，企业选取多家代理公司进行大批量分销，对于后续代理公司选取下级分销商和分销过程定价等不做管控，这使得企业销售利润低，且因代理公司的行为不受管控无法形成良好的销售链，价格无法统一，各代理商可以从中牟取暴利。同时，由于管理的不到位和代理商的不负责任的经营方式，使得产品不具有良好的口碑很难进行二次销售和长期销售。

随着塑料管道行业竞争的激烈化，越来越多的企业逐渐认识到渠道模式搭建和渠道成员管理的重要性，通过对渠道模式的重新优化、不断地调整对渠道成员的管控方式，整合渠道资源，提升渠道的效率，寻求有效拓宽产品销售渠道的方式，增加市场的占有率。当前，我国塑料管道行业的渠道模式主要有以下两种类型：

（1）区域总代理为主，直销与分销相结合的综合渠道模式。采用这一渠道模式的企业多为传统的管业公司，其销售渠道的铺设仍然主要采用分销的方式，公司通过网络渠道直接进行对消费者的销售。公司会在各个区域选取有实力的商户作为该区域的总代理，对其下设的各个经销商实施管控，防止恶性竞争。同时，在一定程度上保证总代理的绝对地位，进而促使总代理商维护该区域的经销商数量和产品的口碑来保障自身利益。该模式由分销的渠道上的成员独立进行营销，各个层次的分销单位作为独立的个体存在，在分销过程中追求的是自我利益的最大化。这种分销模式可以使企业迅速地扩大市场占有率，但是随着市场竞争的激烈化，这种层级分销的模式由于层级上的渠道成员数量众多，各个成员之间缺乏相互协调与约束的机制，会使渠道内部流通的标准多样，利益分配不均衡，造成更多的渠道冲突。该种渠道模式大体如图4-9所示。

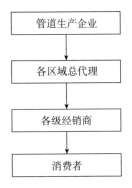

图4-9 区域总代理为主的渠道模式

资料来源：笔者整理。

（2）分公司式的直销与分销相结合的综合渠道模式。目前，大多数企业都在采用这一渠道模式，如 LS、RF、曼特管业等企业就采取了这一综合渠道模式。这种模式可以很大程度地提高公司对渠道的管控，并且在一定程度上扩大企业的销售网络，加大产品在渠道中的流通速度和流通量。这一渠道模式主要是企业取代区域总代理，设立各个区域的分公司，由分公司对该区域的所有经销商进行统一管理且管理方式和办法与总公司相一致。其缩短了渠道的长度，省略了许多中间环节，即节省了公司的管理成本也使公司可以更好地把控市场动向。此外，公司还依附官网、天猫等网络旗舰店进行直接销售，省去中间环节，节省成本，保证了利益最大化。但这一模式由于分设立公司需要大量资金和人力资源，成本过大，并且各个经销商销售热情不大，并不会过多地关心产品销售的上下游，对于公司的依赖性过高，所以客源和售后环节薄弱，而且该模式对于市场变化不能很快适应，有一定的经营风险。该种渠道模式大体如图4-10所示。

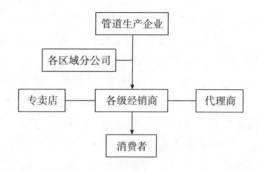

图 4 – 10   分公司式的综合渠道模式

资料来源：笔者整理。

以上这两种渠道模式是目前零售行业普遍采用的销售渠道模式，塑料管道业的各企业应该找寻最适合自己发展的营销渠道模式，结合自身情况对原有的模式寻求新的变革。当今社会是互联网高速发展的时代，城市建设飞速向前，企业在市场中有着良好的发展前景，好的渠道模式可以进一步帮助企业拓宽市场，在激烈的竞争中占据更大的市场份额。总代理式的渠道模式可以很好地帮助企业快速占领市场，通过激励总代理形成良性竞争来保证销售量，拓宽市场占有量。但由于其管理机制不完善，渠道分级过多过长，公司对渠道下游无法进行良好的掌控，使得产品售后难以得到保障，不能形成产品口碑，不利于产品长期的良好销售。分公司式的渠道模式缩短了渠道链，对渠道形成了全面管控，但由于各个经销商之间联系微弱不能形成良性竞争，市场占有面不足，难以拓宽市场。两种渠道形象的比较如表 4 – 23 所示。

表 4 – 23   两种渠道对比分析

渠道模式	总代理式综合渠道模式	分公司式综合渠道模式
特点	长渠道链集中资源	短渠道链整合资源
优势	渠道分布广，市场渗透深	直接管控，保质保量
劣势	渠道过长，难以管控	依赖公司缺乏销货自主性

资料来源：笔者整理。

2. 渠道布局

（1）渠道的空间广度。塑料管道行业销售渠道的空间广度一般都很大，其主要在以下几个地方进行产品的集中销售：建材市场、家居市场、五金市场、专卖店。此外，因为该类产品具有消耗品的特性，是家装必需品，所以除了以上一些地点会进行集中销售，各大小超市、五金杂货铺也会进行产品的销售。

（2）渠道的空间密度。塑料管道行业的渠道空间密度主要为密集分销，一般是家装建设的前期对这类产品需求最大，并且产品需求量很大，这使得消费者购买这一类产品多为一站式的集中购买，因此其销售多为密集分销，在建材市场等场所集中分布。同时，该产品又具有一定的消耗品特征，因此各个超市也会有少量售卖，但产品仍以密集分销为主。

除此之外，随着近些年互联网的飞速发展，越来越多的消费者开始进入网络平台进行购买活动。在"互联网＋"的时代背景下，塑料管道行业的各大公司也开始开辟网络销售渠道，在网络平台采用独家分销的方式进行产品销售，节约成本的同时开拓新的销售市场。

（3）新时代的拓展渠道布局的方式。新时代，塑料管道行业对于拓展渠道布局也有新方式，包括以下几个方面：

1）渠道整合。新时代背景下，企业对于其所具备的销售渠道进行有机整合，使自身获得了更大范围的客户且实现了较高的利润率和市场覆盖率。企业通过对销售过程中的任务进行分解，分配给能以较低成本或更多销量较好完成该任务的渠道，充分利用每一条现有渠道的优势来增加企业销售渠道的空间广度，保证了每一条渠道的最大可用价值。

2）资源共建、平台共享。企业与企业之间联合自身资源共同建设新的渠道，整合双方资源、力量建设全新的渠道布局。同时，与同类型、相关企业进行平台资源共享，互相分享自己的销售渠道和资源，用极小的成本借助彼此的资源拓宽企业销售渠道的空间广度和密度，并通过共享与合作达成利益、资源运用的最大化。这种良性的共享合作可以帮助企业快速扩大渠道的空间布局，增加产品的销售机会。

借助以上的新模式，各个企业在原有传统空间布局上寻求新发展、新机遇进行自身渠道布局的扩展，将原有的单一企业布局变成更大的、相互融合的新的三维立体的渠道布局。新的渠道布局模式使各个行业成员都有了新的突破，但也有着巨大的危机，企业之间的联系更紧密，竞争也更为激烈。

（4）渠道成员选择。塑料管道行业一般会选择专卖店、代理商、零售商、家装公司、水电工等作为渠道分销成员，具体的渠道成员布局如表4-24所示。

表4-24　塑料管道行业渠道成员布局

渠道成员	内　容
专卖店	单一销售公司全品类产品的专营店，是各个小区域的直接销售商
代理商	代理商往往是一种销售代表的形象，主要是采用推销或者是介绍的方式销售产品。代理商不拥有产品只是转卖产品赚取代理佣金

渠道成员	内　容
零售商	零售商主要是指专门从事这类产品销售的组织，零售商是直接与消费者接触的渠道成员。零售商只是销售这类产品的销售终端，并不销售单一品牌的产品
家装公司	从事家装工作，在工作期间长期、大批量需要多品类产品的渠道成员
水电工	从事的工作与塑料管道行业密不可分，长期不定时需要少量产品的渠道成员

资料来源：笔者整理。

1）专卖店（Exclusive Shop）也称专营店，是指专门经营或授权经营某一主要品牌商品（制造商品牌和中间商品牌）的零售业形态。一般会把地址选在繁华商业区、商店街或百货店、购物中心内。其对于提高品牌产品的执行力和终端销售能力有很大的作用，对于塑料管道行业的各个企业而言，其是销售渠道成员中必不可少的一分子，它销售单一品牌的特性可以帮助企业更好地进行产品及文化宣传，同时对于培养用户黏性也有着非常重要的作用。

2）代理商（Agents）是代企业打理生意，是厂家给予商家佣金额度的一种经营行为。所代理货物的所有权属于厂家，而不是商家。因为商家不是售卖自己的产品，而是代企业转手卖出去。所以，代理商一般是指赚取企业代理佣金的商业单位。代理商具有多种类型，如总代理、区域代理、多级代理，其本质相同只是拥有的权利大小不同。代理商可以在一定程度上帮助厂商拉动市场降低其销售风险。塑料管道行业的各大企业都比较重视代理商的设立，并且会设置多级代理的制度，通过代理商来促进产品的销售，扩大产品销售网络的覆盖面。

3）零售商（Retailer）是指将商品直接销售给最终消费者的中间商，处于商品流通的最终阶段。零售商的基本任务是直接为最终消费者服务，职能包括购、销、调、存、加工、拆零、分包、传递信息、提供销售服务等。在地点、时间与服务方面，其为消费者提供便利，是生产企业与消费者联系的桥梁，在分销中具有重要作用。但零售商的销售不具有专一性和排他性，一般销售多品牌的同类商品，且零售商一般与消费者进行直接接触，联系紧密，所以其对于产品品牌的评价是最能影响消费者的因素之一。由于塑料管道行业的产品品牌多，所以零售商的销售选择多，且直接负责对于消费者的各类服务，所以零售商是企业最重要的渠道成员。

4）家装公司（Home Improvement Company）是针对家庭居住环境进行的装饰和装修工程，是集家庭室内设计、材料预算、工程施工于一体的专业化家装公司。家装公司对于塑料管道行业来说是少数拥有绝对决定权的渠道成员。由于塑料管道是家装必不可少的原材料之一，所以家装行业对于塑料管道类产品的需求量大，而且在家装过程中，家装公司对原材料的采购具有很大的自主权。所以，如何与家装公司形成单一的良好合作是塑料管道行业各个企业在销售渠道铺设过程中重点考虑的问题。

5）水电工（Plumber）是指掌握修理管道、电路等家装修理技术的服务人员。水电工是拥有长期购买意向的一类渠道成员。因为其对于管道类产品拥有长期稳定的购买行为，因此其相较于普通消费者拥有丰富的产品体验和产品经验。

3. 管理和政策

随着城市建设的飞速发展，国内对于塑料管道的需求稳步上升，这使得该行业不断有新的进入者，行业目前已经趋于饱和。各个新企业在进入该行业的时候急于扩张，对于中间商的管理并不完善。该行业老牌企业的管理政策也多固定，较少更新，有些已经不适用于当今的行业状况。

塑料管道行业对于中间商主要采用以下几种管理政策：

（1）激励政策。在与中间商的合作过程中，应多给中间商以激励和嘉奖。因为中间商在实现产品销售的既得利益后，最终也使企业获得了目标利益的实现。一般有高利润，销货提成等促进销售的激励政策。

（2）惩罚政策。在中间商不能完成公司定下的目标时可以给予适当的惩罚。同时在经销商不顾公司规定做一些违反公司的事情，如低价竞争、恶性窜货、哄抬物价等行为时给予中间商惩罚。

（3）利润控制。企业要保证经销商的利润，所以企业要在市场动荡的时候进行政策的调整要协调中间商销售额和利润之间的关系。在市场环境好的时候要管控每件产品的利润增大中间商的最低销售数额。在市场情况不好的时候企业也要把控中间商的利润额，防止因为利润过低而失去中间商。

（4）库存管控。为了防止中间商囤积货物来哄抬物价或者低价销售搅乱市场，企业要对中间商的库存进行管控，合理控制渠道链上的货物流通量，增大货物流通率。

由于塑料管道行业属于渠道宽度和广度很大的传统零售业，其一般具有数量较多的中间渠道成员，并且拥有多个具有一定管理权的渠道成员，所以各个具有管理权的成员都会构建属于自己的管理体系，造成了"一国多制"的渠道管理现状。"一国多制"管理体系不利于企业对各级经销商进行统一管理。为了解决这一问题，一部分企业开始了公司管理一体化的新征程，统一制定各个渠道成员的管理政策，提高大局观念，制定有利于全面、共同发展的中间商管理制度。

此外，企业还要注意与中间商的沟通，要尊重中间商，时刻掌握中间商的想法，加强与中间商的联系，保护中间商的利益，如此才可以保障营销渠道的优质完整。综上所述，企业在和中间商的合作中，要始终注意中间商的一切反应。因为一个企业的知名度或者说是企业价值需要具体的销售规模来体现，而销售规模则要靠销售渠道的运作才能实现。所以在与中间商的合作过程中，企业应注重对中间商的管理，只盯着自己的利益，不顾及中间商的利益，只能使企业走上自绝之路，失去前途。

4. 行业现存问题与小结

中间商对于零售类行业有着至关重要的作用。通过以上对于塑料管道行业营销渠道及其中间商的分析，我们不难发现，目前塑料管道行业的分销模式正在进行全面的改变，虽然部分企业仍旧采用传统的分销模式，但是其发生变革已经是必然现象。塑料管道行业的营销渠道模式正向着扁平化、精细化的方向发展。营销渠道也开始涉足更多的领域，由分销模式变成分销与直销结合的综合渠道模式，由单纯的店面零售终端销售变为零售终端与网络终端并行，进一步拓宽了销售渠道，完善了销售网络。

塑料管道行业在变革的同时也依旧存在着不小的问题，具体包括以下四个方面：①行业的渠道模式过于老套，企业应适应新的时代背景，结合自身优势向扁平化、精细化的方向寻求新发展；②公司对于渠道中多级中间商的管理过于混乱，不成体系，难以长期稳定合作；③行业内部公司的发展参差不齐且竞争激烈，公司管理存在漏洞，对经销商没有系统的管理方式；④很多经销商仍然停留在坐店销售的阶段，不会主动维护顾客关系，吸引顾客消费。

近年来，城市建设仿佛慢下了脚步，面对这样的形势，各个企业是否可以随着市场的变动进行相应变革成了塑料管道行业的一大问题。企业目前应当整理自身资源，进一步完善渠道模式，开拓新的渠道，同时完善中间商管理体制，提升自身能力，以备迎接后续必将到来的行业变革。

本章小结

通过从宏观和微观两方面对曼特公司的行业背景和发展环境进行分析，可以了解到我国塑料管道行业经过 20 年的高速发展，呈现出供需失衡的特点。一方面，供给端竞争激烈，产能过剩推动产业结构调整，行业重新洗牌；另一方面，消费需求依然强劲，但是在互联网信息技术的影响下，逐渐向高端化、专业化、多元化发展。渠道成员方面，随着新材料的开发和应用，行业整体议价能力有所提升，行业渠道政策和布局也在悄然发生变化，侧面反映了市场竞争的波涛汹涌。那么，面对机遇与挑战并存的行业背景和发展环境，曼特公司又该如何适应时代变化，把握发展机会，赢得竞争呢？这些疑问或许可以在下一章对曼特公司的案例分析中找到答案。

第五章
案例解析

本章将基于第四章对曼特公司所处的市场环境和行业背景的分析，对案例企业——曼特公司进行深度的剖析解读，分析曼特公司平台战略实施的可行性和必要性，并深度剖析曼特公司平台战略的具体实施路径。同时，将曼特公司与市场上同样实行平台战略的企业进行对比分析。在对比分析中，笔者结合第二章提炼总结的企业平台战略实施的路径和效果预期，以及对曼特公司内外部的全面分析，归纳总结曼特公司平台战略实施的各个阶段。

第一节　曼特公司简介

一、公司简介

曼特公司成立于2002年，是国内较早的塑料管道生产企业之一，也是国内PP－R管道的技术先驱与龙头企业。自成立以来，秉持"以品牌统领营销、以服务支撑品牌"的经营理念，业务在全国范围内不断拓展，销售业绩每年稳步增长，基本形成省内全覆盖的营销网络，着力打造诚信共赢的市场服务体系。经过数年发展，曼特公司已经打造了一支经验丰富、高素质、有较强自主创新能力的公司团队。

1. 生产基地

曼特公司在北京、上海、武汉、杭州、西安建有五大现代化生产基地，专业研发、生产、销售PP－R管材管件、PE管材管件、HDPE双壁波纹管及PB采暖管材管件等系列产品。公司的给水管道系统、地暖系统、同层排水系统、城市排水排污系统、地源热泵系统被广泛应用于居民住宅、商业建筑、市政工程、工矿企业，公司是鸟巢、水立方、世博中国馆等国家重点项目的供应商。公司多项技术填补国内空白并获专利，公司被认定为高新技术企业，并被授予全国住宅装饰装修行业管道工程示范、体验、研发、创新、采购基地。

2. 研发实力

曼特公司建有企业技术中心、塑料管道工程技术研究开发中心，并拥有强大的专业研发团队，在技术开发、产品配套、系统设计、应用技术等方面具有雄厚实力，获授多项专利。

3. 主营业务

曼特公司专业从事各类中高档新型塑料管道的制造与销售，主要产品分为三大系列：一是 PP－R 系列管材管件，用于建筑内冷热给水；二是 PE 系列管材管件，主要应用于市政供水、采暖、燃气、市政排水排污等领域；三是 PVC 系列管材管件，主要应用于建筑内排水、市政和农村排水排污。

公司业务主要分为零售家装、市政工程、房产工程三大类。家装零售类业务主要依托经销渠道进行经营，是公司营业收入和利润增长的主要因素；市政工程和房产工程类业务主要通过直销和经销的方式经营。

4. 公司组织设计的具体措施

公司以打造生态系统为主要目标，围绕"生态链"，通过价格体系的布局与设置，使生态链上各个环节都获得满意的收益；从经销商到运营商进行全员营销；坚持定性工作定量化、定量工作精细化、营销过程数据化、管理制度规范化和思想工作常态化的工作方式。

二、财务状况

2013~2017 年，曼特公司产品销售总量和毛利率均呈增长趋势，其中PP－R 管占比最大，PE 管和精品配件销量占比小且呈下降趋势。

面对复杂多变的国内外经济形势及激烈的行业竞争环境，公司坚持以"可持续发展"为核心，攻坚克难，纵深优化"三驾马车"发展模式；创新驱动，加快大建材产业升级，取得了突破性的发展，出色地完成了年度经营目标。2016 年公司实现营业收入 23.21 亿元，比上年同期增长 20.94%；营业成本 12.43 亿元，比上年同期增长 14.71%；归属于上市公司股东的净利润 5.71 亿元，比上年同期增长 38.46%；PP－R 管材管件的营业收入比上年同期增长 22.08%，主要系公司坚持"零售为先"的经营策略，不断开拓新市场，深挖原有市场，同时提升服务水平，强化品牌推广，取得了较好的成效；华北地区、西部地区的营业收入分别较上年同期增长 29.88%、20.96%，主要系公司加大区域市场拓展力度，取得了一定成效。

三、产品

公司专业从事各类中高档新型塑料管道的制造与销售，具体的产品可以细分为家用给水管、供暖、净水、防水、工程/建筑管道、PVC 管道、水暖、管道系统八个子类型产品。目前，公司新品——前置过滤器和新型防水材料为明星产品，PP－R 管为金牛产品，虽然定价较市场均价高，但定位高端且服务附加值强，所以利润大、销量大。

（一）家用给水管系列

1. PP－R 管

PP－R 管主要采用优质进口原料和进口设备生产，专业设计管材管件的每一个细节，使管道系统的每一个"关节"都安全、牢固、可靠，可广泛应用于各类家装给水管道系统。

2. F－PPR 管

F－PPR 给水管特有中间复合增强层，相比普通 PP－R 管在性能上有所提升，是家装水管的理想产品。适用于冷热饮用水管道系统、低温采暖系统（直管）、空调用管系统和循环水系统。

3. PP－R 双色管

双色管，双层工艺，专为装饰公司使用，让用户有了更多选择。纯正原料，定制精品，可为追求高品质生活的消费者提供健康用水环境。适用于家庭住宅、办公楼、酒店宾馆、餐饮等场所的冷热水、饮用水输送。

4. 合金管

合金管，柔中带刚，品质更高。它是金属管材与 PP－R 管材的结合，具备给水卫生、抗低温、耐高温、抗氧化、防渗漏等优势，除了满足室内给水，也是户外明装、暖通领域、工业管道系统的明智之选。应用于冷热饮用水管道系统、空调管路系统、散热片采暖系统、地板辐射采暖主管道。

5. A＋管

A＋管具有耐高温、寿命长等性能，远优于市场上其他常见的塑料管道。应用于生活冷热水输送、食品工业领域、散热片采暖系统、地板辐射供暖系统、中央空调系统。

6. NA－PPR 复合管

PP－R 纳米管分为两层，主体层仍用 PP－R 原料，有一定的抗菌效果。

（二）供暖系统

1. PE‑RT Ⅱ型地暖管

PE‑RT Ⅱ型地暖管的耐压强度比Ⅰ型高一个等级，表面抗划伤能力强。适用于压力较高、水温波动大的高层地暖系统，尤其适用于部分地区集中供暖改地暖的情况。

2. LR‑PERT 地暖管

LR‑PERT 地暖管具有极低的表面粗糙度，故在具备普通 PERT 管诸多优点的同时，还具有减少粘附污垢、摩擦阻力小、水压损失少、节能环保、大幅减少清洗次数、产品高贵美观等特点。

3. PB‑R 地暖管

PB‑R 地暖管质量轻，柔软性好，耐温耐压能力强，易于维修、改造，应用于采暖管道系统。

4. PE‑RT 阻氧地暖管

PE‑RT 阻氧管外层包敷阻氧层的目的是有效防止氧气透过管道溶入采暖系统，以保护金属件不被锈蚀，提高整个采暖系统的使用寿命，适合于对系统含氧敏感性较高的各类采暖系统。

5. PE‑RT Ⅰ型地暖管

PE‑RT Ⅰ型地暖管材质柔韧、耐低温、霜冻性好，可用于一般设计条件下的地暖系统，也是目前地板辐射采暖中用量较多的管道。

（三）净水系统

曼特公司的前置过滤器，采用德国原装进口原料，针对消费者的不同需求，共有标准型、万向型、豪华型和经典型四款产品。长距离的输水管道带会来铁锈，安内特前置过滤器精密的滤孔能有效拦截铁锈，滤除水中的颗粒性杂质，如铁锈、泥沙、颗粒物、悬念服务、石棉纤维等，解决自来水浑浊等问题，有效改善家庭供水系统。

（四）防水系统

1. 防水涂料

防水涂料分为柔韧型防水涂料和家装定制柔韧型防水涂料两款产品。产品为双组分水性防水，以优质的聚合物乳液和高强度水泥为主要原料，加入精细骨料和多种助剂配制而成。通过水分挥发和水泥水化反应，产品可以固化成致密坚韧的防水膜。其防潮抗渗，可用于浸水环境，可为墙角、管道周边等重点部位提供更好的防水保护，适用于墙角、管根、卫生间、浴室、厨房、阳台、楼层墙壁与地板、泳池、地下室、水池等。

2. 防水浆料

防水浆料有通用型（防水浆料）和家装定制通用型防水浆料两款产品。产品为双组份水性防水，由聚合物乳液等多种助剂配制而成。固化后形成防水层，坚实耐用，具有一定的柔性，黏结强度高，可承受重砖，易于施工，适用于卫生间、浴室、厨房、阳台、楼层墙壁与地板、泳池、地下室、水池等。

3. 堵漏宝

堵漏宝有普通型堵漏宝和速凝型堵漏宝两款产品。堵漏宝是由水泥及添加剂等配制而成的快硬、高强的刚性堵漏材料。凝固快，适用于快速修补，早期强度高，与基面附着力好，抗渗性能优异，无毒无害。适用厨卫间、地下室、屋面等非伸缩性混凝土或砂浆结构修补；各种穿墙管、套管周边缺陷修补；阴阳角圆弧处理；各种孔洞的修补。

（五）工程/建筑管道系统

1. F-PPR 建筑立管

F-PPR 建筑立管是纤维复合材料与 PP-R 的完美结合，增加了管道的稳定性，大大降低了管道的线性膨胀系数。复合管继承了 PP-R 管道内表面光洁和卫生的性能，可用于给水系统。

2. HDPE 给水管

HDPE 给水管材与传统铸铁管、钢管相比，更容易搬运和安装，施工劳动强度及工程安装费用更低。其具有密度小、耐腐蚀、水力性能优越、连接可靠、高韧性、延展性好、高耐磨性、挠性优良等产品特征。

3. 钢丝网骨架 PE 复合给水管

钢丝网骨架 PE 复合给水管是一种新型的复合管道，该产品和 PE 实壁管相比具有承压能力更高、通流能力更强、经济性更好、运输安装更方便、柔性好、可示踪探测等特点，目前已经在北京、重庆、甘肃等地做了多个案例工程。

4. HDPE 燃气输送管道

HDPE 燃气输送管道具有许多卓越的特性，如耐高温、韧性好、刚柔并济，完美地解决了传统金属燃气管道易腐蚀和接头泄漏量大的难题，目前广泛应用于城市中低压燃气输送领域。

5. HDPE 双壁波纹管

高密度聚乙烯（HDPE）双壁波纹管是以高密度聚乙烯为主要原料加入必要的添加剂，以挤出成型方式加工而成的具有波纹结构的管材，内壁平整光滑，外壁波纹，内外壁是中空且紧密熔接的环状结构。优点有：耐腐蚀，使用寿命长；内壁光滑，流动摩擦阻力小；一体化成型，性能均一等。

6. PE 铝塑燃气管

PE 铝塑复合管道具有性能优异、重量轻、施工方便等特点，是家用燃气管道的理想之选。

（六）PVC 管道系统

1. PVC – U 排水管

PVC – U 排水管以聚乙烯树脂为主要原料，独有加强筋设计，有效解决了同类管道端口易脆裂破损的技术难题。

2. PVC – U 电工套管

PVC – U 电工套管的特点：高绝缘，防漏电；抗压强，韧性好；耐腐蚀，防破坏等。此外，电工套管利用红、蓝两种颜色进行危险区分，便于识别及维护，降低了触电危险。

3. 管件系列

共有 PVC – U 排水管管件系列、PVC – U 电工套管管件系列、PVC – U 电工司令盒系列和 PVC – U 电工接线盒系列等产品。

（七）水暖

有角阀、软管、地漏、水嘴、阀门、花洒、淋浴、挂件、接头等多种产品。

（八）管道系统方案

1. 水力平衡系统

曼特公司的水力平衡系统由曼特公司与国内"985"高校教授团队共同研发，是采用配水器将各用水点一对一连接起来，各用水点互不干扰的新型家装给水系统。系统配水器与管道材质一致，可热熔承插连接，安全可靠。管道采用改良型盘管，具有优异的弯曲性能、耐冲击性能、抗冻性和卫生性能，使用温度区间宽。

2. HDPE 同层排水系统

同层排水系统是指排水支管不穿越楼板，在同一层内与穿越楼板的排水管相连的排水系统，具有卫生、独立、安全、宽敞、隔音、自由等优势。

3. HDPE 地源热泵系统

HDPE 地源热泵系统管道具有低温抗冲击性好、连接可靠、耐老化、耐磨性好、可挠性好、耐化学腐蚀性好等优点，已成功应用于奥运森林公园等大型工程。

四、企业文化

（一）制度文化

1. 工作机制

曼特公司的工作机制主要分为三个部分：首先，人人都以公司发展为总目标；其次，以问题导向和原因导向为驱动，实行跟踪、监督、检查、评价、反馈机制，贯彻到底；最后，公司全员从"利他"思维出发，将目标分解到各个行动和计划中，确保问题真正得以解决。具体来说，是将目标分解到人，并细化到月、周、日。参考目标、结果、动作、差异、改进措施对每个动作进行研究分析，对比目标与结果，寻找差异并修偏。

2. 人际关系

员工要深刻领悟曼特公司经营理念，凡事都以利他思维去换位思考，一切以"自我归因"为心灵指导的行为的实施准则；业务员要具备发现经销商团队问题的能力，并自我归因；经销商需全身心投入到团队中，并找出团队存在的本质问题。团队强才是真的强，只有通过自我归因才能真正提升团队的凝聚力。

3. 规章制度与纪律

（1）价值营销。以价值链分配为原则，以打造生态系统为主要目标。价格体系的设置，要体现"定价决定经营""定价定天下"的经营理念和共赢理念，使"曼特公司产品"价值链上所有的利益相关方都能享受到好处，都能带来不同价值。

（2）价格管控。公司利用通道管控，以经销商、项目经理、水电工互相举报的方式各个击破；利用平台管控，成立控价委员会，"以夷制夷""借力打力"，让经销商互相监督，互相管理。

（3）借用内外部力量管控。企业通过第三方查价，从金管家服务中获取销售清单。

（4）通道管理。利用通道中相关措施来控制市场窜货、假货，同时加强平台管理，发挥经销商的作用，与公司一起管控市场。

（二）精神文化

1. 行为规范

（1）"未来思考现在的思维""现在预判未来的思维"。曼特公司让员工形成答案永远在现场、累并快乐的工作理念，树立危机感就是生产力，必须未雨绸缪、防患未然、现在就行动的危机意识，通过不断研判目前的工作，做好现在及今后的工作。

（2）导入一种工作机制：工作目标＋具体执行＋检查＋反馈，使员工人人都有工作目标，采用问题导入制的方式，使具体执行过程都有跟踪与检查，工作结果有总结、有评价、有反馈。

（3）营造一种工作氛围。在员工中营造一种工作氛围，即人人都要有爱心，有感恩之心；工作中不抱怨，不指责，自我归因；看问题一分为二，换位思考；谦虚、好学。

2. 价值观念

企业培养员工坚决的态度，让其把想做的事情做成，磨炼其坚强的意志力；培养员工用心的做事方式，让其认识到认真才能做到，用心才能做好；培养员工坚持的信念，让其在工作中坚持、总结，不断改进、不断提高。

3. 企业的群体意识

曼特公司致力于培养企业的群体意识，对内要求各部门、各人员通力协作，有共同的目标、共同的利益，并为之共同努力奋斗；对外持整合各资源为营销服务的主旨思想，使各资源都成为营销主体，实施为营销服务的大营销理念。

第二节 曼特公司 SWOT 分析

一、曼特公司优势分析

（一）技术与研发优势

曼特公司是科学技术厅认定的高新技术企业，在研发团队、技术开发、产品配套、系统设计、技术应用等方面具有很强的实力。

曼特公司拥有一个省级高新技术研发中心，具备一支经验丰富、高素质的研发队伍，研究人员涉及高分子材料、机械设计、给排水及暖通等十多个专业，技术研发骨干包括中国塑料加工工业协会塑料管道的专家。此外，曼特公司还聘请了多位国内知名的塑料管道行业专家为公司技术顾问。当前，曼特公司先后开发投产和储备了多项新产品、新技术，填补了国内管材市场的空白。技术中心累计研发新产品 100 余种，主编了多项行业标准，参编了多项国家标准、多项技术规程和图集，数项技术国际先进，数十项技术国内领先。

（二）品牌优势

曼特公司是国内 PP－R 管道的技术先驱与龙头企业，经过多年的市场开拓和培育，其产品以优良的品质、优异的性能价格比成为国内建筑给水管道市场的首选产品，并被许多重点工程广泛应用，公司成为武汉万科、上海复星等知名房地产公司的重要供应商。"曼特公司"品牌成为国内塑料管道行业著名品牌，在国内市场上建立起了良好的声誉，拥有稳定的客户群，曾荣获"中国名牌产品""中国驰名商标"等荣誉称号。曼特公司是中国塑料加工工业协会副会长单位、中国塑料加工工业协会塑料管道专业委员会副理事长单位、省化学建材协会副会长单位、市化学建材行业协会理事单位。公司还被中国塑料加工工业协会塑料管道专业委员会评定为"中国管业极具成长性企业"，在行业内具有很高的知名度和美誉度。

（三）营销网络优势

公司不仅拥有工程市场的销售渠道，还拥有强大的经销商销售渠道。截至2017 年底，公司已在全国主要城市设立了 20 余家销售子公司、30 多家销售办事处，专职营销人员 1000 多人，覆盖国内各大中城市。

公司十分重视销售、物流、设计、施工、培训、管理一体化的服务功能，不断为市场提供优质的产品和服务，构建了高效的营销网络和诚信的服务体系，设立免费热线，树立售前、售中和售后一站式服务新理念，成立了专门的工程技术服务部门，为客户提供准确快捷的全程技术服务。

庞大的营销网络同时也是信息网络，各地的市场信息通过强大的网络系统不断返回营销中心，推动营销战略技术的不断改进，从而形成了市场与工厂互动的良好局面。

（四）产品系列化优势

我国大多数塑料管道企业生产能力弱，品种相对单一，并且管材与管件生产能力配比极不合理。曼特公司高度重视管材与管件的配套经营，并将管件的配套视为公司产品的核心竞争力，先后投入大量资金开发了管件模具 1000 多套，其中部分管件申请了国家专利，使公司管材与管件保持了较好的配套比例。

曼特公司制定了产品多品种、系列化的发展策略，积极进行新产品研发并投入市场，满足客户群体的差异化需求。在成功开发 PP－R 后，曼特公司又成功开发了 PP－R 高性能复合管、PP－R 铝复合管、采暖 PB、PERT 管道系统、PE市政给水及燃气输配用管道系统、排水、排污用 U－PVC、PE 双壁波纹管道系统，实现了管业系统的系列化和最优化配置。曼特公司不仅在 PP－R 管领域始终保持强势地位，而且在 PE 管、PB 管及 HDPE 双壁波纹管等诸多产品领域也形成了良好的比较优势。

（五）产品品质优势

曼特公司通过了 ISO 9001 质量管理体系认证和 ISO 14001 环境管理体系认证，产品严格按照国家标准组织生产。曼特公司采用先进设备、优质原料、精湛工艺、创新研发技术和精细化的管理模式，确保了产品品质。

具体来说，曼特公司生产的 PP－R 系列管道产品凭借优异的性能成为国内建筑内给水管道市场的主流产品，在华东、东北、华北等区域已形成强势品牌效应，公司成为国内中高档建筑冷热水管道供应商之一。PE 给水管是饮用水工程"输送健康"的理想管道，"曼特公司"成为各大自来水公司及农村饮用水管网改造的首选品牌。曼特公司生产的 PE 系列管材管件产品在地源热泵、同层/虹吸排水、地板采暖等领域具有较高的知名度和市场占有率；HDPE 双壁波纹管深受华东市场客户的青睐，成为华中区域的首选产品。曼特公司在发展中始终坚持产品质量第一原则，不仅获得了消费者的认同，在同行业中也享有较高的美誉度。

（六）文化建设和管理团队优势

曼特公司的核心价值观是寻求和建立一套促进企业长期可持续发展的保障体系，包括"稳中求进，风险控制第一"的经营理念，"管理思想现代化，管理组织高效化，管理方法科学化，管理技术电子化"的管理理念，"论功行赏，有功必赏，奖勤罚懒"的机制观，"德才兼备，以德为先"的育才观，均体现了"可持续发展"的深厚内涵，从而保证了企业稳健、快速发展。面对未来的挑战，曼特公司坚持把"以人为本"作为企业文化建设的基本理念，弘扬"可持续发展"的核心价值观和"团结拼搏、求实创新"的企业精神，致力于打造"百年曼特"。

曼特公司的管理团队成员多数为具备十年以上行业经营经验的专家，其对行业发展趋势的判断和把握以及企业经营理念的贯彻都较为准确。勤勉务实的工作作风及和谐的团队氛围使公司管理长期稳定、高效运行。

（七）湖北省物流发展，水陆交通便利，建立大型物流基地

交通运输是国民经济发展的基础产业。改革开放以来，湖北省公路、水路和民用机场交通运输快速发展，交通网络基本形成，运输能力明显增强，服务水平显著提升，交通运输业进入了转型发展、协调发展的新阶段。湖北省"十二五"交通运输发展重点：

1. 大港口建设

2016 年，武汉新港管委会发布《武汉长江中游航运中心发展报告》白皮书，成为武汉地区首部全面、系统介绍武汉航运中心建设的规范性官方文书。白皮书称，武汉航运中心将于"十三五"期间建成，到 2030 年，武汉将建成我国内河最大的国际化港口城市。武汉航运中心将充分利用江海直达和江海联运航运功能，使武汉始发航线联通海上丝绸之路沿线各个国家和地区，打通我国中部衔接"一带"和"一路"水陆中转、多式联运交通枢纽，实现与沿海城市和中亚、东南亚、欧洲国家等主要港口的全覆盖。

2. 大路网建设

围绕"大路网"战略，构建以高速公路为骨架，普通国省道干线公路为支撑，农村公路为基础的结构合理、层次分明、能力充分的公路网。"十二五"期间，有序推进高速公路建设，重点加快国省道干线公路建设，进一步完善农村公路建设。

"十二五"期间，新开工高速公路 1000 公里，力争建成高速公路 1000 公里，确保建成 800 公里，基本建成国家高速公路网。到 2015 年全省高速公路通车总里程力争达到 4200 公里，省际高速接口达到 18 个（新增 5 个）。

"十二五"期间，新改建农村公路 9000 公里。一是新改建县乡公路 2000 公里，包括省级中心镇公路及现有等外级县乡公路改造提升，省级规划中的港站、交通物流、产业集聚区的重要集疏运公路和农村生态旅游重点骨干公路；二是适度建设农村联网公路 7000 公里，包括联通省级粮食生产功能区、现代农业园区公路、省级中心村公路和原规划"下山移民、整村搬迁"现具备建设条件的部分新建路等项目。

3. 大物流建设

"十二五"期间，重点建设 29 个交通物流基地，加快推进连接各物流园区，推动综合运输的发展。到 2015 年，建成国家公路运输枢纽和地区性公路运输枢纽的交通物流园区 24 个；物流园区（中心）总数达到 79 个，使物流园区（中心）占货运站场的比重达到 55%；完善农村配送体系，完成 200 个乡镇货运站建设，使乡镇货运站总数达到 277 个。

二、曼特公司劣势分析

（一）市场操作方面

1. 网点布局有待优化

如图 5-1 所示，曼特公司的销售子公司、销售办事处已覆盖全国。区域经销商 1000 多家,通过经销商和公司直接分销的管理网点达 13625 家。但是,网点多且较集中,未进行科学规划。

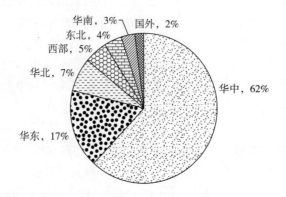

图 5 - 1 曼特公司区域销售网点分布

资料来源:曼特公司内部数据。

2. 合作模式及销售渠道

曼特公司从 2007 年开始调整传统的总经销模式,走"扁平化"渠道管理。公司在"乡镇"至"地级市"之间的不同区域设立区域经销商的同时,建立只有公司和零售商两个层次的更为直接的经销模式,成立专门的销售子公司来管理、激励这些经销商和零售商。曼特公司扁平化的销售结构如图 5 - 2 所示。扁平化渠道与传统分销渠道的区别如表 5 - 1 所示。

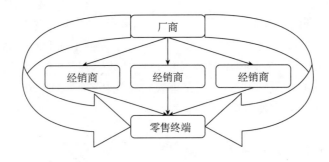

图 5 - 2 曼特公司的扁平化销售结构

资料来源:曼特公司内部数据。

表 5 –1　扁平化渠道与传统分销渠道的比较

内容	扁平化渠道	传统分销渠道
市场开拓	厂商有更多的利润空间开发维护零售终端；单个代理商的流逝对厂商销售影响不大	厂商利润薄，无力承担更多的售后服务工作，交给分销商来开发维护零售终端；单个一级代理商的流失对厂商销售影响很大
信息流通	信息能及时准确地反馈给厂商，厂商能及时调整策略，更充分地满足消费者需求	层级多，信息层层传递容易失真，多层的代理使信息传递速度慢，厂商对市场信息不敏感
激励机制	厂商与代理商一起进行后续销售，双方利益捆绑，忠诚度很高	靠让利以巩固代理商的忠诚度，不稳定
渠道控制力	厂商和分销商是利益共同体，同时层级少，能很好地执行厂商整套营销策略	厂商靠让利来争夺分销商，厂商与一级经销商之间形成一种博弈关系，容易出现代理商实力无法实现厂商营销策略或代理商实力太强对市场有自己的处理办法的现象
经营效率	渠道层级少，所需存货少，缩短了物流环节，实现物流、库存等成本由渠道体系分担	层级多，每个层级的渠道成员都必须储备一定量的存货，产品运输费用高
管理难度	增加厂商直接控制的渠道数量，使得厂商对渠道的管理难度增加；厂商加强对代理商和销售终端的激励、售后服务等管理	厂商直接面对的一级分销商少，管理简单，一般是代理商去开发和维护终端

资料来源：笔者整理。

　　总经销层层代理模式管理简单，运行成本低（销售费用低），将市场交给总代理去开拓，总代理的能力决定公司的销售状况，厂家比较被动，溢价能力和执行力比较弱，其对代理商的激励主要是低成本（让利），容易被复制。

　　该模式的初始运行成本高（销售费用高），但是减少了中间经销环节，厂商利润率更高。其有利于厂商掌控经销商，而不是单纯依靠某一个经销商，降低了销售风险，同时也有利于市场信息的上传下达，使厂商对市场更加敏感，能够及时做出决策并适时调整。

　　但是，"扁平化"渠道模式也加大了管理难度，同时经销商和厂商利益一致，忠诚度很高，不容易被复制。销售渠道也仅限于"厂家—区域代理—分销代理"和自主销售这两种方式，比较单一。

（二）服务状态

（1）售后服务：没有自己的售后服务地点，只靠代理简单维护。

（2）实际技术支持：办事处请人提供技术支持，指导安装施工，更关注的是节约成本和厂家利润，对员工缺乏培训，不能发挥厂家的专业特长。

（3）供货能力：靠物流公司供货，简单的铺货以 PVC 供货为主，其他产品供货不能及时供给。

（三）人力资源管理

曼特公司的人员整体年轻，存在着经验不足、技能生疏、容易跳槽等缺点，这对公司的稳定性和忠诚度存在着潜在不良影响。曼特公司应特别注重加强年轻员工专业技术方面的培训工作，这样能够大幅度提高员工的整体素质，稳定员工的工作状态，更有利于留住员工，促进公司发展。

曼特公司从 2009 年开始进行了薪酬改革，实行了新型薪酬方案，但新的薪酬体系在某种程度上存在一些不公平之处，比如，有个别岗位更多地重视员工的学历而非能力，这些岗位为高学历人才制定了较高的起点岗位工资，甚至高于一些入职三年的老员工的工资，引起了部分学历相对较低的资深员工的不满，导致部分员工对新的薪酬体系的满意度较低。同时，薪酬分配方式单一，没有采用股权分红等激励方式，薪酬分配缺乏长期激励效果，容易使员工只追求短期绩效而较少顾及公司的长远发展利益。

三、曼特公司机遇分析

（一）全国塑料产业在环保要求下进行全面的产业升级

我国塑料管的生产与应用与先进国家相比差距不小，在市场应用方面不如先进国家，这表明我国塑料管应用方面还有很多可发展的领域。我国塑料管生产企业都挤在这一领域的低端市场，一些附加值高、技术难度大的塑料管市场则少有企业涉及。

随着环保要求的不断提高，传统的塑料制品面临着发展瓶颈。为了制品塑料制品的环保属性，塑料制品行业在环保要求下，正在进行全面的产业升级。除了合理选择原材料之外，还要在传统制造工艺上进行全面创新，保证塑料制品在产品性能和环保属性上达到预期目标。

曼特公司在塑料制品的技术上有优势，因此可以利用产业升级这一机遇，在市场上形成自己的竞争优势。

（二）我国家装建材行业发展迅速，塑料管市场需求量大

作为科技发展的产物之一，PVC管材在日常生活中触目可及。在欧洲，2001年塑料管产量达350万吨，其中PVC管占60%。而中国的第一根UPVV扩口管材是于1983年在沈阳塑料厂（现沈阳久利的前身）诞生的。此后，中国大陆具备了PVC给、排水管的生产能力。20世纪90年代后期是中国大陆PVC管道的高速发展时期。期间一些年产能在5万吨以上的工厂陆续建成投产，万吨以上生产规模的PVC管道工厂达30多家。

据中国塑料加工工业协会统计，中国塑料管材市场的年增长率达15%，居世界首位。中国塑料管道生产能力已达300万吨，主要有PVC、PE和PP－R管道三大类。其中，PVC管道是市场份额最大的塑料管道，占塑料管道近70%的份额。PVC管材生产线1600余条。年生产能力250万吨以上，2003年PVC管道、管件，年产量达120多万吨。在塑料管道中，PVC的份额占70%，PE占25%，PP－R占4%，其他占1%。

随着我国改革开放的推进和物质文化水平的提高，人们对建筑物的需求从传统的居住和使用功能开始向外观与内在环境质量并重的需求转变，建筑装饰的需求量得以迅速释放，逐步形成了一个庞大的消费市场。

中国产业信息网发布的《2015～2020年中国建筑装饰行业发展及预测研究报告》中指出：2017年建筑装饰行业的发展大背景极为强势，行业产值增加速度较快，增长率为22%左右。全年完成工程总产值14100亿元，其中住宅装饰装修约为8700亿元，增长率为25%；公共建筑装饰装修约为5400亿元，增长率约为20%，2007年行业增加值约为5880亿元。2017年，行业从业人数约为1400万人，全国共有装饰装修企业约17万家，下降幅度约为3%，其中有资质的企业约为4.5万家，比2006年增加了3000家，增幅约为7.3%。有一、二、三级资质的企业全国有45000家，比2016年增加了3000家，增加幅度约为7.3%，其中一级企业共有1100家左右。拥有一级企业前5名的省市为：北京129家、广东94家、江苏92家、福建75家、上海63家。

我国建筑装饰行业正处于快速增长阶段，近年来，伴随我国经济的快速增长，城镇化进程加快，我国房地产、建筑业持续增长，建筑装饰行业显现出了巨大的发展潜力。2005～2012年，我国GDP的年均增长速度为9.93%，而同期全国建筑装饰行业年均增长速度达到12.92%。

由于目前市场上对塑料管的需求较大，且塑料管的具体应用场景丰富，曼特公司可以抓住这一潜在机遇，提高在家装建材行业的市场占有率。

表 5-2 2012~2015 年我国装饰装修产值情况　　　　单位：亿元

指标	装饰装修产值（累计值）
2015 年第一季度	1773.66
2014 年第四季度	10373.1
2014 年第三季度	6549.31
2014 年第二季度	3995.39
2014 年第一季度	1640.48
2013 年第四季度	9434
2013 年第三季度	5841.32
2013 年第二季度	3515.19
2013 年第一季度	1429.9
2012 年第四季度	7853.91
2012 年第三季度	4833.95
2012 年第二季度	2835
2012 年第一季度	1113.97

资料来源：笔者根据中国建筑装饰协会、中国产业信息网资料的整理而得。

（三）管道应用领域进一步拓宽，带动相关产业的发展

塑料管道在主要用于市政及建筑给排水管道系统的同时，还用于农村饮用水输送、灌排数量继续增长，市政排污、燃气、供暖、城市非开挖施工、通信、电力、矿山等行业的管道应用比例也进一步增加。当下，塑料管道已应用到建筑给、排水，建筑供暖，城市燃气输送，农村沼气燃气输送，城镇自来水，市政排水、排污，农村人畜饮水改造，农业灌排，电力，通信，工业等许多领域。有人将塑料管道誉为城市的血管，塑料管道与我们的生活已密不可分。

塑料管道制品需求的增长也带动了加工设备、树脂、助剂等相关行业的发展，尽管有的行业与国外发达国家相比仍有差距，但差距正在逐步缩小。PVC 等树脂的生产能力进一步提高，在性能和数量上已能够满足包括管道在内的制品加工的需求。聚烯烃管道专用料的研制也有了较大的进步。

（四）科技不断进步

"十五"期间塑料管道行业的高速增长，促进了行业的技术进步。尤其是国际间交流的增加，使企业很重视国际前沿技术，重视新产品的开发和新技术的引进，在引进先进加工设备的同时，不断增强新产品的研发力量，一些大型企业目前已拥有自己的具有先进水平的研究开发中心，有着强大的技术实力。目前，国

内塑料管道行业已经拥有 300 项以上的发明、新型专利技术，有的自主知识产权产品在国际上处于领先地位，技术水平与国外发达国家的差距逐步缩小，已经从简单的替代进口发展成为产品的国际输出。塑料管道的品种、结构、新材料、新技术、新工艺及专利项目越来越多，不同类型的塑料管道在不同的领域发挥各自的优势。

四、曼特公司威胁分析

曼特公司当前主要面临竞争者的威胁。巨大的市场容量和较低的准入门槛，使塑料管材在过去的几年中，一直是国内各方投资的热点项目。由于投资盲目、低端产品产能过剩，其恶性效应目前已开始显现。以市场占有量最大的聚氯乙烯管材企业为例，该类企业生产的产品目前仍主要是城乡供排水管及管件、雨水排水管及管件，导致其市场容量趋于饱和，加大了该产品领域的竞争激烈程度。为争夺市场，一些企业采用价格驱动策略，特别是一些小企业以低劣产品进行低价倾销，价格战愈演愈烈，形成恶性价格竞争的局面。

产品科技含量低、品种单一的聚氯乙烯管材企业原来的竞争优势是价格较聚乙烯、聚丙烯管材低，而原料上涨使其处于被动局面，为竞争者提供了入口。异军突起的聚乙烯管材市场应用除了原来的燃气管、供暖管等，近年来也开始进入城乡供排水管及管件市场。而且，聚乙烯树脂的涨价幅度要小于聚氯乙烯，生产成本压力不大，又没有禁铅问题，更增添了竞争优势，可以说聚氯乙烯管材企业目前处于内忧外患的境地。

对于曼特公司而言，由于其主要的产品是聚氯乙烯管材，因此曼特公司面临着替代品的冲击压力，这正是如今曼特公司面临的主要威胁。

第三节　企业实施平台战略的必要性与可行性

一、企业实施平台战略的必要性

平台商业模式指连接两个（或多个）特定群体，为他们提供互动机制，满足所有群体的需求，并巧妙地从中盈利的商业模式。平台力量的存在为企业提供了一种可行的发展路径，即企业在发展壮大的过程中，以建立平台为企业的基础构件，围绕平台的形成投入资源，并以平台为企业的发展轴心，围绕平台的结构拓展业务。基于平台战略而形成的业务结构，可以让企业有效克服多元化和专业化之间的矛盾及在两者之间的游移，形成一种兼具稳固性和扩张性的业务战略。一个成功的平台企业并非仅提供简单的渠道或中介服务。平台商业模式的精髓，在于打造一个完善的、成长潜能强大的"平台生态圈"。它拥有独树一帜的紧密规范和机制系统，能有效激励多方群体互动，达成平台企业的愿景。

（一）提高企业的市场竞争力

平台市场最重要的特征是其具有网络效应，从而形成了平台消费者需求与服务提供商需求之间的相互依存关系。平台提供的服务范围越广泛，消费者的需求越多；反之亦然。一些学者认为，由于存在网络效应，平台可以吸引越来越多的消费者和服务提供商，即使初始平台的质量弱于竞争对手，但随着时间的推移积累，完全可以占领市场。因此，企业通过实施平台战略，能够为消费者提供更加完善的服务。在此情形下，企业不再将自己仅仅定位为产品生产商，而是从客户需求的角度不断改变自己的定位：不仅需要高品质的商办物业，也需要高品质的服务；不仅需要资产的保值增值，更需要能给企业发展带来广泛资源的服务平台。平台战略的实施可助力企业提升资源整合能力，解决企业成长中的问题，降低企业客户运营成本，将来既是企业的核心竞争力，也是企业在相同市场上远超其他同类产品的优势所在。

就管道行业而言，其正面临一场没有硝烟的战争，对于曼特公司来说竞争更是激烈。

如表5－3所示，2002年以前，管业之间的竞争主要是制造价格的竞争，厂商之间是"买卖型"交易关系；2002～2008年，塑料管道行业的竞争焦点转移到管道产品上，主要是产品服务的竞争，厂商与厂商之间是"合作型"的双赢关系；2008年以后，管业的竞争就集中到全局性与系统性的竞争，厂商之间实现"厂商一体化"。随着塑料管道行业竞争焦点的转变，曼特公司要想在日益激烈的竞争中取得成功，就要依靠平台战略的实施，构造全局产业链系统性连接的平台，实现厂商一体化，降低运营成本，提升企业核心竞争力。

表5－3　各阶段竞争状况

时间	竞争焦点	厂商关系	经销商会议
2002年以前	制造价格	"买卖型"交易关系	订货会
2002～2008年	产品服务	"合作型"双赢关系	研讨会
2008年以后	全局性、系统性	"厂商一体化"	学习转型升级会

资料来源：曼特公司内部数据。

曼特公司在武汉的主要竞争者为 RF，如表 5-4 所示，在武汉管材市场，曼特公司的市场份额达到了 71%，RF 占有 18% 的市场份额，相比于 BL 和 TL 等企业来说，曼特公司的主要竞争对手是 RF。但公司定位与 RF 不同，走高端路线，所以价格高于 RF，市场份额占比大且竞争优势明显。曼特公司与 RF 的对比如表 5-5 所示。

表 5-4　安徽管材市场竞争对手的对比

取样户数	曼特公司		RF		BL		TL		其他	
	户数	占比（%）	户数	占比（%）	户数	占比（%）	户数	占比（%）	户数	占比（%）
233	166	71	43	18	6	3	8	3	11	5

资料来源：曼特公司内部数据。

表 5-5　曼特公司与其主要竞争对手 RF 的对比

型号	户数	曼特公司				RF			
		经销商进价（元）	合计（元）	零售价格（元）	合计（元）	经销商进价（元）	合计（元）	零售单价（元）	合计（元）
20*2.8	11	29.28	322.08	34	374	27.7	304.7	30	330
直通	4	1.8	7.2	3.5	14	1.6	6.4	3	12
卜申	1	2.96	2.96	4.5	4.5	1.5	1.5	4	4
弯头	25	2.64	66	4.5	112.5	2.7	67.5	4	100
三通	8	3.17	25.36	5	40	3.3	26.4	5	40
过桥	4	8.45	33.8	10	40	8.8	35.2	10	40
内丝弯	10	17.1	171	20	200	14	140	16	160
内三通	1	18.4	18.4	23	23	18.3	18.3	20	20
合计	64		646.8		808		600		706
经销商毛利		20%				15%			
福利	渠道	网点多，维护比较好				网点多，客情不好			
	家装公司	氛围好，维护比较好，但对家装公司支持不多				无			
	项目经理	电话回访，宴请				无			
	水工	水工积分 30 分，补助 20 元				一户 100 元			
	服务	金管家服务				试压			
	小区	新老小区全覆盖，物业工作也在做				少数小区			
	广告	市场、小区、分销商				市场广告			

资料来源：市场调研数据。

曼特公司无论是在销售渠道、家装公司、水工、售后服务等方面还是宣传等方面都优于 RF，但是，曼特公司产品的经销商进价比 RF 的进价高，因此曼特公司的管材单价相对于 RF 要高一些，换句话说，就是曼特公司的成本比 RF 的高。曼特公司要提升竞争力，必须削减成本，而实施平台战略正是削减成本的有效手段，所以必须实施平台战略。

此外，政府要求以后售卖的房屋都是精装修，装修量下滑使管道行业的竞争激烈同时"互联网＋"模式的冲击使管道行业的客户忠诚度不高且产品购买不具有可持续性，这些都要求曼特公司必须考虑实施平台战略。

(二) 提高企业的整体价值

企业通过实施平台战略，有利于重塑企业价值体系，有效整合外部散、小、乱、弱的个体户资源，通过联盟，收益方式由"经营的短期收益"到"战略的长期收益"过渡。平台型企业能否做大做强，核心是依托强有力的资源，如何创造实现对下属单元的价值输出是核心命题。在平台战略实施中，企业功能完成转型，由管控型转化为服务型，抓大放小并依托下属的单元不断积累和沉淀数据、知识进而转化为数据及知识资源，及时转变为智慧型企业。

所以，曼特公司可以通过平台战略的实施，使得价值链上所有人的思想更好地归拢，与企业步调保持一致，统一行动。

(三) 优化企业的渠道建设

图 5-3 是曼特公司的渠道建设架构，由于渠道层级相对较长，导致对各渠道之间沟通存在困难，因此该企业渠道建设架构不够完善，不能很好地提高组织的整体效率。

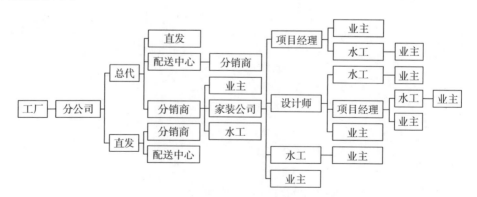

图 5-3 曼特公司的渠道建设架构

资料来源：曼特公司内部数据。

曼特公司现有五大作战图：经销商、小区、水工、家装公司、价格管控核心如下：①业主认购度（安全，保障）；②水工（解决他们困难，满足他们需求，给予误工补助，给予售后保障）（水电工圈养问题，目前已有微信群）；③项目经理；④家装公司（平台），占有率高，给予更多的利润；⑤分销商（给予更多的利润）。

曼特公司目前主要通过价格管控体系调节产业链各环节利润占比实现控制，通过售后服务保障体系与业内其他竞争者的差异实现吸引。公司还没有包括代理商、分销商、业主、家装公司、水电工及项目经理等全产业链的统一互联平台。要建立全方位的组织结构，就要通过实施平台战略，把代理商、分销商、业主、家装公司、水电工及项目经理等汇聚到统一平台上，有效激发平台上单元、个体的积极性，迅速扩大平台规模和影响力。

曼特公司通过实施平台战略，可完成企业组织架构的调整与升级，整体提升企业管理能力，提高工作效率，推动企业内部效益进一步提升，减少公司内部成本损耗。

（四）凝聚企业文化

企业文化在企业实施平台战略的过程中起着极其重要的作用。企业文化是以企业精神为核心，凝聚企业员工归属感、积极性和创造性的人本管理理论。企业必须在员工中建立共同的价值观，从根本上调动员工的积极性和责任感，才能激发员工的热情，统一全体员工的意志，将他们的行为引导到共同的企业发展目标和方向上来，为企业战略的实现努力奋斗。曼特公司现有的企业文化包括以下几点：

1. 制度文化

（1）领导体制。工作目标：人人都以公司发展为总目标，并且采用问题导向和原因导向为驱动；工作步骤：跟踪、监督、检查、评价、反馈、结果；工作理念：公司全员从"利他"思维出发，寻找"工作痛点"，将目标分解到各个行动和计划，确保问题真正得以解决。

（2）人际关系。一切以"自我归因"为心灵指导的行为准则实施；深刻领悟曼特公司的经营理念，凡事都用利他思维去换位思考；业务员要具备发现经销商团队问题的能力，并自我归因；经销商需全身心投入到团队中，并找出团队存在的本质问题；团队强才是真的强，只有通过自我归因才能真正提升团队的凝聚力。

（3）规章制度与纪律。价值营销——以价值链分配为原则，以打造生态系统为主要目标的整个营销生态体系。价格体系的设置，要体现"定价决定经营""定价定天下"的经营理念，使在用"曼特公司产品"所有价值链上利益相关方都能享受到好处，都能带来不同价值。

价格管控：利用通道管控，经销商、项目经理、水电工互相举报的方式各个击破；利用平台管控，成立控价委员会，让经销商互相监督、互相管理。

2. 精神文化

（1）行为规范。"未来思考现在的思维""现在预判未来的思维"：通过不断研判目前工作，做好现在及今后的工作。导入一种工作机制——工作目标＋具体执行＋检查＋反馈：人人都有工作目标；采用问题导入制的方式，使得具体执行过程都有跟踪与检查，工作结果有总结、有评价、有反馈。

营造一种工作氛围：人人都要有爱心，有感恩之心；不抱怨，不指责，自我归因；看问题一分为二，换位思考；谦虚、好学。

（2）价值观念。态度坚决——把想做的事情一定做成，磨炼坚强的意志力；做事用心——认真只能做到，用心才能做好；行为坚持——坚持、复总结、不断改进，才能不断提高。

（3）企业的群体意识。有共同的目标、共同的利益，并为之共同努力奋斗；对内的各部门、各人员通力协作。

企业所有的战略都是企业文化的反映，有什么样的企业文化，便会产生什么样的企业战略；优秀的企业文化往往会指导形成有效的企业战略，并且是实现企业战略的驱动力与重要支柱，对于平台战略而言，亦是如此。平台型的企业必须有大格局、大气魄，它并不是简单的商业利益叠加，更重要的是通过文化的力量将整个企业团队整合为一股洪流，从使命、价值观上面完成对平台所有主体的融合和统一，来实现彼此基于平台上更大的商业认同并彼此维系。因此，曼特公司通过平台战略的实施，促使企业文化导向与战略目标相吻合，企业员工的价值观、行为准则与企业的战略目标相和谐，才能够促进自身的快速发展。

（五）小结

通过实施平台战略可以让企业实现由重资产向轻资产的转变，由经营业务向经营平台的转变，由经营资产向经营人才转变的可能，实现"1＋1＞2"的效果。曼特公司实施平台战略的前后对比如表5－6所示。

表5－6　平台战略实施前后对比

改进方向	市场竞争力	整体价值	组织结构	企业文化
平台战略实施前	低价竞争	追求短期收益	封闭式、科层明确	较弱的员工归属感
平台战略实施后	降低运营成本竞争	战略的长期受益	开放式、扁平化	较强的员工归属感

资料来源：根据上文资料的总结。

在全国经济产能过剩、大量中小企业大概率被挤出市场竞争的背景下，平台战略作为一种重要的改造方式及运营战略，为在传统行业中挣扎的企业，打开了一扇新窗户，提供了一种新思路，创造了最后一次低风险突围的机会。

二、企业实施平台战略的可行性

（一）企业外部环境逐步改善

1. 国家政策支持

2015 年 3 月，李克强总理在政府工作报告中提出，制定"互联网＋"行动计划，推动移动互联网、云计算、大数据、物联网等与现代制造业结合，促进电子商务、工业互联网和互联网金融健康发展，引导互联网企业拓展国际市场[①]。随即，国务院印发了《关于积极推进"互联网＋"行动的指导意见》，提出包括创业创新、协同制造、现代农业、智慧能源等在内的 11 项重点行动[②]。一方面，推动互联网由消费领域向生产领域拓展，加速我国的产业转型升级，增强各行各业的创新能力，提升产业发展水平。另一方面，促使互联网成为提供公共服务的重要手段，形成网络经济与实体经济互动的发展格局，通过公共事业与生活服务业的融合改变我们的生活。

国家大力推动"互联网"行动计划，为推进塑料管道行业管理智能化、信息化建设，大力提高塑料管道业生产服务水平及管理效率，节能降耗，降低管理成本，科学决策提供了契机，鼓励塑料管道这样的传统行业利用互联网技术变革经营模式，谋求创新发展。

2. 互联网的发展给企业带来新的机会

互联网的出现打破了时空的固有边界，革新了信息交流的方式，极大地削弱了信息的不对称性，降低了交易成本，提高了交易效率和交易效益。互联网强调多点互连的扁平化结构模式，基于此发展起来的平台战略理念必将对传统产业价值链的战略思维产生强烈的冲击和重构。平台已经以各种形式存在了上千年，现在乘着移动互联网发展的东风，衍生出具有强大生命力的商业模式，以令人难以置信的速度和规模席卷全球。

此外，互联网带来的一系列技术变革也为企业平台化建设提供了技术基础。

① 人民网．"互联网＋"首现政府工作报告将对我国产生深远影响［EB/OL］．http：//finance. people. com. cn/n/2015/0306/c394090 - 26651519. html，2015 - 03 - 06.

② 新华网．国务院印发《关于积极推进"互联网＋"行动的指导意见》［EB/OL］．http：//news. xinhuanet. com/2015 - 07/04/c_ 1115815942. htm，2015 - 07 - 04.

例如，基于云存储技术形成的平台系统，能够实现批量数据的传输、存储、分析和处理的功能，不仅能够为平台用户提供线上线下多种形式的增值服务，还能透过数据共享让平台用户（包括消费者、售后服务人员、后台管理人员等）之间更顺畅地沟通交流。透明的数据管理大大提升了管理效率，降低了管理费用。而且，这些平台系统可以安装在手机、计算机等多个移动智能终端上，使用便利。

3. 行业联盟增强了协作能力

1989年，中国塑料加工工业协会成立，它是中国塑料加工业的行业组织，是由从事塑料加工及其相关产业生产、经营的企业、事业单位、社会团体、科研院所等单位及个人自愿组成的全国性、非营利性、具法人地位的社会团体组织①。后来，还设立了塑料管道专业委员会，专门为塑料管道行业提供服务，积极引导、推动塑料管道行业科学、健康地发展。

经过近些年的发展，塑料管道专业委员会不断发展壮大，目前有400多家会员企业，包括国内优秀的管材、管件、阀门、检查井及配套产品等生产企业；塑料加工机械、模具、检测设备、原料、助剂等生产企业；相关科研及检测机构；部分国外相关单位的国内办事机构。塑料管道专业委员会开展了丰富多样的交流活动（见表5-7），促进各成员企业的交流合作，推动行业可持续发展。

表5-7　2017年塑料管道专业委员会部分活动

时间	事件	内容概要
2017年7月22日	在河北秦皇岛举办中国塑协塑料管道专委会理事长沙龙第八期交流活动	以"塑料管道行业在电商时代的发展道路"为主题探讨行业发展
2017年8月22日	在广东汕头召开"2017年中国塑料加工业专家院士行活动及启动会"	加快中国塑料加工业创新驱动与供给侧结构性改革进程，促进行业的科技创新和企业转型升级
2017年9月23日	在山东聊城市举办中国塑协塑料管道专委会理事长沙龙第九期交流活动	以"重视节能环保，实现行业绿色健康发展"为主题探讨行业发展
2017年10月26日	在杭州举办第五届中国（2017·杭州）国际塑料管道交流会	本次会议为"第十八届（柏林）国际塑料管道会议"的延续会议，也是在中国举办的第五届国际塑料管道交流会议，与多个国家的与会代表一起探讨了塑料管道的发展趋势
2017年10月31日	在江苏省南京市联合举办"2017聚乙烯（PE）燃气管网完整性管理及技术研讨会"	加强燃气行业的学术交流，了解相关国家行业标准和最新管网技术，推动PE管道系统在燃气领域的安全应用

资料来源：中国塑协塑料管道专业委员会官网。

---

① 中国塑料加工工业协会，http://www.cppia.com.cn/.

2015年，为了解决塑料管道质量水平参差不齐、无序竞争的问题，规范市场发展秩序，塑料管道专业委员会首次提出"质量保障联盟"的新形式，并先后在给水用塑料管道、燃气用PE管道以及塑料管材、管件用色母料产品等领域进行尝试，以期提高整个行业的供给体系质量和效率，加强质量品牌建设，加强行业自律和质量诚信体系建设，完善质量保证体系，培育精益求精的工匠精神。

（二）企业内部条件优越

1. 企业实力雄厚

曼特公司设立于2002年，是国内PP－R管道行业的技术先驱，产品系列齐全、营销网络庞大、品牌美誉度高、综合实力强。公司曾荣获"中国轻工业百强企业、中国轻工业塑料行业（塑料管材）十强企业、国家火炬计划重点高新技术企业、中国家装管道行业十大品牌、中国中小板上市公司价值五十强（前十强）、省级建筑装饰行业强优企业"等多项荣誉。经过近些年的稳健经营，公司通过打造优质品牌、培育创新产品和构建庞大的渠道网络形成了较强的综合实力，同时与多方群体形成紧密的连接关系，具备了强大的资源整合能力，从品牌、技术和运营等多方面为企业平台化建设奠定了良好基础。具体表现如下：

（1）打造优质品牌，为平台化发展提供了品牌基础。曼特公司坚持以做"高品质生活的支持者"为使命，竭力为用户提供环保、健康、高品质的管材产品和全方位的服务。公司不仅仅研发、生产和销售产品，更积极承担服务责任，不断提高服务水平，完善服务体系，通过上门测试、安装、定期检修、十年保质等售前、售后服务，解决了用户的担忧和顾虑，赢得了用户的一致好评与信赖，成功塑造了"品质卓越、服务周到、信誉卓著"的品牌形象，成就了品牌的高端定位。曼特公司目前已经成为国内塑料管道行业著名品牌，在国内市场上建立起了良好的声誉，培育了稳定的客户群，拥有强大的品牌号召力。

（2）创建研发团队，为平台化发展提供了技术支持。曼特公司招募并创建了强大的专业研发团队，拥有国家企业技术中心、CNAS实验室、中国塑料管道工程技术研究开发中心等重要研发平台，在技术开发、产品配套、系统设计、应用技术等方面具有雄厚实力。另外，公司高度重视管材与管件的配套经营，将管件的配套作为公司产品的核心竞争力，制定了产品多品种、系列化的发展策略，先后投入大量资金开发了管件模具2000多套，使公司管材与管件保持了较好的配套比例，这也说明曼特公司一直着力于提高为顾客提供整体解决方案的能力。

（3）构建庞大渠道，为平台化发展提供了运营保障。曼特公司经过多年的市场耕耘，在全国建立起庞大的营销渠道和高效的服务体系。这些营销网点兼具销售、管理、物流、培训及服务等一体化职能，能有效执行公司的决策管理思路，快速响应市场需求变化，具备较强的营销能力和较高的服务水平。同时，广泛的渠道网点也形成了一个个信息收集的触点，深入各地市场，及时传递各区域消费者的需求变化，反馈市场信息，帮助企业高效决策，改善生产技术，调整经营战略，促进企业与消费者的良好互动。

（4）连接多方群体，为平台化发展提供了必要条件。曼特公司在多年的发展经营中，与众多建筑装饰公司、知名地产公司、自来水公司、燃气公司达成了良好的长期合作关系，形成了比自身渠道网络更广泛的"外部渠道网络"。这一张合作关系网通过曼特公司遍布各地的营销网点延伸所得，基于利益合作与公司形成了紧密的连接关系。此外，曼特公司在行业协会中担任重要职位，与同行业其他公司的联系也很紧密。

2. 企业文化建设

企业文化是制定和执行企业战略的指导思想。曼特公司以百年企业为目标，努力寻求一套促进企业长期可持续发展的保障体系，形成了以"可持续发展"为核心的企业文化，包括"稳中求进、风险控制第一"的指导方针，"诚信、共赢"的经营理念，"德才兼备、以德为先"的用人理念等，保证了企业的稳健发展。同时，"团结、拼搏、求实、创新"的企业精神，磨砺出了一支诚信勤勉、知变善战、具有高度责任感的优秀管理团队，"积极进取、归属和谐"的团队氛围使公司管理层长期稳定，合作有效，推动公司健康快速发展，提升平台凝聚力。

曼特公司坚持互利共赢的经营理念，用利他思维去换位思考，开展以价值链分配为原则，以打造生态系统为主要目标的价值营销。通过团队建设、营销体系的设置与管控使曼特公司价值链上的利益相关方都能带来不同价值，并获得利益。这与以协同发展、价值共创为核心理念的平台战略不谋而合。

此外，曼特公司具有极强的忧患意识，认为"危机感就是生产力，现在的困难在哪里，必须马上解决；未来的危机可能在哪儿，必须未雨绸缪，防患未然，现在就行动"。这种忧患意识是激励他们不断反思、不断创新，时刻关注行业发展动态，主动适应市场需求变化，谋求发展和进步的原始推动力。同时也令曼特公司始终保持行业发展的前瞻性，能够及时捕捉到市场发展的动态，把握行业发展趋势，积极开展平台化转型。

3. 企业创新能力培育

近几年，国家推行"一带一路"倡议，推动了产业转型和供给侧改革等政策的落地，为塑料管道行业的发展带来了不小的机遇和挑战。面对复杂多变的国内外经济形势及激烈的行业竞争环境，曼特公司坚持以"可持续发展"为核心，以创新为驱动力，加快大建材产业升级，取得了突破性的发展。具体表现如下：

（1）创新营销模式，深耕专业领域，国内外市场实现新突破。一是深入贯彻"零售为先、工程并举"的经营思路，坚持创新经营。零售业务通过不断优化全国布局，因地制宜夯实市场基础，不断升级完善服务体系，严抓价格体系管理，实现了快速成长，曼特公司高端管道品牌的影响力进一步扩大。二是深耕专业领域，事业部运作成效良好。船舶事业部成功通过美国、法国等船级社年审，打破欧美垄断。三是积极开展品牌国际化合作，成功引进并推出创新产品——前置过滤器，赢得市场好评。

（2）践行精益智造，充分发挥工业园的保障功能，响应国家政策号召。一是加快机器替代人工的步伐，积极推动园区精益生产水平的提升，推进智能制造。二是围绕"高端管道典范"的品牌定位，创新品质保障体系，倡导工匠精神，确保产品卓越品质。三是有序推进重点城市生产基地的建设工作，进一步完善生产基地的全国性布局。

（3）因"市"利导，创新研发，增强核心竞争力。公司遵循"做大做强建筑管道，积极发展市政管道，有重点地发展工业管道"的研发战略，以市场为导向，积极做好各项研发工作。一是重视研发平台建设，三大研发平台成功通过评审。二是瞄准市场需求，不断升级优化现有产品，开发的多种新产品广受市场青睐；三是聚焦高端市场，积极研发新项目，拓展新领域，进一步增强企业核心竞争力，为公司进军新领域奠定了基础。

（4）加快信息化建设步伐，助力经营管理。一是全面推进设备联网，加强生产全程跟踪分享，打造数字化车间样板，转型生产智造。二是创新开发大数据营销软件，并通过升级移动终端服务软件等措施，提升营销决策管理水平。三是完善具有公司特色的电子商务平台，有效规范业务处理流程，全面提升企业运营效率。

（5）加强团队建设，凝聚团队力量。一是激发员工创新创业、拼搏奋斗的热情。二是强化员工艰苦奋斗、敢打敢拼的创业创新精神和务实肯干的工作作风。三是紧扣公司发展规划和经营重点，积极开展多层次、多项目的培训及实战锻炼，打造一支骁勇善战的优秀团队。四是强化"共享互动、共赢发展"理念，全面提升中间商对公司的认同感与归属感，加速其转型成长。

（三）平台战略改变竞争环境

平台战略的核心就是多边市场的相互连接，通过用户之间关系网络的建立促进信息流动，降低信息不对称性，减少各方的交易成本，以达到互利共赢、协同发展的目的。对于平台而言，参与者越多，平台的价值就越大。从塑料管道生产企业向平台服务提供商转型的曼特公司，将通过开放合作、资源共享、连接互动建立起塑料管道行业的商业生态系统，大大提高自身核心竞争力，改变了企业的竞争环境。具体如下：

1. 平台筛选机制助力产业结构调整，促进产业优化升级

平台建设的关键是开放合作，但是为了保障平台生态系统的健康发展，在平台准入机制的设计上还需要设置一定的筛选标准，通过制定合理的规则提升平台价值。通过资质筛查，曼特公司可以将一些生产规模小、生产效益低、生产品质差的"作坊式"企业阻挡在平台体系之外，帮助优质企业推广，加速落后产能的淘汰，从而促进产业优化升级。

2. 平台信息传递功能促进各方用户互动

在平台中，开放、公平与透明是首要属性。多边市场群体透过平台产生连接，使供需端的信息交换更加便捷。一方面，产品供应端可以更直观地了解用户需求，开展精准营销，提高运营效率；同时，可以有针对性地开发产品，集中资源提高研发技术，提高资源利用效率。另一方面，产品需求端，如个体消费者、建筑装饰公司、地产公司、自来水公司、燃气公司等透过平台可以加强互动交流，了解产品信息，获取专业知识，咨询解决方案。

3. 平台数据系统完善渠道建设

各渠道网点可以通过平台及时反馈市场信息，实施订单管理。利用平台系统对订单数据进行实时传输，不仅提高了企业响应市场变化的能力，也简化了渠道管理的过程，降低管理成本。平台建设的渠道管理过程的优化将进一步推动曼特公司从层级分明的传统组织结构向扁平化、网络化的组织结构转变。

4. 平台延伸带动相关产业协同发展

曼特公司作为塑料管道行业协会的重要成员，与协会成员，如管材、管件、阀门、检查井及配套产品等生产企业；塑料加工机械、模具、检测设备、原料、助剂等生产企业；相关科研及检测机构等保持着密切联系，通过平台延伸可以将塑料管道的这些相关产业成员纳入平台生态系统中，集中科研资源有效提高产业核心技术，带动配套生产企业协同发展。

（四）小结

根据上述分析可知，目前曼特公司已经具备了实施平台战略转型的必要和可行条件。首先，国家政策的鼓励与支持、行业联盟的不断壮大和互联网技术的快速发展，为曼特公司提供了良好的外部发展环境；其次，曼特公司经过多年的经营发展，在企业文化建设和企业创新能力培育方面取得卓越成效，已经积蓄了雄厚的企业实力，拥有平台建设需要的资源和能力；最后，平台战略的实施能够帮助企业优化自身渠道系统，促进行业调整，以及带动相关企业协同发展，为企

业、行业乃至国家经济带来巨大价值。因此，曼特公司的平台化发展必要且可行。

第四节　企业平台战略的实施路径

一、企业平台战略的实施背景

随着"十三五"新时期的悄然开始，塑料管道行业也迎来了稳步发展的新时期，行业竞争进一步加剧，产业结构不断优化，落后产能的淘汰速度逐步加快。据报告可知，我国塑料管道行业内的企业容量已接近饱和，但仍有新企业在不断进入，且行业的推出壁垒较小[①]。这使得塑料管道行业内的竞争越来越激烈，如何寻求新的变革，打破现有格局，率先取得领先地位是行业内各个企业当前的发展重点。

（一）行业发展背景

近年来，我国的经济经历了从经济奇迹到常规发展的重大转变，经济增长趋势逐步放缓。对于塑料管道行业而言，"十二五"期间国家在结构调整、绿色发展、技术创新、新兴产业等方面制定了一系列政策，"高耗能、重污染"的传统建材销量走低，塑料管道类的新型环保建材迎来了新的机会。建筑工程、市政工程、水利工程、农业和工业等行业市场对塑料管道的需求不断加大，带动了塑料管道行业的高速发展。在提高生产能力和应用量、增加产品种类、扩大应用领域、促进产业科技进步、加强标准化建设等方面，塑料管道行业取得了很大的成绩。国家"十三五"规划时期的到来，基建投资力量的不断加大和国家对可持续发展的高要求，必然会给塑料管道行业带来一次新的爆发性需求。

但也正是塑料管道行业的飞速发展和其所带来的利润空间，使行业内的竞争十分激烈。目前，国内一定规模的塑料管道生产企业在 3000 家以上，且行业增长率近年来也一直居高不下，塑料管道行业正趋于饱和。随着时代的进步和科技的飞速发展，塑料管道行业的进入壁垒必将持续走低，行业新进入者的科技等综合实力不容小觑。此外，消费者的消费理念和选择观念也在随着时代的进步而发

---

① 前瞻产业研究院 . 2014～2018 年中国塑料管道行业市场需求预测与投资战略规划分析报告［EB/OL］. https://bg. qianzhan. com，2014－07－04.

生转变。由此可见，塑料管道行业正迎来一个关键的时期，行业仍在高速发展，但时代的变化和进步又给其带来了新的不确定因素。

面对这样的行业发展趋势，行业内的各个企业开始寻找新的发展方向，构建新的企业经营战略，应用新的营销方式来扩张其销售路径，增加产品的曝光度。同时，各大企业已开始着手改良其销售渠道，加强渠道管理。有的企业已开始引入新的适合自身企业发展的新的经营战略。塑料管道行业迎来了一场全新的内部变革。

（二）企业自身发展背景

曼特公司是一家专业从事高质量、高附加值新型塑料管道的研发、制造和销售的企业，目前已成为国内塑料管道行业产品系列化、生产规模化、经营品牌化的实力企业之一，是我国塑料管道行业内的佼佼者。企业一直坚持打造高品质的产品，具有较高的产品研发优势。同时，致力于打造"可持续发展"的企业文化，具有行业内较高水平的营销模式和渠道网络。但随着时代和行业的飞速发展，曼特公司也迎来了新挑战。目前，曼特公司正在积极寻求变革，确定新的发展方向。

首先，由于行业内的竞争逐渐激烈，曼特公司需要提高其在市场上的竞争力，突出其竞争优势。目前，曼特公司的竞争优势主要体现在其产品的高品质、其所拥有的庞大的渠道网络和高品质的营销服务体系上。但随着技术的不断发展和新的技术型企业的进入，行业内的产品品质都在不断提高，品质优势已不足以成为曼特公司的竞争优势。

其次，随着"互联网＋"时代的到来，营销模式不断创新，营销渠道也开启了新的铺设竞争区，曼特公司的竞争优势逐渐消失，企业需要构建新的市场竞争力。

再次，曼特公司的销售渠道属于传统零售企业的销售渠道，渠道内的成员多、分布广，仅分公司就有 30 多家，拥有 1000 多名专业营销人员，营销网点遍布全国各地。这些成员分布在其销售渠道中，渠道的分级过多，渠道不完整，难以协调管理。虽然曼特公司经过多年的努力拥有了一个庞大的销售渠道网络，遍布全国各地，拓宽了销售的广度，但也正是因为渠道的庞大，使企业不能很好地对渠道上的各级成员进行管控，渠道结构过于分散。同时，其渠道网络采取的是多级分销的模式，渠道网络的层次明确，各级经销商的利益分配不均衡，而且渠道相对封闭。曼特公司需要以发展来优化渠道网络，实现对渠道的全方位管控，如此才可以更好地适应行业的发展。

最后，曼特公司在十几年的经营过程中凝聚了适应自身的企业文化、工作机制、行为准则等有价值的文化、理念。但是由于企业渠道和传播等各个方面存在的问题，这些文化和理念不能发挥其最大的作用。在新的发展过程和时代背景下，消费者的认知理念开始发生变化，消费者对产品的选择和认知由原来的产品认知转变成了全方面的综合考量。企业宣扬文化、价值理念可以很好地与消费者进行认知层面的沟通，赋予消费者产品选择的新方向——能否在文化价值层面与企业形成共鸣。因此，企业对自己的文化与价值进行有效整合、贯彻、传播，与消费者形成共鸣，满足消费者的个性化追求是新的发展趋势下的必行之路。

（三）小结

基于塑料管道行业的发展背景和变革需要，联系曼特公司在新时代和新行业需求下的发展需要，笔者认为，曼特公司需要进行新的变革来进一步巩固其在行业中的领先地位。依据上文对曼特公司实施企业平台战略的必要性和可行性的分析来看，曼特公司可以通过实施平台战略对企业原有资源进行基于平台构建的整合，拓展企业的边际效益，提升自身的竞争优势，树立资源价值观，同时通过平台战略构建曼特公司自身的产品生态系统，从而创造商业价值和社会价值。

二、企业平台战略的实施路径

随着信息技术的发展，传统的竞争方式不再适应市场的发展，而实施平台战略的领先者们则彰显出强大的生命力。近些年，平台战略以惊人的速度崛起并迅猛发展，不仅给互联网企业带来变革，更为传统产业带来了颠覆式创新。近年来，塑料管道行业的发展已趋于平缓，市场趋于饱和，导致各大企业开始积极地寻求变革，无论是在销售渠道的整合还是管理模式上都在寻求资源整合式的创新。曼特公司敏锐地发现了自身企业的竞争劣势，紧紧抓住企业变革的最佳时期，率先明确了发展平台战略的一体化生态建设的企业发展战略。

曼特公司平台战略的实施主要可以分为三个关键时期，依据企业目标客户群体的需求构建主导架构平台并在其基础上深度挖掘用户基础，发挥自身竞争优势，树立正确的资源价值观，整合用户数据完善平台构建，同时积极寻求平台创新，整合自身资源打造一体化的产业链生态系统，进而打破自身的经营局限，创造新的商业价值和社会价值。

（一）构架主导平台——以用户导向为核心的一体化战略平台

在曼特公司平台战略实施的探索期内，平台战略的实施重点在于架构主导平台，即搭建平台实施路径的主要框架，进而发挥同边效应和跨边效应。塑料管道行业属于传统的零售型行业，其行业内各个公司都拥有错综复杂的销售网络和数以百计的渠道成员。这一特性使企业对于其渠道内的各个成员不能实施有效的管控，曼特公司也是如此。近年来，行业内的各个公司都开始寻求更有效率的渠道管理办法，缩短渠道链，逐步扁平化、精细化。面对这一行业的发展趋势，曼特公司开始寻求新的变革，结合平台战略，遵从用户导向构建了一个以用户导向为核心的一体化战略平台作为其平台战略的主导平台，进行渠道管理。

曼特公司通过这一主导平台有效地整合了其渠道产业链上的各个成员，通过平台与企业客户形成了有效的双边连接；进一步加强了对其渠道成员的管理，统一产品定价，整合资源实行价值营销，保证产业链上的所有成员都可以获得满意的利益；通过该一体化平台统一工作机制和经营理念，使产业链上的各个成员都与企业步调一致，统一行动。

企业文化是企业凝聚企业员工归属感、积极性和创造性的基本工具。企业必须让员工建立共同的价值观，从根本上调动员工的积极性和责任感，如此才能激发员工的热情，统一全体员工的意志，将他们的行为引导到共同的企业发展目标和方向上来，为企业战略的实现努力奋斗。曼特公司在其十几年的经营过程中总结出了各个层面的企业文化，一体化战略平台除统一了渠道上各成员的工作机制外，还有效地帮助企业对其创造的企业文化进行贯彻凝聚。使其全部成员都深刻地认识了企业的文化。

除此之外，曼特公司依附此平台战略对营销方式也进行了革新，呼吁各个渠道成员改变原有营销方式整合现有资源，开展精准营销、全员营销。由原来的多品牌夫妻店的经营模式转变为单一品牌的公司化运营品牌店，鼓励各经销商、运营商以用户需求为导向，提升用户质量和用户满意度，最大化地实现不断生产，提升重复购买力。同时，主动出击整合资源，寻找和聚焦用户，帮助用户实现价值最大化。

（二）深挖用户基数——挖掘深层次需求的信息化数据平台

曼特公司在确定并拥有了以用户导向为核心的一体化战略平台这一主导平台后，进入平台战略实施的下一阶段——构建期，平台战略的实施重点在于深挖用户基础，代表理论有竞争优势和资源价值观。

塑料管道行业有着很大的发展潜力，随着城市建设的飞速发展，行业内部涌进大量竞争者来抢占市场份额，这使原本就趋近饱和的市场变得更加拥挤不堪。面对这一市场现状，行业内的各大企业开始寻求新的市场空间，线上渠道的开发势在必行，所以曼特公司也开始了其线上渠道的开拓之路。渠道开拓过程中势必会出现新的庞大的用户信息资源，面对这些信息，曼特公司在这一时期开始了新的数据信息资源的整合，搭建了挖掘深层次需求的信息化数据平台。

曼特公司依附于其主导平台的用户基础进行深度的用户基础挖掘，扩大平台内的用户基数，整合用户资源，挖掘用户的深层次需求、未来发展需求，进而构建一个挖掘深层次需求的信息化数据平台。在这一平台的构建期内，曼特公司对现有用户的现状和需求进行数据收集整理，进而搭建信息化数据平台，并在后续服务中从用户需求出发，满足用户现在需求，探寻用户的深层次需求、潜在需求和未来需求，思考整体解决方案。

曼特公司利用大数据助推变革，实现深度转型，从"卖产品"转向"卖方案"或"卖产品＋卖方案"。卖产品是用产品去推动客户，赚差价，实现微薄利润；卖方案是以用户导向为核心，满足用户现在需求及未来需求，以解决用户现在困难和未来困难为出发点，以系统性一揽子的解决方案为驱动要素，帮助用户实现最大价值。曼特公司利用信息化数据平台逐步实现公司的深度转型，摆脱行业目前产品销售趋于饱和的激烈竞争，开辟了新的销售领域，率先抢占蓝海。

（三）寻找模糊边界——产品为中心的生态系统平台

经过上两个时期平台战略的实施，企业已经具有了一定的产业链优势。但随着时代的发展和用户需求的多元化发展，原有的平台战略模式已经不能满足用户的需求和公司发展的需要，于是曼特公司开始寻求新的变革，其平台战略的实施也进入新的阶段——创新期。在创新期内，平台战略的实施重点在于寻找模糊边界，创造商业价值和社会价值。创新平台战略就是要创造出全面的价值创造体系，其中需要特别把握的仍然是用户需求。

曼特公司基于其搭建的挖掘深层次需求的信息化数据平台，整合平台数据全面分析用户需求，寻求创新，搭建了一个以产品为中心的生态系统平台。其立志于延伸现有产业链构建产品生态系统，全面扩大公司业务和服务范围，不仅卖管道产品，同时也提供服务，全方位地服务于产品购买前、购买中、购买后的各个环节，使公司将不再单一地卖产品，而是将产品、服务、信息相结合，逐步做到"羊毛出在猪身上，让牛来买单"，实现营销的变革。

在这一阶段，曼特公司搭建了售后服务平台。该平台促使曼特公司为消费者提供了一个安全的用水环境，除了提供免费试压服务外，还提供免费上门为客户鉴别产品真伪，施工完毕提供完整的管路排布图，为日后检修提供保障等服务。

售后系统可帮助企业实现生态系统平台的搭建，由单一的产品销售转变为产品和服务的同步服务。曼特公司设计服务平台时就充分考虑到了企业全部用户的需求（其使用群体除了包含经销商还涵盖水工、项目经理、工长、装饰公司、业主等全部渠道成员），并且针对不同渠道成员的需求提供不同的服务。这是公司从卖产品到卖方案、卖服务的大胆尝试。

在构建这一生态系统平台的过程中，曼特公司对公司的理念和资源逐步进行了整合，借助各个时期构建的平台的特征和核心理念构建了企业内、外两个生态系统，通过该系统将公司与客户、市场进行有效连接。就公司内部而言，该企业"内"生态系统很好地将企业的治理体系和工作方法与企业所面对的市场和其产品链的运行进行了有效整合，使企业的运营方法适配市场环境并全面服务于公司的产品链，实现公司的有效内部管理。就公司外部而言，该企业的"外"生态系统将企业的平台战略和通过用户资源收集到的大数据进行资源整合连接，帮助企业提高自身的产品和服务质量。

企业实施生态系统的平台战略，有利于重塑企业价值体系，有效整合外部散、小、乱、弱的个体户资源，构建该产业链的生态系统，使系统中每个成员的收益方式由"经营的短期收益"到"战略的长期收益"过渡。平台型企业能否做大做强，关键是依托强有力的资源。生态系统平台的搭建很好地连接了一切有关的个体，搭建了一个强有力的资源共享系统。在平台战略的实施中，企业功能完成转型，由管控型转化为服务型，企业抓大放小并依托下属的单元不断积累和沉淀数据、知识进而转化为数据及知识资源，由此转变为智慧型企业。

（四）小结

首先，由于多元化的用户需求和长渠道的管理不便促使曼特公司的平台战略有了初步的框架，同时在适应时代和行业发展要求的过程中，企业的商业模式逐步确定，将重点放在价值创造上。其次，由于销售渠道的拓展，用户成倍数地增加，曼特公司开始关注用户所带来的边际效益，深挖用户基础，通过大数据、偏好调查等加深用户黏性并进一步扩大用户规模。最后，随着用户需求的进一步升级，基于新的消费趋势，曼特公司开始打造自主演化的生态圈，打通线上和线下的用户、服务等资源，重新改造供需结构，甚至进行跨界融合来构建基于多边市场的平台。

三、本节小结

管理平台及平台战略的实施是一种动态能力。动态能力可以整合资源，产生新的价值创造战略。曼特公司平台战略实施的三个时期正是企业迎合时代和行业的发展趋势进行的一次大的全方面的创造价值的过程。曼特公司在平台战略一次次变革、充实的过程中逐步明确了促使自身全方位发展的全新运营模式。

曼特公司平台战略的实施充分考虑到了目前的行业发展趋势和公司自身的发

展进步需求，其通过平台战略的构建实施和不断优化，提高了自身的企业竞争力，保持了在新的行业背景下的行业优势，同时借助平台战略很好地优化了企业的组织结构，对企业组织结构内的各个成员进行了重新整理，将原本层次明确的封闭的销售渠道整合成了扁平化、开放的新渠道结构布局，更加适应新的行业背景和时代发展。此外，有效的平台战略还帮助企业实现了一体化管控，将企业变成了一个全新的智慧型企业。

曼特公司平台战略的实施充分顺应了行业发展趋势。国家大力推进"互联网＋"的行动计划，鼓励塑胶管道这样的传统行业利用互联网技术变革经营模式，谋求创新发展。互联网带来的一系列技术变革也为企业平台化建设提供了技术基础。例如，云存储技术、物联网、大数据等。此外，平台战略的实施也在一定程度上解决了曼特公司产业链能力薄弱、缺乏核心竞争力、同质化现象严重的问题。曼特公司在实施战略过程中考虑当前市场背景和行业变革状况不断进行革新，使其平台战略一直保持领先定位，促使自身依附新的战略实现了社会效益与经济效益双丰收的战略目标，具有十分重要的现实价值与意义。

本章小结

本章对曼特公司进行了较为全面的解析，第一小节为曼特公司简介，第二小节从曼特公司拥有的外部资源（环境层面）、内部资源角度出发，聚焦曼特公司的优势与劣势分析。第三小节采取内容分析法探析了曼特公司平台战略实施的必要性与可行性。第四小节依据前文理论、行业趋势分析提出了曼特公司平台战略的实施路径。本部分将对本章的案例分析进行总结，并试图从中获得启示。

目前，曼特公司基本形成了省内全覆盖的营销网络，以"可持续发展"战略为指南，通过三年规划和一年计划的部署，以"构建生态系统"为抓手，深入一线，抢占先机，不断优化发展模式，以高市场占有率为目标，打造可持续发展的高收益企业体质和敏感性企业体质。结合第四章的竞争者分析可知，曼特公司不论是在经营状况还是在竞争优势上，都名列前茅，其近年的毛利率远远高于行业内其他大型企业，竞争优势明显。在产业链下游环节部分，曼特公司主要通过质押金（金额不大）和较高利润分成控制和吸引经销商，对经销商窜货、低价竞争罚款处罚，所有经销商之间是竞争关系，销售额也存在较大差异。不同规模的经销商与客户之间的关系也不同，中小规模经销商主要持"坐商"观念，等待顾客上门，不主动联系和维护客户，以水电工、项目经理和散户为主；大规模经销商数量少，"行商"意识强，主动联系维护客户。

根据对曼特公司当前所处的政治、经济、社会与技术环境的分析可知，"十三五"成为塑料管道业发展的重要时期，国内塑料管道行业开始了转型升级和优化调整。随着农村城镇化建设对塑料管道的需求、农村饮水灌溉的需求以及用户消费意识、环保意识发生改变，曼特公司所处的社会环境也发生了很大改变。在现有塑料管道行业产品技术环境下，曼特公司应当大力推进塑料管道在住宅建设、城镇市政工程、交通运输建设、农业灌溉等各领域的广泛应用，同时逐步淘汰能耗高、污染大的传统管道，积极进行技术创新。

通过对曼特公司拥有的外部资源（环境层面）与内部资源的分析，本章总结出了曼特公司的 SWOT 模型，曼特公司的 SWOT 分析及其对应的 SO 战略、WO 战略、ST 战略和 WT 战略如表 5 - 8 所示。

表 5 - 8　曼特公司的 SWOT 分析

内部分析　　　　外部分析	优势（Strengths）品牌优势技术与研发优势营销网络优势文化建设和管理团队优势	劣势（Weaknesses）市场操作劣势服务状态劣势人力资源管理劣势
机会（Opportunities）	SO 战略	WO 战略
全面产业升级机会应用领域拓宽机会科学技术进步机会	利用其成熟的企业品牌文化以及技术、营销网络、文化建设和管理团队优势，在全面产业升级、应用领域拓宽和科学技术进步的机会下，进一步进行企业扩张	尽量平衡各网点布局、合作模式以及销售渠道之间的关系，使企业达到利润最大化，优化经营模式，改善服务状态与人资管理
威胁（Threats）	ST 战略	WT 战略
竞争对手威胁	依托技术优势和品牌优势，不断进行产品创新，始终处于市场领先地位	改善公司的经营模式，平衡成本，重视品牌管理，保持现有品牌领域的领导地位

曼特公司当前采用的主要是"SO 战略"，即利用其成熟的企业品牌文化以及技术、营销网络、文化建设和管理团队优势，在全面产业升级、应用领域拓宽和科学技术进步的机会下，进一步进行企业扩张。这种"SO 战略"也是目前最适合曼特公司发展的战略，该营销网络模式的独特性，不仅让曼特公司在同行业的竞争中占得先机，而且巩固了其在消费者心中的地位。

实施平台战略能够提高企业的市场竞争力、企业的整体价值，优化企业的组织结构以及凝聚企业文化。一方面，曼特公司外部环境逐步改善，国家政策支持、互联网的发展给企业带来新的机会，行业联盟增强了协作能力；另一方面，公司内部条件优越，企业综合实力较强、企业"可持续发展"文化稳定且丰富、企业创新能力较强，曼特公司实施平台战略得到了支撑。公司紧紧抓住企业变革的最佳时期，率先明确了发展平台战略的一体化生态建设的企业发展战略。

曼特公司平台战略的实施主要可以分为三个关键时期：首先是搭建以用户导向为核心的一体化战略平台，依据企业目标客户群体的需求构建主导架构平台；其次是搭建挖掘深层次需求的信息化数据平台，深度挖掘用户基础，发挥自身竞争优势，树立正确的资源价值观，整合用户数据完善平台构建；最后是搭建以产品为中心的生态系统平台，积极寻求平台创新，整合自身资源打造一体化的产业链生态系统，进而打破自身的经营局限创造新的商业和社会价值。

具体来说，首先，在以用户导向为核心的一体化战略平台时期，曼特公司有效整合了其渠道产业链上的各个成员，通过平台与企业客户形成了有效的双边连接；进一步加强对其渠道成员的管理，统一产品定价，整合资源实行价值营销，保证产业链上的所有成员都可以获得满意的利益；通过该一体化平台统一工作机制，深刻贯彻落实统一的经营理念，使产业链上的各个成员都与企业步调一致，统一行动。除此之外，曼特公司依附此平台战略，对营销方式上也进行了革新，呼吁各个渠道成员改变原有营销方式整合现有资源，精准营销、全员营销。

其次，在挖掘深层次需求的信息化数据平台时期，曼特公司通过对用户数据进行整合搭建信息化数据平台，并在后续服务中以此为基础，从用户需求出发，满足用户现在需求，探寻用户的深层次需求、潜在需求和未来需求，寻找整体解决方案。同时，曼特公司利用大数据助推变革，实现深度转型，从"卖产品"转向"卖方案"或"卖产品＋卖方案"。

最后，在以产品为中心的生态系统平台时期，曼特公司开始寻求新的变革，延伸现有产业链构建产品生态系统，全面扩大公司业务和服务范围，不仅卖管道产品，同时也提供服务，全方位地服务于产品购买前、购买中、购买后的各个环节，使公司不再单一地卖产品，而是将产品、服务、信息相结合，逐步做到"羊毛出在猪身上，让牛买单"，实现营销变革。在这一阶段，曼特公司构建了售后服务平台，帮助企业实现生态系统平台的搭建。另外，曼特公司开始对公司的理念和资源进行整合，借助各个时期构建的平台的特征和核心理念构建了企业内、外两个生态系统。

总的来说，曼特公司平台战略的实施充分顺应了宏观环境与行业发展的趋势，也在一定程度上解决了曼特公司产业链能力薄弱、缺乏核心竞争力、同质化现象严重的问题。在实施战略过程中，曼特公司考虑当前市场背景和行业变革状况不断进行革新，使其平台战略一直保持领先地位，促使自身依附新的战略实现了社会效益与经济效益双丰收的战略目标，具有十分重要的现实价值与意义。

曼特公司平台战略实施路径的演化对于其自身具有很大的现实意义，为公司在行业中的飞速发展提供了有效的商业模式选择。但该公司的平台战略仍存在一些问题和改进空间，剖析该企业平台模式的利弊和改进方向，笔者认为可以将其与其他同类型企业做对比。故在下一章，笔者将选取同样实行平台战略的两家企业进行对比分析，进而总结曼特公司平台战略的优劣和改进方向。

第六章
案例对比研究

在第五章，笔者对曼特公司平台战略的实施进行了全面的解析，涵盖曼特公司的基本状况介绍内部资源与优劣势分析、企业实施平台战略的必要性与可行性分析及平台战略的实施路径。根据分析结果发现，曼特公司顺应宏观环境及行业的发展要求实施平台战略，解决了其现存的一些问题。但在市场变幻莫测的今天，企业只有不断学习，才能保持持续竞争力，因此，本章选取了当前实施平台战略的两个典型的企业——耐克与鲁泰纺织，对企业平台战略实施的数据进行对比分析，试图从中获得启示。

第一节　NIKE 案例分析

一、NIKE 简介

（一）NIKE 基本信息

耐克（NIKE）是一个世界级的大型体育用品企业，总部位于美国俄勒冈州，作为美国最大的运动鞋经营商，其销售额占全球市场份额的 1/3，有着"最成功的消费品公司"的美誉。1963 年，比尔·鲍尔曼和他的校友菲尔·奈特共同创立了一家名为"蓝带"的公司，主营体育用品；1972 年，蓝带公司更名为耐克公司，从此开始耐克的传奇之路。公司创始人比尔·鲍尔曼 1947 年从俄勒冈大学毕业后一直留校担任田径教练，曾经训练出世界田径史上的传奇人物——史蒂夫·普雷方丹。比尔·鲍尔曼幼年时家境贫寒，坎坷的经历造就了他铁一般的意志。现任董事长兼首席执行官菲尔·奈特作为公司的主要创始人之一，对耐克的发展也做出了巨大的贡献。1959 年，奈特从俄勒冈大学毕业，获得工商管理学士学位，一年后，他又进入著名的斯坦福大学攻读工商管理硕士学位，严格的管理教育使他具备了成为一名优秀的管理者的素质。此后，两位校友携手并肩，同舟共济，带领公司不断发展壮大，成为一个世界级的大企业。耐克的商标是个小钩子，造型简洁有力，急如闪电，象征着希腊胜利女神翅膀的羽毛，代表着速度、动感和轻柔，耐克这个名字在西方人看来很是吉利，而且易读易记。如今，耐克公司的生产经营活动遍布全球六大洲，其员工达到了 22000 人，与公司合作的供应商、托运商、零售商以及其他服务人员接近 100 万人。

NIKE 公司自成立以来，不断探索、创新，以雄厚的实力领先于同类品牌，在很大程度上占据着世界运动品牌市场。目前，NIKE 几乎已经成为家喻户晓、人人喜爱的运动品牌，但 NIKE 仍在不断探索、不断出新，为全世界提供更好的产品。

耐克公司基本信息如表 6 – 1 所示。

表 6 – 1　耐克公司基本信息

公司名称	耐克
外文名称	. NIKE
总部地点	美国俄勒冈州波特兰市
成立时间	1972 年
经营范围	运动用品制造商
公司性质	上市公司
公司口号	JUST DO IT
标志寓意	速度、动感、轻柔、活力
创始人	菲尔·奈特和比尔·鲍尔曼
CEO	Mark G. Parker
网站	WWW. NIKE. com

资料来源：耐克公司官网。

（二）NIKE 主营业务

耐克作为运动类产品的全球市场领导者，为世界各地各种体育和健身活动设计生产鞋、服装、设备和配件，是全球各类体育赛事赞助商。耐克从一家生产跑鞋的小公司开始，致力于创新，不断投资提高运动员表现力的产品，逐渐扩大经营业务范围。

耐克公司主要生产体育用品，包括各种球鞋、运动服、护具等。耐克的产品都采用高技术设计，不仅能够为运动者提供其所需的弹性和韧度，还能够保护运动者的身体。随着消费者需求的多样化及市场竞争的逐渐增大，耐克公司开始设计具有运动色彩的休闲用品，比如经典的 Blaze 鞋款，也开始设计女性运动产品、老年运动产品及儿童产品，比如女性健美操服、儿童运动服等，实现多样化经营。此外，耐克还积极拓展与户外运动有关的产品，如棒球手套、网球球拍、曲棍球棒、各种运动球类、游泳服等。综合来看，耐克主要是为那些喜爱运动与时尚的年轻人、中等及较高收入阶层的渴望运动的年纪较大的人群以及女性和儿童等提供运动的鞋、服装、设备和配件。

（三）NIKE 核心竞争力分析

1. 技术研发能力

1972 年，奈特和鲍尔曼生产出耐克鞋之后，并没有马上得到很好的市场效果。1975 年一个星期天的早晨，鲍尔曼在烘烤华夫饼干的铁模中摆弄出一种丙烷橡胶，利用其制成了一种新型的鞋底。这种"华夫饼干"式的鞋底上的小橡胶圆钉，使耐克鞋的鞋底比市场上流行的其他鞋的鞋底的弹性更强。正是这种看上去很简单的产品革新成就了奈特和鲍尔曼的事业。这种鞋大受运动员欢迎，因而市场行情转好，1976 年的销售额达到 1400 万美元，而 1975 年的销售额为 830 万美元，1972 年仅为 200 万美元。这种经历加上市场上众多的竞争对手，使耐克成为了一个十分注重技术研发的品牌。从那时起，耐克公司精心研究和开发新产品，其很多产品都是当时市场上最新颖和工艺最先进的。

耐克公司拥有一支庞大的产品研发队伍，且在研发阶段，其还聘请运动员来测试和评估产品。充气鞋、减震器和其他运动鞋的重要技术创新都来自耐克。耐克的产品设计以时尚前卫及运动舒适为主，无论是款式、色彩，还是品质都深受消费者的喜爱。耐克还与运动员、教练、行业主管、整形外科医生以及其他专家共同研究。目前，耐克更是每年拿出占其销售收入 4% 的资金用于产品研发，这使得耐克在体育产品领域保持技术优势，保证了其产品和品牌的竞争优势。

2. 产品创新能力

20 世纪 70 年代后期，公司有近百人从事研发工作，推出 140 多种运动鞋。不仅如此，耐克还根据脚的形状、跑步速度、性别及技术要求等，生产适合各种需求的运动鞋，像登山鞋、自行车鞋、滑雪鞋等。而且，耐克的研发十分重视人体工程学和仿生学等领域，这些产品的设计样式经常是根据不同脚型、体重、跑速、训练计划、性别和不同技术水平而设计的。因为消费者对于产品的核心需求是不完全一致的，这样，产品的设计更加符合消费者的需要，不仅在功能上符合运动的需要，而且在安全性和舒适度上也更加符合消费者的需求，很多产品甚至能够改善运动员的竞技成绩。耐克正在努力让人们相信，脚下的这些鞋子是非常重要的："你必须有一双好鞋子，这样它才能把你带到任何你想去的美丽的地方。"

3. 品牌延伸能力

耐克的创始人鲍尔曼曾经说过这样一句话："只要你拥有身躯，你就是一名运动员。而世界上只要有运动员，耐克公司就会不断发展壮大。"这样的品牌核心精神，使耐克专注于运动产品市场，并专注于运动员的运动需求。随着运动产品市场的不断细分，耐克也分化出了不同的产品，现在该公司产品包括运动服装、运动鞋、运动器材等，其技术的发展也专注于满足不同细分市场甚至是不同人群、不同运动个体的需求。总之，只要有运动员，就有耐克生存发展的市场，耐克就会一直前进和努力。所有 NIKE 产品都特别彰显它的"钩形"品牌标志，传播"Just Do It"的主题，伴随着"以你的方式去赢"的广告口号，由世界顶尖的运动巨星代言，掳获了全球青少年的心。

要打造一个品牌，一年至少要花费 2 亿美元的广告费，而成功率还不到10%。所以利用现有品牌优势推出新产品，既节省广告费用，也有利于资产重组。新时代，耐克利用自己在运动行业的知名品牌效应进行品牌延伸，实现了以主打产品带动多产品联动的效应。耐克公司主要经营运动鞋，其生产的其他各类鞋打上耐克的品牌就都成为了名牌产品，形成了名牌联动效应。此外，其还重点发展与运动相关的装备和服装，如太阳镜、护目镜、高尔夫球、棒球手套等，扩大品牌知名度。

如今，市场上的商品越来越丰富，人们的生活水平也越来越高，消费者更注重产品质量特性，比如要求产品功能齐全、质量好、款式多等。耐克为了使自己的运动产品的生产和销售获得稳定增加，在各个方面都形成了自己的特色，树立了一定的市场形象，使消费者也形成了一种特殊偏好。

4. 资源整合能力

耐克不需要购买原材料，不需要庞大的运输体系，也没有任何"真实"的东西，如工厂、生产线和生产工人。其自身价值在于品牌、研发设计能力、合理的市场定位、广阔的营销网络及供应链管理能力等虚拟的东西。这个虚拟业务使总部的组成非常简单，支出也相对减少，这样企业就可以把重点放在产品设计和营销等方面的问题上，及时收集市场信息，及时反映在产品设计上，然后快速生产和销售，以满足消费者的需求。耐克的产品销售到世界各地，但它并没有自己的生产工厂，而是把加工任务委托给全球数十家企业。随着不同地区生产成本的变化，耐克的合作伙伴从日本和西欧转移到了韩国和中国台湾，然后又转向了劳动力成本较低的中国和印度等发展中国家，到了 20 世纪 90 年代，耐克对越南等东南亚国家更为看好。

通过资源整合，耐克公司形成这样的运营模式：耐克公司本身不生产产品，公司拥有非凡的品牌、优秀的设计能力、合理的市场定位和广泛的营销网络，总部将设计图纸给承包商，由各承包商负责生产，让他们严格按照图纸来生产，然后贴上耐克品牌通过公司的营销网络销售产品。这种外包方式，通过将产品制造和加工方面承包给外部公司，不仅节省了大量的生产投入和设备采购成本，还利用了当地廉价劳动力，大大降低了人工成本，这就是耐克鞋可以以较低的价格与其他品牌产品竞争的重要原因。

5. 物流供应能力

耐克公司高度重视其物流体系的建设，利用国际先进物流技术，及时升级其体系。耐克的物流系统在20世纪90年代初就已经非常先进，近年来更是取得了长足的发展，可以说，它的物流系统是高效配送系统的国际领先者。耐克现在在全球拥有七个物流中心，负责全球供应，保证其供应速度。由于耐克实行代理商预定销售量的方式，所以其能够及时掌握产品供求情况，减少库存成本和运输成本。

总体而言，耐克身为体育用品行业的国际巨头，在多年的品牌建设和运营中，具备了以上五个方面优势（见图6-1）。通过重金投入研发，培育了庞大的研发团队，积极与各界专家学者合作形成强大的技术研发能力，为平台战略发展提供了技术支持；凭借创立之初就携带的创新文化理念，专注运动产品市场的同时，不断深度挖掘消费者的需求，引领行业发展，为平台战略发展奠定了文化基础；以主打产品带动多产品发展，形成名牌联动效应，养成卓越的品牌延伸能力，

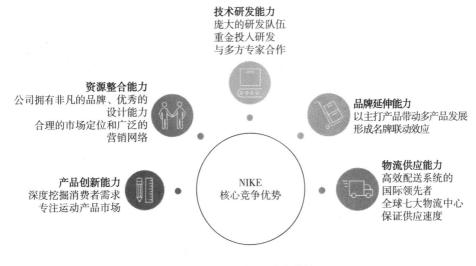

图 6-1　NIKE 核心竞争优势

资料来源：笔者整理。

为平台战略发展提供了品牌保障；在全球建立七大物流中心保证供应速度，并与很多大型零售商合作，建立了庞大而专业的零售网络，具备国际领先的物流供应能力，为平台战略建立外部关系网提供了重要渠道；充分整合价值链各方资源，发挥行业合作的作用，充分践行协同发展的价值理念，树立了发展平台战略的核心理念。

（四）NIKE 经营现状

1. NIKE 近几年营收及利润情况

1972 年，蓝带公司更名为耐克公司，并不断发展壮大，目前耐克的业务活动已遍布全球。20 世纪 70 年代中期以来，该公司的收入以近 300% 的速度猛增；1980 年，拥有 2700 名员工的耐克公司上市，营业收益达 2.3 亿美元；1981 年，占美国运动鞋市场 33% 的耐克，首次超过阿迪达斯，成为美国运动鞋市场的新宠；1994 年，耐克全球销售额达到了 48 亿美元，市场份额位居榜首；1998 年，其以 91 亿美元的销售额进入世界 500 强，成为了一个世界级的大型企业。2012 年，其营收达到 240 亿美元；2013 年，达到 260 亿美元；2014 年，达到 280 亿美元，利润也达到 32 亿美元；2015 年，营收更是达 306 亿美元（见图 6 – 2）。

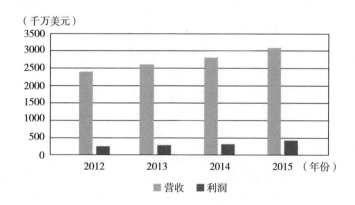

图 6 – 2　2012 ~ 2015 年 NIKE 营收与利润

资料来源：NIKE 集团 2012 ~ 2015 年年度报告。

耐克一直是运动产品领域的领导者，2016 年的营业收入达到 324 亿美元，比 2015 年增长 5.8%；利润达到 37.6 亿美元，增长 14.9%，其总资产达 214 亿美元（见表 6 – 2）。

表 6 - 2 2016 年 NIKE 财务数据   单位：百万美元，%

指标	金额	增减率
营业收入	32376	5.8
利润	3760	14.9
总资产	21396	—

资料来源：NIKE 集团 2016 年年度报告。

2. NIKE 现在面临的市场情况

近些年，耐克经历了重重危机，面临着营收增速放缓的状况。2017 年 6 月，耐克宣布进行金融危机以来的第一次大型裁员，计划裁掉其全球员工数量的 2%。2017 财年，总收入增速仍旧维持在 8% 左右，但在创收最多的北美市场，耐克已经长达半年营收递减。2018 财年第一季度，耐克集团的总收入相比同期仅仅增加了 0.1%。耐克在中国还曾经经历过"气垫门"风波，在中国市场的形象严重受损。

一方面，随着越来越多的品牌的加入，体育市场的竞争越来越激烈，运动服装行业大环境并不乐观。在前几年"运动休闲风"正劲的时候，以阿迪达斯为代表的竞争对手抢占先机，用休闲、复古产品俘获了大批刚刚转念的消费者，而快时尚、奢侈品又先后入局，模糊了运动和时尚的界限，一向以运动见长的耐克落后一步，丧失了许多优势，增添了不少对手。

另一方面，北美体育零售伙伴自身发展的不得力也拖了耐克的后腿，Sports Authority 和 City Sports 先后破产清算。零售商与品牌在此背景下甚至互生嫌隙，Foot Locker CEO 理查德·约翰逊（Richard Johnson）在一份声明中表示，各大球鞋品牌缺乏创新性的产品是导致 Foot Locker 业绩下跌的原因之一，将矛头直指耐克。

运动休闲风逐渐偃旗息鼓，运动品行业也似乎集体降温，行业整体发展呈下行趋势。耐克陷入内忧外患、危机重重的境地，平台化发展成为它们突破重围的重要转型战略。耐克计划利用其平台建设来加速公司从设计、产品创建到制造加工各环节的发展。其还设立了一个名为"先进产品创造中心"的新部门，这有利于制造和设计能力的提升。

二、NIKE 平台战略实施

（一）实施情况概述

伴随着移动互联网的技术进步，传统体育行业的竞争环境发生了巨大的变化。2010 年前后，国内的体育用品市场遭遇了一次全行业衰退危机，库存问题困扰着行业内几乎每一家公司，耐克也不例外。在被库存清理和渠道调整搞得焦头烂额之时，耐克认识到了进行数字化战略调整的必要性，随即开发了数字运动平台 NIKE＋，并成立了独立的数字运动部门（Digital Sport），正式将运动数字化确定为耐克的战略发展方向，如图 6－3 所示。

从 2006 年至今，经过数十年的平台化建设（见图 6－3），耐克已经不再仅仅是一个体育用品生产和运营企业，而是主动适应互联网时代的发展趋势，建立自己的网上运动社区，更深入地了解消费者的生活，更广泛地收集数据，更准确地把握他们需求的企业。耐克通过将优质产品与服务接入平台，形成了"用户＋数据＋服务＋终端"的商业模式，使其平台战略具有显著的差异化竞争优势。

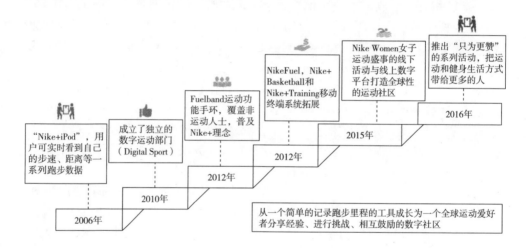

图 6－3　NIKE＋平台发展历程

资料来源：笔者整理。

（二）平台战略发展路径

1. 构架主导平台——NIKE＋运动社区平台

移动互联网时代，消费者与品牌之间通过产品建立的连接关系有所削弱。耐克敏锐地感知到网络数据连接的强大凝聚力，在便携式、移动性、可穿戴装备产品上持续发力，不断扩张 NIKE＋数字运动版图。耐克在平台战略实施初期，重点搭建以 NIKE＋为核心的运动社区平台，推动用户互动方式转变，以可穿戴运动设备为接入点，以配套的移动应用 App 和线上网站为平台载体，以运动数据的收集和运用为核心凝聚力，将用户纳入 NIKE＋运动社区平台。一方面，积极发展可穿戴运动装备，利用运动设备收集数据，为用户提供社交接入端口；另一方面，通过移动应用 App、官方网站和社交媒体的配套建设与经营，强化社交属性。借助社交吸引更多的用户参与，运用数据增强用户黏性，促进数据和社交两者的相互作用，最终让用户在 NIKE + 平台上沉淀。

早在 2006 年 5 月，耐克就与苹果公司合作，在纽约联合发布了全球第一代可穿戴运动设备——Nike + iPod 运动套装，通过在耐克运动鞋鞋底内置传感器，让其和 iPod nano 音乐播放器中的无线接收器实现无线连接，开创了运动穿戴设备的新纪元。这款套装的应用原理是耐克运动鞋中的传感器可以监测用户每次的运动数据，如跑步的时间、速度和距离等，这些信息通过无线连接传输到可穿戴的运动装备中，经可穿戴运动设备处理分析实时展示给用户，让他们随时了解自己的运动状态，实现运动的可视化。

接着，耐克又发布了传感器和 Sportband 跑步腕带套件，以腕带代替 iPod 硬件产品，独立形成了一个接收、记录、分享的闭环，并将其嵌入更多样化的运动场景中。NIKE + 运动套装逐渐从一款定位音乐的产品开始向一款主打运动数字化功能的产品转型。2012 年，耐克收购了一家专做可穿戴设备的公司 FuelBand，将可穿戴运动设备的硬件设计与制造也揽至麾下，并陆续推出 FuelBand 运动功能手环、具有 GPS 功能的运动腕表等产品，逐渐建立起一条完全由自己掌控的数据补给线，摆脱数字运动平台构建过程中的硬件依赖。

此外，耐克还建立配套的移动应用、官方网站和社交媒体等平台，打造了一个运动社交圈，设置激励制度、挑战制度和好友互动体系，鼓励用户之间进行交流，增强平台社交功能。这些平台共同打造了一个耐克专属的数据库，配合耐克推出的具有自主知识产权的全新能量计量单位 NikeFuel，把耐克的运动规划服务接入平台，建立了耐克自己的标准，设置并提高了竞争壁垒。用户在使用可穿戴运动设备过程中产生的数据可以同步上传到耐克的 NIKE + 云端数据库，用户使用账号登录即可获得自己的数据资料，获取个性定制的专业运动方案指导，并可以通过耐克精心打造的运动社交圈与运动爱好者互动。

2008 年，耐克开发了自己的运动服务类应用软件——NIKE + ，成为首批登陆苹果应用商店的移动应用之一。2012 年，耐克将自己在苹果平台上最受欢迎的 Nike + Running 移植到了安卓平台上，不再局限于苹果平台，扩大了 NIKE + 的应用范围，并在美国发布了两款全新产品——Nike + Basketball 和 Nike + Training，将 NIKE + 的触角延伸到了其他类别的运动当中。配合耐克健身应用和耐克篮球应用，耐克在跑步之外又构建起了两套新的运动生态子系统。

2. 深挖用户基础——NIKE + 健康生态圈

经过硬件和软件两方面的积极开发与建设，耐克初步建立起 NIKE + 的运动社区平台及自己的数据库。在耐克的平台化建设中，数据无疑是最具备竞争力的核心要素。数据的可视化是耐克建立 NIKE + 平台的基础，数据的集成化则是耐克连接其他平台用户的接点。因此，要将 NIKE + 平台打造成具备显著竞争优势的商业生态系统，面临的首要问题就是如何扩大数据库，收集更多的数据，以及如何正确地应用数据，把握用户深层次的核心需求。

耐克深知要想提高 NIKE + 平台的应用价值，就不能将目标用户只局限于专业运动员和运动爱好者。耐克对用户需求进行更深入的分析发现，运动的深层需求其实是健康和安全。因此，它通过两大举措完成了"从运动到生活"的场景转变，实现了 NIKE + 平台的推广。一方面，调整数据采集功能，由专业的运动数据采集，如步频、卡路里消耗、运动状态等，进化到功能更强大的健康数据采集，如心率、体脂、睡眠状况等，令可穿戴运动装备的应用范围从专业运动员延伸到一般运动人群，甚至非运动人群。另一方面，优化升级硬件设备，如开发具备定位功能的移动应用、可穿戴设备 Fuelband 运动功能手环及腕表，使用户的位置和轨迹数据可以通过便携式外带设备进行采集，而无须在产品中植入传感器芯片，实现了数据与运动产品的分离，数据的收集不再依赖运动产品，也令可穿戴产品的应用场景由专业运动推广到日常生活。

借助对用户运动数据及健康数据的监测和分析，耐克越来越了解核心用户群的真实运动习惯，甚至是生活习惯。耐克不再像传统运动公司一样单纯卖装备，而是利用搜集的数据打造用户生态圈，根据积累的数据改进装备，提高用户体验，增强用户凝聚力。

3. 寻找模糊边界——健康数据集成平台

随着应用场景的转变，NIKE + 系列产品的核心属性也从运动延伸到健康。但 NIKE 作为可穿戴运动设备领域"第一个吃螃蟹的人"，面临着来自运动领域和科技领域众多竞争者的追赶。在日趋激烈的竞争之下，耐克一直在寻找突破口，如进行应用开发，确切地说是进行与运动和健康相关的应用开发。不同于传统产品线的延伸，这是一种新的业务模式探索。但是，相比其他科技行业出身的竞争者，耐克在应用开发方面的短板也表露无遗，因此，它选择与第三方开发者合作，通过数据连接其他平台使用者，扩大平台范围。

2012 年末，耐克公司与美国第二大创业孵化器 TechStars 合作，推出了 Nike + Accelerator 项目，耐克向创业团队开放数据，期望利用外部创业团队的研发成果使 NIKE + 平台的功能变得更丰富。之后，在旧金山成立 Fuel Lab 实验室，宣布全面开放 NIKE + 应用的 API 接口，将耐克的平台开放给第三方开发者，鼓励开发者积极创新，开发新应用，以寻求更多创新的可能。

2014 年，耐克联合苹果公司和美国梅奥诊所，共同推出了一款名为"Health Kit"的数据整合应用程序，这款健康应用可以整合来自不同健康设备的信息，收集和分析用户的健康数据，以提升医疗服务水平。

这表明，耐克从一个运动社区平台向健康数据集成平台转变，NIKE＋的主要功能不再仅仅是用户社交，而是数据的交流与共享。这种合作指明了耐克未来一种可能的发展方向，即耐克可以通过 NIKE＋平台收集到的用户的运动和健康数据，连接运动产品的生产厂家，为他们提供营销与管理决策的指导；或者连接健康服务商，为用户提供保健指导。

（三）小结

在平台战略模式中，企业创造价值所依靠的，不再是以依赖自身资源为主的线性价值链，而是一个由平台所有成员共同组成的价值网络。耐克作为体育行业的领导企业，率先响应互联网技术带来的行业革新，发起数字化建设，通过可穿戴运动设备和移动平台系统的开发和应用，将产品与服务接入平台，以 NIKE＋为核心，打造自己的运动生态圈，并进一步向第三方开放平台入口，不断向外延伸，连接新的合作伙伴，完善企业平台建设，完成了从 NIKE＋运动社区平台到NIKE＋健康生态圈的发展，未来的发展仍有多种可能性，目前耐克已经在搭建健康数据集成平台方面做出了尝试。目前，耐克的平台化发展暴露出它在技术领域的短板。因此，未来如果要继续开拓数据集成平台，应当积极培养自己的技术团队，摆脱对苹果和外部创业团队的依赖。

第二节 鲁泰纺织案例分析

一、鲁泰纺织简介

（一）鲁泰纺织基本信息

鲁泰纺织股份有限公司是目前全球最具规模的高档色织面料生产商和国际一线品牌衬衫制造商，拥有从棉花育种、种植到纺纱、漂染、织布、后整理、制衣生产，直至品牌营销的完整产业链，在中国、美国、意大利、印度、越南、柬埔寨、缅甸 7 个国家，设立了 12 家控股子公司、2 个办事处和 40 个生产工厂，是一家集研发设计、生产制造、营销服务于一体的产业链集成、综合创新型、国际化纺织服装企业。

鲁泰纺织现拥有优质长绒棉基地 18 万亩，纱锭 80 万枚，线锭 9 万枚，年产色织面料 22000 万米、印染面料 8500 万米、衬衣 3000 万件，产品 80% 销往美国、欧盟、日本等 30 多个国家和地区，与 Burberry、Calvin Klein、HUGO BOSS、Armani、Gucci、OLYMP、UNIQLO 等国际知名品牌商建立了战略合作关系，高档色织面料出口市场份额占全球市场的 18%。

鲁泰纺织被认定为国家级企业技术中心、国家级实验室和高新技术企业，获得国家科技进步一等奖 1 项、二等奖 2 项，开发了 600 多项新技术，其中 9 项达到国际领先水平，23 项达到国际先进水平，拥有筒子纱数字化自动染色成套技术与装备、超高支纯棉面料加工关键技术及其产业化、印染废水大通量膜处理及回用技术与产业化等核心技术和装备，共申报受理专利 335 项，主持或参与制定国家行业标准 26 项。

鲁泰纺织自 1995 年至今，先后通过了 ISO 9000 质量管理体系、ISO 14000 环境管理体系、OHSAS 18000 职业健康安全管理体系、SA 8000 社会责任管理体系、两化融合管理体系、ISO 10012 测量管理体系、曼特公司 RAP 环球服装生产社会责任标准等认证。同时不断推进管理创新，全面深入实施卓越绩效管理模式，着力构建 LTPS（鲁泰生产方式），实现了管理的国际化、科学化和精益化。鲁泰纺织先后获得"全国五一劳动奖状""中华慈善事业突出贡献奖""全国质量奖""第三届中国工业大奖""全球卓越绩效奖（世界级）"等荣誉。鲁泰纺织以振兴纺织产业为己任，始终坚持绿色环保可持续的发展理念，为世界创造健康环保纺织品。

鲁泰纺织股份有限公司的基本信息如表 6-3 所示。

表 6-3　鲁泰纺织股份有限公司基本信息

公司的中文名称	鲁泰纺织股份有限公司
公司的中文简称	鲁泰纺织
公司的外文名称	LU THAI TEXTILE CO., LTD
公司的法定代表人	刘子斌
注册地址	山东省淄博市高新技术开发区铭波路 11 号
公司网址	www.lttc.com.cn

资料来源：笔者整理。

（二）鲁泰纺织主营业务

鲁泰始终秉承"创造财富、奉献社会、衣锦四海、经纬天下"的使命，坚持践行"以人为本、严谨科学、顾客导向、诚信共赢"的价值观，不断完善和延伸产业链，逐步发展成为集棉花种植、纺纱、漂染、织布、后整理、制衣为一体的具有综合垂直生产能力的纺织服装企业集团，主要生产销售中、高档衬衫用色织面料、印染面料、成衣等。公司以其全产业链的综合管理能力、雄厚的研发实力、丰硕的技术积累以及长期稳定的产品品质和国际化产业布局为核心，不断创新服务理念，开拓新兴市场，提高产品附加值。目前，公司已形成以天然纤维面料为主线，以多组份功能性纤维面料为引领，以洗可穿超级免烫面料为核心，紧跟国际前沿消费趋向的功能性健康型的产品系列体系，满足了个性化、多元化的市场需求。

公司现已成为全球最具规模的高档色织面料生产商和国际一线品牌衬衫制造商，走出了一条基于传统纺织的绿色、低碳、科技、人文的科学发展之路，其经营业绩一直稳居全国色织行业前列。公司产品 70% 销往美国、欧盟、日本等 30 多个国家和地区，其中公司自主品牌面料出口占比达 70% 以上。目前，公司色织布产能已占全球中高端衬衫用色织面料市场的 18% 左右。

（三）鲁泰纺织核心竞争力分析

2017 年前三季度，鲁泰集团实现营业收入 67.35 亿元、利税 13.98 亿元，分别同比增长 8.64% 和 4.38%，连续多年位居中国色织布行业主营业务收入第一①。鲁泰纺织多年来紧跟市场发展趋势，通过智能制造推进转型升级，增强了企业的综合实力，全面打造智能化、数字化纺织企业，公司全产业链的综合管理能力、研发能力、技术积累及国际化布局构成了公司强大的核心竞争力（见图 6-4）。

图 6-4 鲁泰纺织核心竞争力

资料来源：笔者整理绘制。

1. 完整的产业链和国际化布局

公司拥有棉花种植、纺纱、漂染、织布、后整理，直至成衣制造的完整产业链，并因此拥有高档色织布生产各环节的成本优势。公司业已在柬埔寨、缅甸、越南等国建设生产基地，在意大利成立了设计机构，在美国设立了市场服务机

---

① 鲁泰纺织. 鲁泰纺织股份有限公司 2016 年年度报告〔EB/OL〕. http：//www.lttc.com.cn，2017-03-30.

构，充分发挥国际资源优势，实现国际化产业布局，巩固公司国际色织面料生产的龙头地位。

2. 良好的综合管理能力和高标准的质量管理体系

公司自1995年起依次通过了ISO 9000质量管理体系、ISO 14000环境管理体系、OHSAS 18000职业健康安全管理体系、SA 8000社会责任管理体系的认证。从2007年至今，公司通过了WRAP：1999环球服装生产社会责任标准、C - TP AT：2004反恐标准、OE 100和GOTS有机棉体系的认证以及CNAS国家实验室认可，实现了公司管理的国际化、标准化和规范化。为追求卓越绩效管理，更好地提高公司的绩效和能力，公司逐步导入GB/T 19580—2004《卓越绩效评价准则》，构建"大质量"体系，推动管理创新，以确保公司的经营质量。

3. 较强的研发能力和高水平的技术合作平台

公司坚持自主创新，依托国家级企业技术中心、国家级引智示范基地和国家色织面料研发基地、山东省工程技术研究中心等技术平台，加强与科研院所、高校、战略客户和重要供应商的技术合作，长期致力于前沿技术研究，逐步实现由产品研发向技术研究转变，由攻克关键技术难关向掌握技术原理、制定行业标准升级转变，由关注技术创新向探索新技术与创新模式有机结合转变，加强低碳、绿色、循环发展，增强企业发展的动力和活力，提升科技进步对产业发展的贡献力，推动产业升级。

4. 严谨高效的客服体系

以客户为中心，全面加强品质管理，坚持高标准服务，树立行业领先、客户满意、市场认可的品牌形象。品质意识贯穿于产品生产的每一个环节，完善的质量追溯机制确保了产品信誉。客观分析、换位思考是客服的宗旨和赢得信赖的根本。

（四）鲁泰纺织经营现况

1. 鲁泰纺织2016年主营业务收入

2016年，公司实现营业收入59.82亿元，营业利润9.66亿元，归属于上市公司股东的净利润8.05亿元，扣除非经常性损益的净利润7.59亿元，分别比上年同期下降3.1%、上升14.76%、13.09%和5.74%。2016年，在各行业中，纺织服装行业占鲁泰纺织总营业务收入比重最大，营业收入为5559988040.46元，占比92.95%；在各产品中，面料产品的收入占鲁泰纺织总营业务收入比重最大，营业收入为4342679194.97元，占比72.60%；在各地区中，东南亚地区的收入占鲁泰纺织总营业务收入比重最大，营业收入为1973589974.34元，占比32.99%，其次是内销，营业收入为1902170904.09元，占比31.80%。2016年分产品和分地区的主营业务收入，具体如图6-5、图6-6所示。

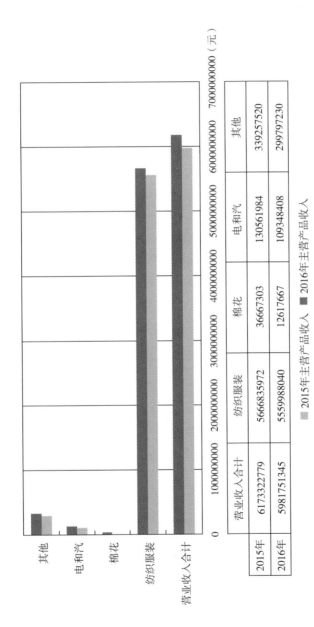

	营业收入合计	纺织服装	棉花	电和汽	其他
2015年	6173322779	5666835972	36667303	130561984	339257520
2016年	5981751345	5559988040	12617667	109348408	299797230

▨ 2015年主营产品收入　■ 2016年主营产品收入

图6－5　2015年和2016年鲁泰纺织主营产品收入情况

资料来源：《鲁泰纺织股份有限公司2016年年度报告》。

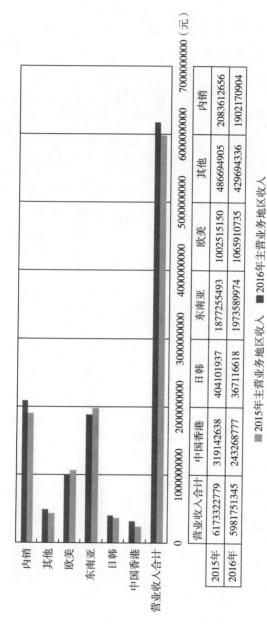

	营业收入合计	中国香港	日韩	东南亚	欧美	其他	内销
2015年	6173322779	319142638	404101937	1877255493	1002515150	486694905	2083612656
2016年	5981751345	243268777	367116618	1973589974	1065910735	429694336	1902170904

■2015年主营业务地区收入 ■2016年主营业务地区收入

图6-6 2015年和2016年鲁泰纺织主营业务地区收入情况

资料来源：《鲁泰纺织股份有限公司2016年年度报告》。

2. 鲁泰纺织主要销售客户和主要供应商

2016 年，鲁泰纺织前五名客户合计销售金额为 1240805282 元，占年度销售总额的 21%，前五大客户分别是 TAL、OLYMP、晨风（江苏）服装有限公司、THE MEN'S WEARHOUSE 和 SEIDENSTICKER。主要销售客户情况与前五大客户资料，具体如图 6－7 所示。

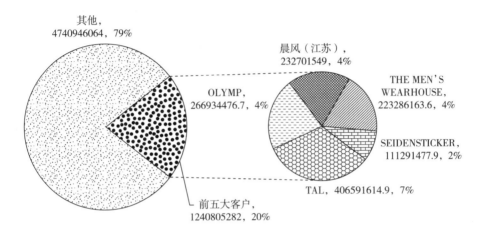

图 6－7　2016 年鲁泰纺织的销售情况

资料来源：《鲁泰纺织股份有限公司 2016 年年度报告》。

2016 年，鲁泰纺织前五名供应商合计采购金额为 796435937.7 元，约占年度销售总额的 20%，前五大供应商分别是国网山东省电力公司淄博供电公司、新疆生产建设兵团棉麻公司、ALLENBERG COTTON CO.（艾伦宝公司）、JESS SMITH AND SONS COTTON, LLC.（詹斯密斯公司）以及淄博森海商贸有限公司。2016 年供应商的情况如图 6－8 所示。

二、鲁泰纺织平台战略实施

（一）实施情况概述

鲁泰纺织集团是一家外商投资的股份制有限公司，是纺织制造行业内的早期进入者，在行业内具有较强的竞争力和影响力。公司成立于 1988 年，是中国目前最大的纺织布生产和进出口公司。其经营范围涵盖了棉花种植、纺织、成衣、热电、制药等多个领域。鲁泰纺织集团在发展过程中一直秉承开拓进取的宗旨，追求科学的企业管理方式，近年来不断引进国外资金、国外设备、国外技术，目的在于吸取外国先进的管理经验，结合自身实际形成自己科学、规范、高效的管理特色，构建信息化大数据平台，打造数据化纺织企业。

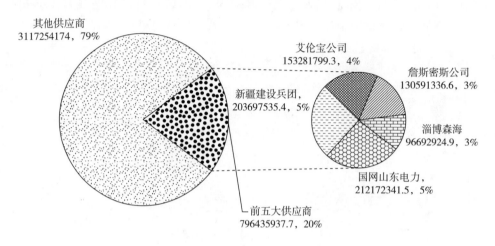

图6－8　2016年鲁泰纺织的供应商构成情况

资料来源：《鲁泰纺织股份有限公司2016年年度报告》。

在2014年国家科学技术奖励大会上，由鲁泰纺织股份有限公司参与研制的"筒子纱数字化自动染色成套技术与装备"获得国家科学技术进步奖一等奖，彰显了智能化纺织技术和装备在现代化生产中的重要意义。2016年，鲁泰集团实现营业收入约85.8亿元，出口创汇7.07亿美元，利润总额12.85亿元。

在智能制造发展方面，鲁泰正立足大数据的高度集成融合与制造业单项冠军的技术装备优势，"软硬兼施"，全力打造全产业链的智能制造。软件方面，构建鲁泰大数据平台，实现全产业链管理的"六维智能"，具体表现在：智能生产协同、智能计划排产、智能决策支持、智能质量管控、智能资源管理、智能互联互通。围绕这六个方面，鲁泰已经取得了一些成绩，制衣ERP目前已上线18个子系统，涵盖销售管理、采购管理、供应商管理等，实现了各部门的协同作业、信息共享，提高了生产效率；鲁泰通过对色织布APS自动排产系统的应用，使整个色织布交期缩短19天以上，满足了多批次、小批量、个性化定制需求；在生产智能管控上，鲁泰拥有纱锭共计80万锭，其中，10万锭试点实施"e"系统，后续将逐步推广。

在硬件方面，鲁泰通过在关键工序、重点装备和特殊岗位上推行智能制造，逐步实现装备智能控制、产品在线检测、数字化纺织品设计以及供应链全流程的信息化智能管理。其中，"筒子纱数字化自动染色成套技术与装备系统"实现了筒子纱从手工机械化到全流程数字化、系统智能化的跨越，并获得国家科技进步一等奖。该项目满足了鲁泰订单多花色、小品种、高品质和快交期的要求，达到了节能减排、可持续提高的目标。

鲁泰纺织集团在构建智能化管理系统的过程中也采用了平台战略，本着追求卓越的发展目标，积极发展自身科学技术，努力打造智能化的大数据平台，并在探索中逐渐形成适合自身企业性质的平台战略模式。

（二）平台战略发展路径

1. 构架主导平台——全产业链智能管理大数据平台

鲁泰纺织集团在平台战略实施初期，紧扣平台战略构建的重点，优先确定了其企业的主导平台——全产业链智能管理大数据平台。随着科技的飞速发展和互联网时代的来临，科技占据生产力的主导地位，如何有效地进行资源整合和大数据整理成为了企业能否真正了解市场、把握市场、抓住消费者心理进而完成良好的生产、销售的决定性因素。鲁泰集团是纺织行业中的优先竞争者，具有深厚的发展底蕴，并且占据行业领导者的绝对地位。虽然行业内部的成员众多，竞争激烈，但由于该行业的发展期很长，行业已经基本趋于稳定饱和。因此对于鲁泰集团来说，在稳定中寻求新的发展，进一步扩大自己的竞争优势，保持先进性，完成"世界一流、百年鲁泰"的发展目标，才是其继续进步的重中之重。鲁泰集团也充分地认识到了这一问题，一直坚持提高自身的科技实力，大力发展先进制造，打造数字化纺织企业，并优化完善自身的管理体系，实施平台管理战略，构架了一个全产业链智能管理的主导平台。

该主导平台包括了多个数据平台，涵盖了企业生产、销售、管理等各个方面，企业通过这一主导平台全方位链接其生产销售的全产业链，有效实现了全产业链管理的"六维智能"：智能生产协同、智能计划排产、智能决策支持、智能质量管控、智能资源管理、智能互通互联。全产业链智能管理大数据平台包括了纺织服装检测试验平台、ERP 大数据系统平台、供应链全流程智能管理平台。

鲁泰公司拥有纺织材料、面料、服装及染整助剂等领先的检测设备和仪器，设有国际标准的恒温恒湿实验室、纺材检验室、面料服装实验室、化学分析合成实验室等，配备了经验丰富、熟练掌握国内外标准的专业检测技术队伍。公司将这些优质资源进行整合形成了纺织服装检测试验平台，帮助产业链最后端进行纺织原料的智能检测管理。该平台是目前国内外综合性最强、最专业的纺织服装检测试验平台。

ERP 大数据系统平台，是一个依托 ERP 大数据的系统平台。目前，其已经上线了 18 个子系统，包括协同办公系统、人力资源系统、财务系统、产品设计系统、生产计划自动排产系统、集成设备中控系统，涵盖了公司、产业链各个方面的智能管理系统。通过该平台对公司经营过程实施全程信息监控，全方位收集全产业链数据进行分析管理，可帮助公司进行管理升级，实现科学智能化的全方位管理。

供应链全流程智能管理平台，是一个依附于企业自打造的"e系统"——纺纱工序网络信息系统的供应链信息化管理平台，实现了精梳自动换卷、粗纱自动落纱、自动打包扫描入库等供应链的全自动智能化运作，进一步体现了企业的科技优势，全物流供应链统一化、标准化、智能化的管理机制。

鲁泰纺织集团对以上的信息化管理平台逐步进行整合，将信息化的科技管理模式运用到其产业链的各个方位，从生产、加工到产品销售又进一步延伸到公司的管理环节，构架其企业战略的主导平台，全面贯彻科技、智能的卓越路线，打造一个以全产业链智能管理大数据平台为主导平台的公司平台战略。

2. 深挖用户基础——纺织服装研究设计平台

鲁泰纺织集团成功构建了全产业链智能管理大数据平台，全方位地对其全产业链上的各个环节进行数据收集，实现科学化的监控和管理。新形势下，企业开始意识到客户对于企业的重要性，在保证自身管理制度的优越性和高品质后，希望可以引入新的战略帮助其进行客户的深度挖掘和维护。同时，随着时代和制造业的发展进步，纺织行业需要进行变革以满足客户日益增长的和个性化的需求。为此，鲁泰集团在原有主导平台的基础上又搭建了新的平台以挖掘深度的客户需求，培养用户基础。

纺织服装研究设计平台主要包括纺织服装研究平台、纺织服装设计平台两个平台。纺织服装研究平台方面，鲁泰纺织集团自建了服装工程研究院，依托国家级企业技术中心、国家级引智示范基地和国家色织面料研发基地、山东省工程技术研究中心等技术平台，下设研究院办公室，纤维纺织、染整、服装、低碳四个技术研究室，以及一个中心实验室，与纺纱、织造、漂染、整理、制衣事业部等生产运营部门密切配合，各司其职，不断探索，长期致力于前沿技术研究，在科技创新、品质提升、品牌推广、低碳节能和企业文化建设等方面走出了一条基于纺织又超越传统纺织的道路。通过这一平台的研究成果，鲁泰纺织集团对公司的自营产品进行生产设计改革，迎合用户需求，在增加企业自身产品质量的同时，根据用户需求生产产品，提高销量，同时达到挖掘用户的深层次需求，培养用户基础的目的。

鲁泰集团在深度研究之后又构建了纺织服装设计平台，有针对性地对产品进行设计，更符合用户的需求。鲁泰纺织集团自建了服装工程研究院，该研究院依托山东省工业设计中心、面料设计意大利设计师工作室、服装设计法国设计师工作室和企业品牌设计中心等服装设计资源，对这些资源进行整合、对接搭建了纺织服装设计平台。该平台集纺织服装流行趋势设计、纺织新材料设计、流行面料设计和服装品牌设计等于一体，成为企业自主品牌建设的重要支撑，推动企业从创造走向创意，提升企业的自主品牌影响力。鲁泰纺织集团通过这一平台进一步研究客户的消费习惯，追求时代潮流趋势，进行纺织服装设计，迎合了客户的消费需求，进一步深度挖掘了用户基础。

鲁泰集团依附其纺织服装研究设计平台对消费者的需求和喜好进行了系统的研究，并通过平台与各个优秀的设计研究院进行合作，使企业生产、销售的产品更加具有市场竞争力，满足客户需求，顺应了用户的购买心理特征个性化发展趋势。同时，通过平台的研究成果吸引更多客户消费，帮助企业扩展了潜在客户群，深度挖掘用户基础，真正意义上将其平台战略从自身发展的角度扩展为用户导向型的全新的平台战略。

3. 寻找模糊边界——产学研合作平台

时代在进步，科技在发展，并且其发展的速度十分迅速。鲁泰纺织集团如果想要一直保持其在行业中的技术优势，就需要不断地更新其现有技术并且快人一步。鲁泰集团深知仅仅依靠自身的技术革新是不能使其始终保持技术领先地位的，因此鲁泰集团构建了产学研合作平台。

产学研合作平台是鲁泰纺织公司与亨斯迈建立长期合作关系，共同开发符合市场需求的新技术和新产品，实现强强联合，提升公司研发能力的战略平台。通过该平台，鲁泰集团还与中国农科院就棉花育种技术签订了合作协议，并先后与瑞士科莱恩共建了"鲁泰科莱恩纺织染整技术研究中心"，与美国陶氏化学共建了"陶氏纺织新材料产业化应用基地"。在与上海长宁区共建的"环东华时尚创意产业区"中，鲁泰集团与意大利著名设计师 Paoloconte 共建了"意大利鲁泰设计中心"，致力于服装设计的时尚创意。公司还与东华大学共建了"国家纺织产业关键技术协同创新中心"，进行纤维新材料技术、生态染整关键技术的研究；与青岛大学共建了"国家纺织产业关键技术协同创新中心"，致力于海洋生物质纤维的研究；与南通纺织职业技术学院共建"江苏省先进纺织技术协同创新中心"，致力于纺织新材料应用、新型纺织产品研发、绿色生产工艺开发的研究；与江苏悦达纺织集团有限公司共建"产品开发联盟"，进行新纤维及多组分混纺产品应用、新型纺纱技术等的研究。

鲁泰纺织集团通过这一产学研合作平台，与各个优秀的实验室、高等学校建立了良好的合作关系，有效进行资源对接，在提升自身科技竞争力的同时也为各个高校和研究院提供了经费、资源支持和最贴切的实践机会。

（三）小结

鲁泰纺织集团是一家历史悠久、实力雄厚的传统纺织企业，虽然其很早就确定了追求卓越、大力发展纺织科技的公司发展道路，但始终没有搭建完备的科学管理体系。鲁泰集团的平台战略目前还处在探索期，虽然已经有了创新期的发展方向和初步建设平台，但其平台战略的实施仍存在很大的发展空间，后期仍需要进一步明确自身平台的发展特性和后续发展需要，完善企业的平台战略。但不管怎样，鲁泰纺织平台战略实施的第一步是成功的，也是具有深远影响的。

第三节　案例对比及讨论

本节的研究思路遵循学术研究的一般范式，即先由现存现象入手，提出问题—分析问题—解决问题，具体思路如图6-9所示。

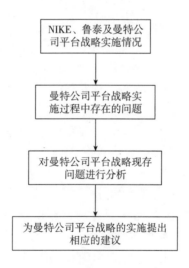

图6-9　案例比较分析思路

本章集中对与曼特公司一样实行企业平台战略的两家企业——NIKE集团、鲁泰纺织集团进行了案例分析，并对三家企业实施平台战略的过程及效果进行详细的对比分析。NIKE公司、鲁泰纺织集团及曼特公司这三家企业都是传统零售行业下的先行者，都在新时代的背景下积极寻求改革和新发展，并且不约而同地选择了平台战略来帮助企业进行变革，寻求新的发展。但这三家企业的平台战略各有不同，具体的实施路径及实施效果将在接下来的内容中加以详细分析。

一、NIKE、鲁泰纺织及曼特公司平台战略实施路径及实施效果

（一）NIKE 公司的平台战略

1. 实施路径

NIKE 公司平台战略实施的第一个时期是架构 NIKE 公司的主导平台，即构建以用户导向为核心的 NIKE + 运动社区平台，第二个时期是深挖 NIKE 公司的用户基数，即构建挖掘深层次需求的 NIKE + 健康生态圈，第三个时期是寻找 NIKE 公司的模糊边界，即构建 NIKE 公司的健康数据集成平台。

耐克在平台战略实施初期，重点搭建以 NIKE + 为核心的运动社区平台，推动用户互动方式转变，以可穿戴运动设备为接入点，以配套的移动应用 App 和线上网站为平台载体，以运动数据的收集和运用为核心凝聚力，将用户纳入 NIKE + 运动社区平台。

NIKE 公司在平台战略实施的第二个时期，通过调整数据采集功能和优化升级硬件设备，打造用户生态圈，根据积累的数据改进装备，提高用户体验，增强用户凝聚力。随着应用场景的转变，NIKE + 系列产品的核心属性也从运动延伸到健康。

在平台战略实施的第三个时期，NIKE 公司与其合作伙伴联合推出 Nike + Accelerator 项目、成立 Fuel Lab 实验室、推出 "Health Kit" 数据整合应用程序，整合来自不同健康设备的信息，收集和分析用户的健康数据，以提升医疗服务水平。NIKE + 的主要功能不再仅仅是用户社交，而是数据的交流与共享。具体实施路径如图 6 - 10 所示。

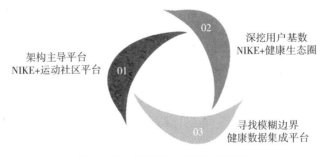

图 6 - 10　耐克平台战略实施路径

耐克作为体育行业的领导企业，率先响应互联网技术带来的行业革新，发起

数字化建设，通过可穿戴运动设备和移动平台系统的开发和应用，将产品与服务接入平台，以 NIKE＋为核心，打造自己的运动生态圈，并进一步向第三方开放平台入口，不断向外延伸，连接新的合作伙伴，完善企业平台建设，完成了从 NIKE＋运动社区平台到 NIKE＋健康生态圈的发展。

2. 实施效果

NIKE 公司通过平台战略的实施有效增加了用户黏性，把握了用户的深层次需求，还利用数据共享提升了企业自身的创新能力，取得了很好的效果：

第一，增加用户黏性，推动用户互动方式转变。Nike 集团平台战略的实施使 NIKE 集团搭建了以 NIKE＋为核心的运动社区平台，推动了用户互动方式转变。同时，借助社交吸引更多的用户参与，运用数据增强用户黏性，促进数据和社交两者的相互作用，最终让用户在 NIKE＋平台上沉淀，有效增加了企业用户的黏性。

第二，把握用户深层次需求，打造核心用户群。NIKE 集团借助其平台战略扩大数据库，搜集更多的数据，并且正确地应用收集到的数据，把握用户深层次的核心需求，利用搜集的数据打造用户生态圈，根据积累的数据改进装备，提高用户体验，增强用户凝聚力，从而构建了企业最有价值的核心用户群体。

第三，共享数据，提升企业创新能力。NIKE 集团拓展了其平台的存在意义，认为其主要功能不再仅仅是用户社交，而是数据的交流与共享。同时，将耐克的平台开放给第三方开发者，鼓励开发者积极创新，开发新应用，以寻求更多创新的可能，进而提高了企业自身的创新能力。

（二）鲁泰纺织集团的平台战略

1. 实施路径

鲁泰纺织集团平台战略实施的第一个时期是架构鲁泰纺织的主导平台，即构建以用户导向为核心的全产业链智能管理大数据平台，第二个时期是深挖鲁泰纺织的用户基数，即构建纺织服装研究设计平台，第三个时期是寻找鲁泰纺织的模糊边界，即构建产学研合作平台。

以用户导向为核心的全产业链智能管理大数据平台包括多个数据平台，涵盖了企业生产、销售、管理等各个方面。鲁泰纺织通过这一主导平台全方位连接其生产销售的全产业链，有效实现了全产业链管理的"六维智能"——智能生产协同、智能计划排产、智能决策支持、智能质量管控、智能资源管理和智能互通互联。纺织服装研究设计平台主要包括纺织服装研究平台、纺织服装设计平台。鲁泰集团依附其纺织服装研究设计平台对消费者的需求和喜好进行了系统的研究，并通过平台与各个优秀的设计研究院进行合作，使企业生产、销售的产品更加具有市场竞争力，满足客户需求，顺应用户购买心理特征个性化的发展趋势。同时，通过平台的研究成果吸引更多客户消费，帮助企业扩展潜在客户群，深度挖掘用户基础，真正意义上将其平台战略从自身发展的角度扩展为用户导向型的全新的平台战略。鲁泰纺织公司通过与亨斯迈建立长期合作关系，构建了产学研合作平台，与各高校有效进行资源对接，在提升自身科技竞争力的同时也为各个高校和研究院提供了经费、资源支持和最贴切的实践机会。具体实施路径如图 6-11 所示。

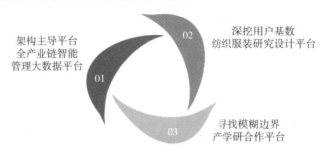

图 6-11　鲁泰纺织平台战略实施路径

鲁泰纺织集团的平台战略仍处于初期阶段，虽然已经有了创新期的发展方向和初步建设平台，但其平台战略的实施仍存在很大的发展空间。

2. 实施效果

鲁泰纺织集团实施平台战略也取得了很好的成效，实现了全产业链智能管理，增强了运作效率，提高了自身的科技竞争力，利用个性化服务还提升了市场竞争力。

第一，全产业链智能管理，增强企业运作效率。鲁泰纺织集团的平台战略有效地对集团原有的各个管理数据平台进行整合、延伸从而构建了一个贯穿其完整产业链的"六维智能"管理系统，增强了企业的内部管理能力，提升企业运作效率，构建了数字化的纺织集团。

第二，扩大技术领先优势，提升科技竞争力。鲁泰纺织集团通过平台战略的实施进一步扩大了其原有的技术领先优势，通过与各个高校、研究所、实验室建立良好合作关系，构建平台，时刻将技术发展作为第一目标，保持了自身的技术领先地位，提升了科技竞争力。

第三，为用户提供个性化服务，提高市场竞争力。通过自主搭建的服装研究和设计实验室搭建新的平台，为用户提供个性化的定制服务，并且坚持以自主的服装设计来把握市场的流行趋势和用户的喜好，提高了自身产品的市场竞争力。

（三）曼特公司的平台战略

1. 实施路径

曼特公司平台战略实施的第一个时期是架构曼特公司的主导平台，即构建以用户导向为核心的一体化战略平台，第二个时期是深挖曼特公司的用户基数，即构建挖掘深层次需求的信息化数据平台，第三个时期是寻找曼特公司的模糊边界，即构建产品为中心的生态系统平台。

在曼特公司平台战略实施的探索期内，其通过以用户导向为核心的一体化战略平台有效整合了其渠道产业链上的各个成员，使之与客户形成了有效的双边链接。

在平台战略实施的第二个时期，曼特公司总结了各个层面上的企业文化，一体化战略平台除统一了渠道上各成员的工作机制外，还有效地帮助企业对其创造的企业文化进行贯彻凝聚，使其全体成员加深了对企业文化的认识。除此之外，曼特公司依附此平台战略对营销方式也进行了革新，呼吁各个渠道成员改变原有营销方式整合现有资源，实现精准营销和全员营销。

随着时代的发展和用户需求的多元化发展，曼特公司开始寻求新的变革，平台战略的实施也进入第三个时期——创新期。曼特公司基于其搭建的挖掘深层次需求的信息化数据平台，整合平台数据全面分析用户的需求，寻求创新，搭建了一个产品为中心的生态系统平台。立志于延伸现有产业链构建产品生态系统，全面扩大公司业务和服务范围，不仅卖管道产品，同时也提供服务，全方位地服务于产品购买前、购买中、购买后的各个环节。在这一阶段，曼特公司构建了售后服务平台，通过服务实现了生态系统平台的搭建。具体实施路径如图6-12所示。

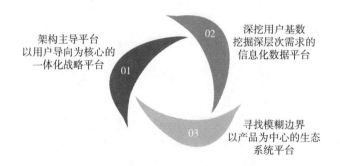

架构主导平台
以用户导向为核心的
一体化战略平台
01

深挖用户基数
挖掘深层次需求的
信息化数据平台
02

寻找模糊边界
以产品为中心的生态
系统平台
03

图6-12 曼特公司平台战略实施路径

曼特公司平台战略的实施充分考虑到了行业目前的发展趋势和公司自身的发展进步需求，其通过平台战略的构建实施和不断优化，提高了自身的企业竞争力，保持了在新的行业背景下的行业优势，同时借助平台战略很好地优化了企业的组织结构，对企业组织结构内的各个成员进行了重新整理，将原本层次明确的封闭的销售渠道整合成了扁平化、开放的新渠道，结构布局更加符合新的行业背景和时代发展要求。此外，有效的平台战略还帮助其实现了一体化管控，变成一个全新的智慧型企业。

2. 实施效果

曼特公司平台战略的实施也取得了较好的成效，顺应了社会与行业的发展要求，优化了公司的组织结构，提升了市场竞争力，构建的平台生态系统还提升了企业的整体价值。

第一，顺应社会与行业发展要求。目前，国家正处于"十三五"发展的重要时期，全面建成小康社会、大力改革农村建设、加强饮水灌溉的需求以及用户消费意识、环保意识的改变，要求国内塑料管道行业进行转型升级和优化调整。曼特公司实施平台战略顺应了社会环境的变化和行业的发展需求。

第二，优化企业的组织结构，凝聚企业文化。曼特公司通过平台战略，很好地对原有渠道进行了整合和全面管理，改变了传统的渠道模式，使企业的组织结构更加扁平化、集中化。同时，通过该平台深入贯彻企业的发展理念和企业文化，实现了有效的企业内部管理。

第三，数据集成，提高企业的市场竞争力。平台战略的实施帮助曼特公司更好地掌握了消费者的诉求，通过大数据分析把握了市场的需求变化，根据分析结果生产出更适合市场、满足消费者需求和喜好的产品，从而提高了消费者满意度，进而提升了市场竞争力。

第四，打造生态系统，提高企业的整体价值。曼特公司还以自身为中心打造了一个生态系统平台，借助该生态系统平台寻求销售转型，实现了服务附加值，并与竞争对手形成差异，提升了企业的整体价值。

曼特公司、NIKE、鲁泰纺织实施平台战略的路径及效果对比如表 6 - 4 及表 6 - 5 所示。

表 6 - 4 曼特公司、NIKE、鲁泰纺织实施平台战略的路径及效果对比

平台战略实施路径		NIKE	鲁泰纺织	曼特公司
架构主导平台	具体平台	NIKE + 运动社区平台	全产业链智能管理大数据平台	以用户导向为核心的一体化战略平台
	实现成效	推动用户互动方式转变	实现了全产业链管理的"六维智能"	有效整合产业链各成员
深挖用户基数	具体平台	NIKE + 健康生态圈	纺织服装研究设计平台	挖掘深层次需求的信息化数据平台
	实现成效	提高用户体验，增强用户凝聚力	满足客户需求，适应用户个性化	贯彻、凝聚企业文化；整合现有资源，实现精准营销、全员营销

平台战略实施路径		NIKE	鲁泰纺织	曼特公司
寻找模糊边界	具体平台	健康数据集成平台	产学研合作平台	以产品为中心的生态系统平台
	实现成效	交流与共享健康数据	提升科技竞争力	全方位地服务于产品购买前、购买中、购买后的各个环节

表 6-5　曼特公司、NIKE、鲁泰纺织平台战略实施效果比较

名称	NIKE	鲁泰纺织	曼特公司
实施效果	①增加用户黏性，推动用户互动方式转变 ②把握用户深层次需求，打造核心用户群 ③共享数据，提升企业创新能力	①全产业链智能管理，增强企业运作效率 ②扩大技术领先优势，提升科技竞争力 ③用户个性化服务，提高市场竞争力	①顺应社会与行业发展要求 ②优化企业组织结构，凝聚企业文化 ③数据集成，提高企业竞争力 ④打造生态系统，提高企业整体价值

二、曼特公司平台战略存在的问题

曼特公司、NIKE 和鲁泰纺织这三家企业虽然都顺应环境变化，选择了平台战略转型，但是三家企业平台战略的实施路径及实施效果却各有不同。尽管如上文所说，曼特公司实施的平台战略确实取得了一定的成效，但是，对比 NIKE 公司和鲁泰纺织集团平台战略实施的效果不难看出，曼特公司的平台战略也确实存在些许问题，具体如下：

（一）对用户的深层需求把握不足

NIKE 公司在架构主导平台的过程中，用硬件设备、软件应用和用户数据打造了一个以 NIKE + 为核心的运动社区平台，并运用平台获取的大量数据为耐克产品设计、新品推广、线上线下营销等商业决策提供重要依据，通过对用户信息的收集找到用户、了解用户，从而更加精准地开展营销活动，如预估产能、调整渠道、推出新品等，极大地提高了企业的营销效果。

相比之下，曼特公司虽在实施平台战略的初期，通过整合渠道产业链上的各个成员建立了以用户导向为核心的一体化战略平台，但是这个平台侧重于企业内部管理系统的升级与革新，而在消费者互动上稍显不足。曼特公司的平台与用户

的连接性不强，缺乏对企业产品和服务的改善、技术革新等的指导作用。

（二）平台的开放连接不够全面

NIKE 集团进行平台布局时，一直都很注重平台的开放性和连接性。例如，和苹果公司合作推出 Nike＋iPod 运动套装，开启了可穿戴运动设备的新纪元，也为企业实施平台战略提供了良好的契机；和创业孵化器企业合作，共同开发新应用，促进平台转型，使耐克平台更具可塑性，提升了平台价值等。通过开放合作，跨界尝试，联合创新，积极探索商业模式的新形态来保持企业对行业发展前沿高度的敏感度，因此，耐克可以及时抓住发展机遇，从内部革新，时时焕发出新的生命力。

曼特公司目前还局限于企业平台，企业在平台网络中的角色尚未转换，还没有实现从更高的视角和格局来建设平台。曼特公司的平台目前还只是围绕产品购买涉及的各个环节，仅仅服务于产品销售，没有实现充分整合企业外部资源，发挥平台开放连接的价值和作用。

（三）内部营销不够深入

NIKE 在布局平台的时候对企业组织结构做出了重大调整，于 2010 年设立与营销、财务等高级管理部门同一层级的数字运动部门，正式进行了战略方向的调整。这一调整意味着企业整个的运行机制发生变化，要将数字运动部门放在规划范围内重新制定企业的运行规则。耐克用这种方式把数字运动部门嵌入公司其他部门的运作中，使每个部门的员工都能清楚地了解企业平台战略的调整，理解企业后来的一系列平台化建设举措，大大提升了平台战略实施的效用。

就曼特公司来说，由于其组织结构复杂、跨度大、渠道宽，所以很多低层次的渠道成员并不能很好地理解和贯彻企业的平台战略，使企业平台战略的实施效果大打折扣。内部营销对提高企业服务品质和企业整体绩效具有重要意义，但曼特公司平台战略思想的宣传没有达到内部营销应有的强度。作为一个传统企业，曼特公司的企业内部营销做得不够好，平台战略思想的宣传不够深入，没有将平台战略的思维和理念融入企业文化进行宣传推广，企业内部工作人员及渠道成员等外部合作伙伴还未能充分理解企业的发展规划、企业平台战略布局和具体策略。

（四）对原有产品的技术革新力度不够

鲁泰纺织集团利用纺织服装研究设计平台对消费者的需求和喜好进行了系统的研究，并通过平台与各个优秀的设计研究院合作，使企业生产、销售的产品更加具有市场竞争力，更好地满足了客户的个性化需求。此外，它还与亨斯迈建立了长期合作关系，构建产学研合作平台，与各高校有效进行资源对接，在提升自身科技竞争力的同时也为各个高校和研究院提供了经费、资源支持和最贴切的实践机会。鲁泰集团通过上述一系列措施进一步扩大了其原有的技术领先优势，通过与各个高校、研究所、实验室良好合作，构建平台保证自身的技术领先，从而提升了自我科技竞争力。

反观曼特公司，由于其在实施平台战略的过程中，始终将重心放在对原有管理系统的升级和外部环境的创新升级上，导致其忽视了对原有产品的技术革新。新时期，消费者的消费意识、环保意识逐渐转变，对塑料管道的新需求、新要求层出不穷，但是曼特公司的平台战略并没有对内部产品的技术革新起到良好的促进作用，反而忽略了对自身原有传统产品的技术升级和改革。

（五）尚未实施全产业链智能管理

鲁泰纺织集团实施的以用户导向为核心的涵盖企业生产、销售、管理等各个方面的全产业链智能管理大数据平台，有效实现了全产业链管理的"六维智能"——智能生产协同、智能计划排产、智能决策支持、智能质量管控、智能资源管理和智能互通互联。鲁泰纺织集团实施的平台战略有效地对其原有的各个管理数据平台进行整合、延伸，构建了一个贯穿其完整产业链的"六维智能"全产业链智能管理系统，从而增强了其内部管理能力，提升了运作效率。

曼特公司的平台生态系统过于单一，其生态系统平台主要是服务于产品购买涉及的环节，仅仅服务于产品销售，不能有效利用行业联盟的力量，并没有在真正意义上整合全部资源来增加企业整体价值。

曼特公司平台战略实施现存问题及具体表现如表6-6所示。

表6-6 曼特公司平台战略实施现存问题及具体表现

现存问题	具体表现
对用户的深层需求把握不足	现行的以用户导向为核心的战略平台在消费者互动上稍显不足，平台与用户的连接性不强，缺乏对企业产品和服务的改善、技术革新等的指导作用
平台的开放连接不够全面	只是围绕产品购买涉及的各个环节，仅仅服务于产品销售，没有充分整合企业外部资源，没有发挥平台开放连接的价值和作用
内部营销不够深入	企业内部营销不够深入，企业内部工作人员及渠道成员等外部合作伙伴还未能充分理解企业的发展规划、企业平台战略布局和具体策略
对原有产品的技术革新力度不够	将重心放在对原有管理系统的升级和外部环境的创新升级上，忽视了对原有产品的技术革新
尚未实施全产业链智能管理	平台生态系统过于单一，不能有效利用行业联盟的力量，并没有在真正意义上整合全部资源来增加企业整体价值

三、对曼特公司平台战略的理论分析

（一）经济学中的平台理论视角

经济学中双边市场的平台理论认为，网络效应会在双边市场创造一种锁定效应，即用户被锁定在同类平台中的某一个，转而使用另外一个的成本很高，这意味着用户的转换成本很高。就曼特公司来说，要利用用户转换成本较高的优势，加强平台建设，透过数据发现消费者没有表达出的潜在需求，聚焦未来的发展方向，有针对性地改进产品和服务，提升生产技术改善用户体验。

（二）生物学中的生态系统理论视角

生态系统理论在微观层面上可以应用于某个具体行业的组织管理。生态理论认为，商业活动本质上是真实的材料在加工和转换过程中的价值升值，这个升值活动在发展中会通过物质的流动、能量的流动及信息流的互相作用实现。

（三）管理学中波特的产业价值链理论视角

波特的产业价值链指出，企业价值链可以和上游供应商、下游分销商及顾客的价值链相连，进而构成一个产业价值链。波特认为，每个企业都处在产业链中的某个环节，一个企业要赢得和维持竞争优势不仅取决于其内部价值链，而且取决于大的价值系统（即产业价值链）中一个企业的价值链同其供应商、销售商及顾客价值链之间的连接（见图6－13）。

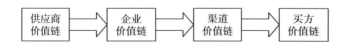

图6－13　波特的价值系统

资料来源：笔者整理。

产业链企业在竞争中完成的一系列经济活动，即为产业价值链。它更加突出"创造价值"这一最终目标，描述了价值在产业链中传递、转移和增值的过程。供应商具有企业价值链中投入外购的价值链，许多产品通过渠道价值链到达买方手中，企业产品最终会成为买方价值链的一部分。这些价值链都影响着企业的价值链，所以企业的价值链蕴藏于范围更广阔的价值系统中。

曼特公司要整合各种管理数据平台，通过其完整的产业链智能管理系统，对低层次的渠道成员进行平台战略的指导和教育，通过整合所有资源，以建立一个完整的产业链增加企业的整体价值，提高公司的运营效率。

四、曼特公司平台战略优化的建议与措施

基于前文的分析，笔者认为曼特公司可以在以下方面对其平台战略进行优化，促进平台战略实施效果最大化，提升平台价值，增强平台竞争力。

（一）加强平台建设，把握用户深层需求

曼特公司应该加强平台建设，充分运用大数据技术挖掘用户的深层次需求，聚焦未来的发展方向，而不要只关注现有产品的销售情况。透过数据发现消费者没有表达出的潜在需求，有针对性地改进产品和服务，提升生产技术改善用户体验，提高用户满意度。

（二）开放连接，提升平台价值

企业在平台战略实施过程中的价值创造所依靠的不再是以依赖自身资源为主的线性价值链，而是一个由平台所有成员共同组成的价值网络。曼特公司经过多年的发展已经积聚了非常雄厚的企业实力，并与行业内外多方群体建立了紧密的连接关系，形成了比自身渠道网络更广泛的外部关系网络，具备了强大的资源整合能力。为提升平台整体价值，曼特公司要合理运用企业资源，利用自己在行业协会中的重要地位和多年经营搭建起的外部关系网络，以企业平台为中心，在相关行业和企业之间建立更广泛的连接关系，整合行业资源，打造行业平台，促进各成员企业协同发展，创造更大的平台价值。

（三）增强内部营销，加强平台战略思想的宣传

作为一个传统企业，曼特公司要想顺利实行平台战略转型，必须增强企业内部营销，加强平台战略思想的宣传，将平台战略的思维和理念融入企业文化进行宣传推广，令企业内部工作人员及渠道成员等外部合作伙伴充分理解企业的发展规划，帮助他们学习和理解企业平台战略布局和具体策略。例如，可组织统一培训，鼓励员工参与平台创新和建设，培育他们的创新意识和平台思维，增强他们对平台战略的理解，从而更好地贯彻执行企业的相关措施。内部营销对提高企业服务品质和整体绩效具有重要意义，对曼特公司继续完善平台建设大有裨益。

（四）曼特公司应加强对原有产品的技术革新

曼特公司要着力实施技术升级，加强对原有塑料管道的技术革新，提升科技

竞争力。随着时代的不断进步，人们的环保意识不断加强，追求更加环保健康的生活环境，对环保管材的需求也日益迫切。为迎合消费者的新需求，曼特公司在实施平台战略的时候一定要加强对环保型新型管道产品的研发与革新。此外，曼特公司也可以效仿鲁泰集团，通过与各个高校、研究所、实验室合作，构建技术平台，保证自身的技术领先，提升科技竞争能力。

（五）曼特公司应实施全产业链智能管理

曼特公司要对原有的各个管理数据平台进行整合，构建一个贯穿其完整产业链的全产业链智能管理系统，并就低层次的渠道成员对平台战略的理解进行指导与教育，通过整合全部资源来增加企业整体价值，从而增强公司管理能力，提升公司运作效率。

本章小结

本章选取两个典型的平台战略企业——耐克与鲁泰纺织，与曼特公司进行对比分析，发现耐克与鲁泰纺织各自战略中的优点与缺点。本章就曼特公司的平台战略进行分析，研究三家公司的平台战略实施路径发现各自的优点与不足，并依此为曼特公司耐克公司拥有强大的价值网络，可以依靠生态系统的能力创造价值，鲁泰纺织则是处于平台战略的探索期。

第七章
研究结论与展望

本著作前六章对平台战略做了系统解析，通过前六章的讨论和分析我们可以得出哪些结论？本章将对本次研究的成果进行总结，并对平台战略的研究方向进行展望。

第一节　研究结论

本书前六章系统介绍了本书的研究主题——"平台战略"，第一章采用背景介绍的方式引出研究主题；第二章采用文献综述的方法对以往学者的观点和研究进行了梳理；第三章从理论方面阐述了平台战略；第四章以研究目标企业——曼特公司为例，结合利益相关者分析该公司当前所处的宏微观环境；第五章对本书的研究企业——曼特公司展开详细的介绍，对公司的优劣势进行分析，并从 SWOT 角度分析了研究目标企业当前的优势、劣势，以及机遇、威胁，进一步论述了曼特公司平台战略实施的必要性与可行性以及平台战略的实施路径；第六章选取采用平台战略的两个企业案例进行了案例分析，通过同类型企业的单独分析及对比分析给曼特公司未来的发展提出建议和指导。本书的结构如图 7 - 1 所示。

本书的研究结论主要有以下几个方面：

一、研究解决的主要问题

（一）"是什么"

1. 平台是什么

从工程设计的角度来看，平台是一种技术架构；从产业经济的角度看，平台

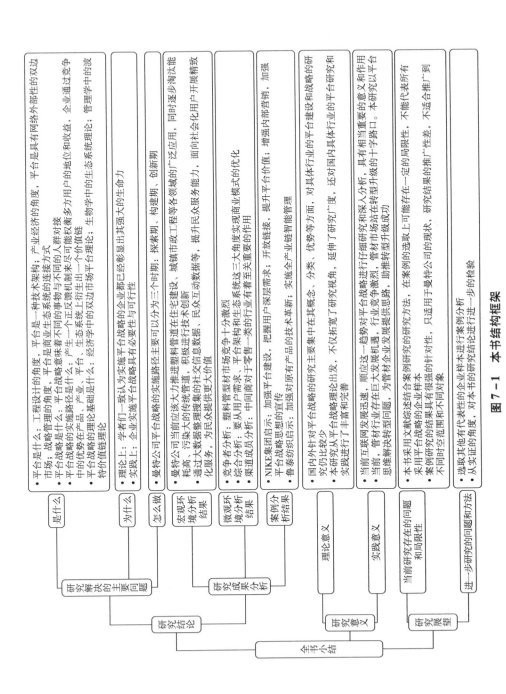

图 7 - 1 本书结构框架

是具有网络外部性的双边市场；从战略管理的角度看，平台是商业生态系统的连接方式。学者们对于平台的界定在随着时代背景和商业环境的变化而不断发展，焦点从产品到组织，到产业，再到整个商业生态系统，视角也从微观一步步发展为宏观。

2. 平台战略是什么

与平台的概念相一致，平台战略意味着不同的事物与不同的人群对接。平台战略是指用于管理企业的平台，使其能够为市场创造出有吸引力的产品族群，并与公司的核心资产再利用相匹配的宏观计划。总的来说，平台战略是一个用于管理一系列平台，包括对平台自身的管理及各平台间的协作的具体成体系的行动计划。可以从不同角度对平台战略进行分类：根据市场类型的细分划分为三种平台战略、根据商业系统生命周期划分为四种平台战略、根据研究发展阶段划分为三种平台战略，以及根据行业类型划分为四种平台战略。

3. 平台战略的实施路径是什么

在多元化的用户需求使平台有了初步的框架，同时商业模式逐步得到确定，重点放在价值创造上后，要深挖用户基础，通过大数据、偏好调查等增强用户黏性并扩大用户规模。随后，则需要打通线上和线下的用户、服务等资源，重新改造供需结构，甚至进行跨界融合来构建基于多边市场的平台，打造自主演化的生态圈。增强平台之间参与主体的联系需要一个合理的协调机制，使补贴的一方获得收益，另一方获得补偿，达到平台生态系统的良性协调发展。这一个平台在满足各方用户需求的同时，可使利益相关者通过平台来交互活动，产生一个正反馈机制来尽可能权衡多方用户的地位和收益。最后，企业通过竞争中的优势在产品、产业、平台、生态系统上衍生出一个价值链，这一价值链又反过来促进收益的形成、分工和战略的全方位设置。

4. 平台战略的理论基础是什么

经济学中的平台理论主要是双边市场的平台理论：网络效应会在双边市场创造一种锁定效应，即用户被锁定在同类平台中的某一个，转而使用另外一个的成本很高，这意味着用户的转换成本很高。在双边市场中，一个用户的效用取决于其他用户的参与情况。当同时存在的同类平台的成本较低，或者产品差异化程度较高时，锁定效应会较弱。

生物学中的生态系统理论以冯·贝塔朗菲（Von Bertalanffy）为代表的一般系统理论（General System Theory）为基础，发展出了以布朗芬布伦纳（Bronfen brenner）为代表的生态系统理论的系统模型和以杰曼和吉特曼（Germain & Gitterman）为代表的生态系统理论的干预模式两种主要的模式。微观层面上，可以应用于具体行业的组织管理；宏观层面上，能够促进产业生态系统发展。

管理学中，从波特的价值链理论看，产业价值链的发展和进化过程可以总结为"虚拟价值链—价值网—全球价值链"。在传统价值链的基础上，虚拟价值链改变了原有的价值创造模式，可以通过数字而非实物资产进行创造。同时，在消费者导向的市场上，企业的分工逐渐趋于专业化，企业成为统一的主体。最后，产业价值链会发展到基于微观和宏观两个视角的全球价值链阶段。

基于管理学中与平台战略及生态系统构建相关的理论进行分析，商业生态系统战略挑战了资源观将独特、稀缺的资源作为竞争优势来源的有价值资源的观点。过去几十年的研究都认为，一个稳固的战略应该依赖于对有价值的和稀缺资源的排他性控制，并认为战略成功的关键要素是不可替代的资源和不可模仿的能力（Barney，1986），且竞争优势来源于独特、稀缺的资源。但显而易见，获得和保护这样的资源需要相当的成本，毕竟，一个产业的大部分企业都想获得这样的资源。事实上，关键资源或战略性资源仍然是通过撬动普通资源（Ordinary Resources）来实现效用发挥的（Fréry et al.，2015）。商业生态系统战略下，那些一度被认为是相对而言没什么价值（Useless）或者价值很小（Trivial）的资源所产生的价值，反而可能超越部分独特的战略资源所产生的价值。

（二）"为什么"

1. 理论层面出发

学者们一致认为实施平台战略的企业目前都已经彰显出其强大的生命力，在各个产业形成了极具掌控力和强大盈利能力的商业模式，有效促进了创新绩效（张小宁，2014；左娟，2014）。企业合理地实施平台战略是其获得未来竞争优势和地位的唯一选择（樊志刚、黄旭和谢尔曼，2014）。具体来说，对于传统企业，平台战略的效益体现在"开源"和"节流"两个方面，"开源"即扩大市场空间及提高市场占有率，"节流"即降低开发与制造成本。至于其带来巨大效益的原因，学者们大多归结于平台战略产生的"网络效应"，根据出发点的不同，大致可分为资源基础观、商业生态系统与实践长尾理论三个不同的视角。首先，资源基础观认为有价值的"资源"有利于企业的市场进入（Dierickx，1989；Cool & Barney，1991）；其次，平台型网络市场可以突破时空约束，形成无边界发展的趋势，最终发展成为商业生态系统（李海舰和陈小勇，2011）；最后，平台战略是实践长尾理论最好的方式，通过直接面向客户提供产品和业务来掌控客户，可以增加产业链话语权（孙丽娟和方义松，2010）。值得一提的是，虽然平台战略实施效果良好，但获得平台战略效益需要做到四大关键点：了解平台的基本原理（孙丽娟和方义松，2010），同步调整管理环境与措施（汪旭晖和张其林，2016），及时反馈、评价和调整（韩卓然和吴正刚，2015）以及积极提升跨边和向边网络效应（赵占波、邬国锐和刘锋，2015）。

2. 实践层面出发

企业实施平台战略具有必要性与可行性。在必要性方面，基于平台战略而形成的业务结构，可以让企业有效摆脱在多元化和专业化之间的矛盾和游移，形成一种兼具稳固性和扩张性的业务战略。一个成功的平台企业并非仅提供简单的渠道或中介服务。平台商业模式的精髓，在于打造一个完善的、成长潜能强大的"平台生态圈"。它拥有独树一帜的紧密规范和机制系统，能有效激励多方群体之间互动，达成平台企业的愿景。通过实施平台战略可以让企业实现由重资产向轻资产的转变，由经营业务向经营平台的转变，由经营资产向经营人才转变的可能，实现"1 + 1 > 2"的效果。一是可以提高企业的市场竞争力，二是可以提高企业的整体价值，三是可以优化企业的组织结构，四是可以凝聚企业文化。因此，实施平台化发展战略很有必要。

在可行性方面，一方面，企业外部环境逐步改善，具体表现在以下三个方面：一是国家大力推动"互联网"行动计划。这为推进塑料管道行业管理智能化、信息化建设，大力提高塑料管道业生产服务水平及管理效率，节能降耗，降低管理成本，科学决策提供了契机，鼓励塑胶管道这样的传统行业利用互联网技术变革经营模式，谋求创新发展。二是互联网的发展给企业带来新的机会。互联网的出现打破了时空的固有边界，革新了信息交流的方式，极大地削弱了信息的不对称性，降低了交易成本，提高了交易效率和交易效益。互联网带来的一系列技术变革也为企业平台化建设提供了技术基础。例如，基于云存储技术形成的平台系统，能够实现批量数据的传输、存储、分析和处理的功能，不仅能够为平台用户提供线上线下多种形式的增值服务，还能透过数据共享让平台用户（包括消费者、售后服务人员、后台管理人员等）之间更顺畅地沟通交流。三是行业联盟增强了协作能力。经过近十年的发展，塑料管道专业委员会不断发展壮大，目前有400多家会员企业，包括国内优秀的管材、管件、阀门、检查井及配套产品等生产企业；塑料加工机械、模具、检测设备、原料、助剂等生产企业；相关科研及检测机构；以及部分国外相关单位的国内办事机构。塑料管道专业委员会开展了丰富多样的交流活动，促进了各成员企业的交流合作，推动了行业可持续发展。

另一方面，企业内部条件优越，具体表现在以下三个方面：一是企业实力雄厚，打造优质品牌，为平台化发展提供了品牌基础；创建研发团队，为平台化发展提供了技术支持；构建庞大渠道，为平台化发展提供了运营保障；连接多方群体，为平台化发展提供了必要条件。二是企业文化建设方面，曼特公司以百年企业为目标，努力寻求一套促进企业长期可持续发展的保障体系，形成了以"可持续发展"为核心的企业文化，包括"稳中求进、风险控制第一"的指导方针、

"诚信、共赢"的经营理念、"德才兼备、以德为先"的用人理念等，保证了企业的稳健发展。同时，"团结、拼搏、求实、创新"的企业精神，磨砺出了一支诚信勤勉、知变善战、具有高度责任感的优秀管理团队，"积极进取、归属和谐"的团队氛围使公司管理层长期稳定，合作有效，推动公司健康快速发展，打造平台凝聚力。三是企业创新能力培育方面，创新营销模式，深耕专业领域，国内外市场实现新突破；践行精益智造，充分发挥工业园的保障功能，响应国家政策号召；因"市"利导，创新研发，增强核心竞争力；加快信息化建设步伐，助力经营管理；加强团队建设，凝聚团队力量。

通过对研究目标——曼特公司的分析，我们可以看出，塑料管道行业在变革的同时也依旧存在着不小的问题，具体包括：①行业的渠道模式过于老套，应适应新的时代背景，结合企业自身优势向扁平化、精细化的方向寻求新发展。②公司对于渠道中多级中间商的管理过于混乱，不成体系，难以长期稳定合作。③行业内部公司的发展参差不齐且竞争激烈，使公司管理存在漏洞，经销商没有系统的管理方式。④很多经销商仍然停留在坐店销售的阶段，不会主动维护顾客关系，吸引顾客消费。

近些年，城市建设仿佛慢下了脚步，面对这样的市场形势，各个企业是否可以适应市场的变动进行相应变革成了塑料管道行业的一大问题。企业目前应当整理自身资源，进一步完善渠道模式，开拓新的渠道，同时完善中间商管理体制，提升自身能力，以备迎接后续必将到来的行业变革。

目前，曼特公司已经具备了实施平台战略转型的必要和可行条件。平台战略的实施能够帮助企业优化自身渠道系统，促进行业调整，以及带动相关企业协同发展，为企业、行业乃至国家经济带来巨大价值。首先，国家政策的鼓励与支持、行业联盟的不断壮大和互联网技术的快速发展，为曼特公司提供了良好的外部发展环境；其次，曼特公司经过多年的经营发展，在企业文化建设和企业创新能力培育方面取得卓越成效，已经积蓄了雄厚的企业实力，拥有平台建设需要的资源和能力。因此，曼特公司的平台化发展必要且可行。

（三）"怎么做"

本书对管材行业的外部环境及曼特公司的内部环境展开分析，以平台为切入点，通过分析曼特公司及其他平台企业，对比优劣势，进行归纳、分析，总结出适合曼特公司的平台战略，为曼特公司转变经济发展模式、寻找产业结构调整方向、提高企业竞争力提供了参考。宏观环境分析采用"PEST分析"法，对某一行业或者企业进行宏观环境分析，通过对政治（P）、经济（E）、社会（S）、技术（T）四个方面的分析来把握企业或某一行业所处的宏观环境；微观环境分析采用 SWOT 分析法，从优势、劣势、机遇、威胁四个维度进行分析，进而制定和调整相应的企业战略。

曼特公司平台战略的实施主要可以分为三个关键时期，依据企业目标客户群体的需求构建主导架构平台并在其基础上深度挖掘用户基础，发挥自身竞争优势，树立正确的资源价值观，整合用户数据完善平台构建，同时积极寻求平台创新，整合自身资源打造一体化的产业链生态系统，进而打破自身的经营局限创造新的商业和社会价值。

在平台战略实施的探索期内，平台战略的重点在于架构主导平台，即搭建平台战略的主要框架，进而发挥同边效应和跨边效应。曼特公司通过这一主导平台有效整合了其渠道产业链上的各个成员，通过平台与企业客户形成有效的双边连接；进一步加强对其渠道成员的管理，统一产品定价，整合资源实行价值营销，保证产业链上的所有成员都可以获得满意的利益；通过该一体化平台统一工作机制，使产业链上的各个成员都与企业步调一致，统一行动。

曼特公司在确定并拥有了以用户导向为核心的一体化战略平台这一主导平台后，进入平台战略实施的下一阶段——构建期，平台战略实施的重点在于深挖用户基础，代表理论有竞争优势和资源价值观。曼特公司依附于其主导平台的用户基础进行深度的用户基础挖掘，扩大平台内的用户基数，整合用户资源，挖掘用户的深层次需求、未来发展需求，进而构建一个挖掘深层次需求的信息化数据平台。在这一平台构建期内，曼特公司通过对现有用户的现状和需求进行数据收集整理，进而搭建信息化数据平台，从用户需求出发，满足用户现在需求，探寻用户的深层次需求、潜在需求和未来需求，并去寻找整体解决方案。

经过上两个时期平台战略的实施，企业已经具有了一定的产业链优势。但随着时代的发展和用户需求的多元化发展，原有的平台战略模式已经不能满足用户的需求和公司发展的需要，于是曼特公司开始寻求新的变革，其平台战略的实施也进入了新的阶段——创新期。创新期内，平台战略实施的重点在于寻找模糊边界，创造商业和社会价值。创新平台战略就是要创造出全面的价值创造体系，其中需要特别把握的仍然是用户需求。

二、研究成果分析

（一）宏观环境分析结果

根据塑料管道行业的产品技术环境，曼特公司当前应该大力推进塑料管道在住宅建设、城镇市政工程、交通运输建设、农业灌溉等各领域的广泛应用，同时逐步淘汰能耗高、污染大的传统管道，积极进行技术创新。根据大数据的服务技术环境，曼特公司应该从大数据中挖掘信息，创建评估和预测模型，预测塑料管道的未来发展趋势。通过大数据技术，实现企业问题的精准锁定，在曼特公司服务问题产生的周期中，搜集剖析每个节点所需要的每一类数据，形成基于问题治理的数据资源分布"电子地图"。同时，可以通过大数据整理搜集的社交信息数据、民众互动数据等，提升民众服务能力，面向社会化用户开展精致化服务，为民众提供更大价值。

（二）微观环境分析结果

首先，通过竞争者分析可知，在近年宏观经济情况下行及市场竞争加剧的形势下，塑料管道型材市场竞争十分激烈。具体来说，2016 年世界经济继续深度调整，发达经济体增长格局出现分化，新兴市场和发展中经济体整体增速逐渐趋稳，国际贸易持续低迷，全球资本流动加剧，大宗商品价格受资本流动影响回升但波动较大。国内经济面对结构性问题突出、风险隐患显现、经济下行压力加大的严峻挑战，不断完善宏观调控手段，大力深化改革、强化创新引领，经济运行稳步放缓、缓中趋稳。受此影响，国内塑料管道行业开始了转型升级和优化调整，行业增速进一步放缓，行业内竞争加剧。塑料管道行业进入壁垒不高，中小企业众多，是充分竞争的市场。但近年来塑料管道行业产业结构发生较大变化，随着消费者对产品质量和品牌要求的提高，规模较大、总体质量较好的企业发展步伐加快，其相应的市场综合竞争能力也逐步得到提升；规模小、低水平的企业发展则出现了困难，甚至已有部分企业停产或转产。产业集中度在稳步提升，品牌企业之间的竞争更为激烈。

其次，通过综合分析可知，面对网络时代消费者心理和行为的迭代化和多样化，企业要从用户需求、平台架构和生态系统这三大角度出发，对传统的产品和服务做出革新，从而实现企业商业模式的优化。

最后，通过渠道成员分析可知，中间商对于零售一类的行业有着至关重要的作用。通过对塑料管道行业营销渠道和其中间商的分析，我们不难发现，目前塑料管道行业的模式正在进行全方面的改变，虽然部分企业仍旧采用传统的分销模式，但其发生变革已经是必然现象。塑料管道行业的营销渠道模式正向着扁平化、精细化的方向发展，营销渠道也开始涉足更多的领域由分销模式变成分销与直销结合的综合渠道模式，由单纯的店面零售终端销售变为零售终端与网络终端并行，进一步拓宽销售渠道的宽度，完善销售网络。

（三）案例分析结果

通过将曼特公司与 NIKE 及鲁泰纺织集团进行对比分析，笔者总结了曼特公司的优势和不足。优势主要表现在：顺应社会与行业发展要求；优化企业的组织结构、凝聚企业文化；数据集成，提高企业的市场竞争力；打造生态系统，提高企业的整体价值。劣势主要表现在：忽视原有产品的技术革新；平台实施的即时性和有效性低；平台生态系统过于单一。

NIKE 集团给曼特公司发展带来的启示是：加强平台建设，把握用户深层需求；开放链接，提升平台价值；增强内部营销，加强平台战略思想的宣传。

鲁泰纺织集团给曼特公司发展带来的启示是：加强对原有产品的技术革新；实施全产业链智能管理。

第二节　研究意义

一、理论意义

尽管国内外针对平台战略的研究较为丰富，但主要是对其概念、分类、优势等方面的探讨，研究大多数处于理论层面，对具体行业的平台建设和战略的研究仍比较少。同时，技术的迅速发展对理论发展有了更高要求，而目前，我国对企业平台战略的整体规划缺乏理论研究和实践探讨。

本研究从平台战略理论出发，不仅拓宽了研究视角，延伸了研究广度，还对国内具体行业的平台研究和实践进行了丰富和完善，为之后的平台战略研究提供了充足的经验，使理论更加科学、系统。

二、实践意义

经济与技术迅猛发展催生了新的经济形势——网络经济。当前互联网发展迅速，只有加快依靠互联网的网络经济的发展才能实现经济的可持续发展，从而使我国企业拥有应对全球化经济的实力。因此，顺应这一趋势对平台战略进行仔细研究和深入分析，具有相当重要的意义和作用。

在新的经济浪潮中，科技不断进步，全球一体化不断推进，商业组织面临的市场环境越来越复杂，企业竞争越来越激烈，推动了企业竞争优势和商业模式的演进。在商业革命推动下，新公司不断诞生，他们或依赖技术的创新，引领甚至颠覆了消费者的消费习惯，改变了更多人的生活方式；或依靠组织创新、敏锐把握市场，探索出独特的商业模式取得竞争优势。

互联网时代，消费者这一群体在产业链中的中心地位和价值越来越突出，如何把握这一群体成为企业发展的关键。本研究探索管材企业构建平台的路径，通过构建用户主导的平台，加强产业链双方或多方的沟通联系、交易，进而增加直接或间接收益。

当前，管材行业存在巨大发展机遇，行业竞争激烈，管材市场站在转型升级的十字路口。本研究以平台思维解决转型问题，为管材企业发展提供思路，助推转型升级成功。

实施平台战略是突破同质化竞争、形成竞争优势、推动自身转型的内在要求。本研究可提供针对性的转型思路，帮助管材企业克服转型的盲目性和局限性，提升其经营管理能力、联系整合能力，使企业具备一般企业难以比拟的优势和巨大潜力，从而提高管材企业的核心竞争力，进而更好地应对外来竞争性的入侵和行业的多元变化。管材行业与居民生活息息相关，随着互联网技术的发展，平台经济对区域经济发展的助推作用明显。本研究为管材企业提供高品质、新策略、优体验的实现路径，可提高消费者满意度，不断发掘市场中新的商业机会，为我国区域经济发展注入新的发展活力，实现社会效益与经济效益的双丰收。

第三节　研究展望

一、当前研究存在的问题和局限性

本书采用文献综述与案例研究相结合的研究方法，在案例的选取上可能存在一定的局限性，不能代表所有采用平台战略的企业样本。

案例研究是通过典型案例，详细描述现象是什么、分析其为什么会发生，并从中发现或探求现象的一般规律和特殊性，导出研究结论或新的研究命题的一种方法。本书的案例研究，样本规模小，缺乏科学归纳的基础，相较于实证研究，内部有效性、因子有效性和可靠性都不高。案例研究的结果具有很强的针对性，只适用于曼特公司当前的状况，研究结果的推广性差，不适合推广到不同时空范围和不同对象。

二、进一步研究的问题和方法

未来的研究，一方面可以选取其他有代表性的企业样本进行案例分析，另一方面可以考虑从实证的角度，对本书的研究结论进行进一步的检验。

参考文献

[1] Amit R. , Schoemaker P. J. H. . Strategic Assets and Organizational Rent [J]. Strategic Management Journal, 1993, 14 (1): 33 –46.

[2] Anderson S. P. , Coate S. . Market Provision of Broadcasting: A Welfare A-nalysis [J] . Review of Economics Studiecs, 2005, 72 (4): 947 –972.

[3] Armstrong M. , Wright J. Two – sided Markets with Multihoming and Exclu-sive Dealing [M] . Idei Working Paper Diw, 2004.

[4] Armstrong M. . Competition in Two – sided Markets [J]. The RAND Journal of Economics, 2006, 37 (3): 668 –691.

[5] Baldwin C. , Clark K. . Managing in The Age of Modularity [J]. Harvard Business Review, 1997 (5) .

[6] Baldwin C. , Woodard C. . The Architecture of Platforms: A Unified View [J]. Harvard Business School Finance Working Paper, 2008.

[7] Baldwin C. Y. , Clark K. B. . Design Rules: The Power of Modularity [M]. MIT Press, 2000.

[8] Baldwin C. Y. , Woodard C. J. . The Architecture of Platforms: A Unified View [J]. Platforms Markets & Innovation, 2008.

[9] Baldwin C. Y. , Woodard C. J. . The Architecture of Platforms: A Unified View [J]. Platforms, Markets and Innovation, 2009 (32) .

[10] Barnard C. I. . The Functions of the Executive, 16 [J]. Aufl. , Cambridge, Mass, 1938.

[11] Barney J. , Wright M. , Jr D. J. K. . The Resource – based View of the Firm: Ten Years After 1991 [J]. Journal of Management, 2001, 27 (6): 625 –641.

[12] Barney J. B. . Dimensions of Informal Social Network Structure: Toward a Contingency Theory of Informal Relations in Organizations [J]. Social Networks, 1985, 7 (1): 1 –46.

［13］ Barney J. B. . Strategic Factor Markets: Expectations, Luck, and Business Strategy ［J］. Management science, 1986, 32 (10): 1231 – 1241.

［14］ Barney J. . Firm Resources and Sustained Competitive Advantage ［J］. Advances in Strategic Management, 2016, 17 (1): 3 – 10.

［15］ Barney J. . Firm Resources and Sustained Competitive Advantage ［J］. Journal of Management, 1991, 17 (1): 99 – 120.

［16］ Barney J. . Special Theory Forum the Resource – based Model of the Firm: Origins, Implications, and Prospects ［J］. Journal of Management, 1991, 17 (1): 97 – 98.

［17］ Basu A. J. , Zyl D. J. A. V. . Industrial Ecology Framework for Achieving Cleaner Production in the Mining and Minerals Industry ［J］. Journal of Cleaner Production, 2006, 14 (3): 299 – 304.

［18］ Bateson J. E. . Self – service Consumer: An Exploratory Study ［J］. Journal of Retailing, 1985.

［19］ Bergh H. , Kind H. J. , Reme B. A. , et al. . Competition Between Content Distributors in Two – sided Markets ［J］. CESifo Working Paper Series, 2012.

［20］ Beyeler W. E. , Glass R. J. , Lodi G. . Modeling and Risk Analysis of Information Sharing in the Financial Infrastructure ［M］ . Berlin: Collaborative Financial Infrastructure Protection, 2012.

［21］ Birger Wernerfelt. A Resource – based View of the Firm ［J］. Strategic Management Journal, 1984, 5 (2): 171 – 180.

［22］ Boudreau K. . Open Platform Strategies and Innovation: Granting Access vs. Devolving Control ［J］. Management Science, 2010, 56 (10): 1849 – 1872.

［23］ Bovel D. , Martha J. . From Supply Chain to Value Net ［J］. Journal of Business Strategy, 2000, 21 (4): 24 – 28.

［24］ Brady R. . Business as a System of Power ［M］. New York: Routledge, 2017.

［25］ Bresnahan T. F. , Greenstein S. . Technological Competition and the Structure of the Computer Industry ［J］. The Journal of Industrial Economics, 1999, 47 (1): 1 – 40.

［26］ Bronfenbrenner U. . Toward an Experimental Ecology of Human Development ［J］. American Psychologist, 1977, 32 (7): 513.

［27］ Brusoni S. , Prencipe A. . Design Rules for Platform Leaders ［J］. Chapters, 2009.

[28] Cabezas H. , Pawlowski C. W. , Mayer A. L. , et al. Simulated Experiments with Complex Sustainable Systems: Ecology and Technology [J]. Resources Conservation & Recycling, 2005, 44 (3): 279 – 291.

[29] Caillaud B. , Jullien B. . Chicken & Egg: Competition Among Intermediation Service Providers [J]. RAND Journal of Economics, 2003: 309 – 328.

[30] Chakravorti S. , Emmons W. R. . Who Pays for Credit Cards? [J]. Journal of Consumer affairs, 2003, 37 (2): 208 – 230.

[31] Chakravorti S. , Roson R. . Platform Competition in Two – Sided Markets: The Case of Payment Networks [J]. Social Science Electronic Publishing, 2006, 5 (1): 118 – 143.

[32] Chakravorti S. , Roson R. . Platform Competition in Two – sided Markets: The Case of Payment Systems [J]. Federal Reserve Bank of Chicago Working Paper, 2004, 5 (1): 118 – 143.

[33] Cohen – Rosenthal E. , Smith M. . Cornell's Perspective on Eco – Industrial Parks: Vision of the Future of Industry [R] . 2000.

[34] Cusumano M. A. . The Platform Leader's Dilemma [M]. New York, NY: ACM, 2011.

[35] Cusumano M. A. . Platform Wars Come to Social Media [J]. Communications of the ACM, 2011, 54 (4): 31 – 33.

[36] Dierickx I. , Cool K. . Asset Stock Accumulation and Sustainability of Competitive Advantage [J]. Management Science, 1989, 35 (12): 1504 – 1511.

[37] Ehrlich P. R. , Raven P. H. . Butterflies and Plants: A Study in Coevolution [J]. Evolution, 1964, 18 (4): 586 – 608.

[38] Eisenhardt K. M. , Martin J. A. . Dynamic Capabilities: What Are They? [J]. Strategic Management Journal, 2000, 21 (10 – 11): 1105 – 1121.

[39] Eisenhardt, Kathleen M. , Martin, Jeffrey A. . Dynamic capabilities: what are they? [J]. Strategic Management Journal, 2015, 21 (10 – 11): 1105 – 1121.

[40] Eisenmann T. , Parker G. , Van Alstyne M. . Opening Platforms: How, When and Why? [J]. Social Science Electronic Publishing, 2008.

[41] Eisenmann T. , Parker G. , Van Alstyne M. W. . Strategies for Two – sided Markets [J]. Harvard Business Review, 2006, 84 (10): 92.

[42] Eisenmann T. , Parker G. , Van Alstyne M. . Platform Envelopment [J]. Strategic Management Journal, 2011, 32 (12): 1270 – 1285.

[43] Eisenmann T. , Parker G. , Van Alstyne, Marshall. Strategies for Two Si-

ded Markets [J]. Social Science Electronic Publishing, 2006, 84 (10): 92 – 101.

[44] Eisenmann T. R. , Parker G. , Van Alstyne M. . Opening Platforms: How, When and Why? [J]. Platforms, Markets and Innovation, 2009 (6): 131 – 162.

[45] Evans D. S. , Hagiu A. , Schmalensee R. . Invisible Engines: How Software Platforms Drive Innovation and Transform Industries [M]. Cambridge: The MIT Press, 2006.

[46] Evans D. S. , Hagiu A. , Schmalensee R. . Invisible Engines: How Software Platforms Drive Innovation and Transform Industries [M]. Cambridge: The MIT Press, 2006.

[47] Evans D. S. , Noel M. D. . Defining Markets that Involve Multi – Sided Platform Businesses: An Empirical Framework with an Application to Google's Purchase of DoubleClick [J]. Reg – Markets Center Working Paper, 2007 (7 – 18) .

[48] Evans D. S. , Schmalensee R. . Catalyst Code: The Strategies Behind the World's Most Dynamic Companies [M]. Boston: Harvard Business School Press, 2007.

[49] Evans D. S. . Some Empirical Aspects of Multi – sided Platform Industries [J]. Social Science Electronic Publishing, 2003, 2 (3): 191 – 209.

[50] Fernando F. Suarez, Gianvito Lanzolla. The Role of Environmental Dynamics in Building a First Mover Advantage Theory [J]. The Academy of Management Review, 2007, 32 (2): 377 – 392.

[51] Fine C. H. , Vardan R. , Pethick R. , et al. Rapid – Response Capability [J]. MIT Sloan Management Review, 2002.

[52] Fréry F. , Lecocq X. , Warnier V. . Competing with Ordinary Resources [J]. MIT Sloan Management Review, 2015, 56 (3): 69.

[53] Garnsey E. , Leong Y. Y. . Combining Resource – based and Evolutionary Theory to Explain the Genesis of Bio – networks [J]. Industry and Innovation, 2008, 15 (6): 669 – 686.

[54] Garud R. , Kumaraswamy A. . Technological and Organizational Designs for Realizing Economies of Substitution [J]. Strategic Management Journal, 1995, 16 (S1): 93 – 109.

[55] Gawer A. , Cusumano M. A. . Industry Platforms and Ecosystem Innovation [J]. Journal of Product Innovation Management, 2014, 31 (3): 417 – 433.

[56] Gawer A. , Cusumano M. A. . Platform Leadership: How Intel, Microsoft, and Cisco Drive Industry Innovation [M]. Boston, MA: Harvard Business School

Press, 2002.

[57] Gawer A.. Bridging Differing Perspectives On Technological Platforms: Toward An Integrative Framework [J]. Research Policy, 2014, 43 (7): 1239 – 1249.

[58] Gawer A.. Bridging Differing Perspectives on Technological Platforms: Toward an Integrative Framework [J]. Research Policy, 2014, 43 (7): 1239 – 1249.

[59] Gawer A.. Platform Dynamics and Strategies: From Products to Services [J]. Platforms, Markets and Innovation, 2009 (45): 57.

[60] Gereffi G., Memedovic O.. The Global Apparel Value Chain: What Prospects for Upgrading by Developing Countries [M]. Vienna: United Nations Industrial Development Organization, 2003.

[61] Gereffi G.. International trade and industrial upgrading in the apparel commodity chain [J]. 1999, 48 (1): 37 – 70.

[62] Gereffi G.. The Global Apparel Value Chain: What Prospects for Upgradingby Developing Countries? [M]. Austria: UNIDO, 2003.

[63] Germain C. B., Gitterman A.. The Life Model of Social Work Practice: Advances in Theory & Practice [M]. New York: Columbia University Press, 1996.

[64] Grant R. M.. The Resource – based Theory of Competitive Advantage: Implications for Strategy Formulation [J]. California Management Review, 1991, 33 (3): 114 – 135.

[65] Greene R. R., Ephross P. H.. Human behavior theory and social work practice [M]. New York: Aldine de Gruyter, 1991.

[66] Gulati R.. Alliances and Networks [J]. Strategic Management Journal, 1998, 19 (4): 293 – 317.

[67] Hagiu A., Wright J.. Multi – sided platforms [J]. International Journal of Industrial Organization, 2015, 43: 162 – 174.

[68] Hawley A. H.. The Logic of Macrosociology [J]. Annual Review of Sociology, 1992, 18 (1): 1 – 15.

[69] Hearn G., Pace C.. Value – creating ecologies: understanding next generation business systems [J]. Foresight, 2006, 8 (1): 55 – 65.

[70] Hidding G. J., Williams J., Sviokla J. J.. How platform leaders win [J]. Journal of Business Strategy, 2011, 32 (2): 29 – 37.

[71] Hines P.. Integrated Materials Management: The Value Chain Redefined [J]. International Journal of Logistics Management, 1993, 4 (1): 13 – 22.

[72] Hofer C. W., Schendel D. Strategy formulation: analytical concepts [J].

West Pub. co, 1978, 51 (4): AB238.

[73] Hofer C. W., Schendel D.. Strategy Formulation: Analytical Concepts [M]. West Publ., 1978.

[74] Armstrong M.. Competition in Two – sided markets [J]. The RAND Journal of Economics, 2005, 37 (3): 668 – 691.

[75] Iansiti M., Levien R.. Strategy as Ecology [J]. Harvard Business Review, 2004, 82 (3): 68 – 81.

[76] Iansiti M., Levin R.. The Keystone Advantage: What the New Dynamics of Business Ecosystems Mean for Strategy, Innovation, and Sustainability [J]. Future Survey, 2004, 20 (2): 88 – 90.

[77] Iansiti M., Richards G. L.. The Information Technology Ecosystem: Structure, Health, and Performance [J]. The Antitrust Bulletin, 2006, 51 (1): 77 – 110.

[78] Iansiti M., Zhu F.. Dynamics of Platform Competition: Exploring the Role of Installed Base, Platform Quality and Consumer Eepectations [C]. Proceedings of the International Conference on Information Systems, ICIS 2007, Montreal, Quebec, Canada, December 9 – 12, 2007.

[79] Iansiti, Marco, Richards, Gregory L.. Information Technology Ecosystem: Structure, Health, and Performance [J]. The Antitrust Bulletin, 2006 (1).

[80] Inkpen A.. Learning, Knowledge Acquisition, and Strategic Alliances [J]. European Management Journal, 1998, 16 (2): 223 – 229.

[81] Janash R.. The Power of Platforms [J]. Business Strategy, 2015, 8 (3): 26 – 34.

[82] Jean – Charles Rochet, Jean Tirole. Platform Competition in Two – sided Markets [J]. Journal of the European Economic Association, 2003, 1 (4): 990 – 1029.

[83] Ji X., Zeng F., Lin M.. Data Transmission Strategies for Resource Monitoring in Cloud Computing Platforms [J]. Optik – International Journal for Light and Electron Optics, 2016, 127 (16): 6726 – 6734.

[84] Jonash R., Koehler H., Onassis I.. The Power of Platforms [J]. Business Strategy Series, 2007, 8 (1): 26 – 34.

[85] Kandiah G., Gossain S.. Reinventing Value: The New Business Ecosystem [J]. Strategy & Leadership, 1998, 26 (5): 28 – 33.

[86] Kemp S. P., Whittaker J. K., Tracy E. M.. Person – environment Practice: The Social Ecology of Interpersonal Helping [M]. Piscataway: Transaction Pub-

lishers, 1997.

[87] Korhonen J., Snäkin J. P.. Analysing the Evolution of Industrial Ecosystems: Concepts and Application [J]. Ecological Economics, 2005, 52 (2): 169 – 186.

[88] Krishnan V., Gupta S.. Appropriateness and Impact of Platform – Based Product Development [J]. Management Science, 2001, 47 (1): 52 – 68.

[89] Kristjansson A. H., Hildre H.. Platform Strategy: A Study of Influencing Factors [C]. 2004.

[90] Lambert D. M., Pohlen T. L.. Supply Chain Metrics [J]. International Journal of Logistics Management, 2001, 12 (1): 1 – 19.

[91] Langlois R. N.. Modularity in Technology and Organization [J]. Journal of Economic Behavior & Organization, 2002, 49 (1): 19 – 37.

[92] Lewin R., Regine B.. On the Edge in the World of Business [J]. 1999.

[93] Liebowitz S. J., Margolis S. E. Winners, Losers & Microsoft: Competition and Antitrust in High Technology [M]. California: Independent Institute, 1999.

[94] Liebowitz S. J., Margolis S. E.. Network Externality: An Uncommon Tragedy [J]. Journal of Economic Perspectives, 1994, 8 (2): 133 – 150.

[95] Matthies A. L., Närhi K., Ward D.. The Eco – Social Approach in Social Work [J]. Councilonsocial Work Education, 2001, 37 (3).

[96] Mayer M. H., Lehnerd A. P.. The power of product platforms [J]. International Journal of Mass Customisation, 1997, 1 (13): 1 – 13.

[97] McGrath R. G., MacMillan I. C.. Discovery – driven Planning [J]. Harvard Business Review, 1995, 73 (4): 44 – 52.

[98] Mcguffog T.. E – commerce and the Value Chain [J]. Manufacturing Engineer, 1999, 78 (4): 157 – 160.

[99] Meyer M. H., Lehnerd A. P.. The Power of Product Platforms [M]. New York: Simon and Schuster, 1997.

[100] Meyer M. H., Utterback J. M.. The Product Family and the Dynamics of Innovation [J]. Sloan Management Review, 1993, 34 (3): 29 – 47.

[101] Moore J. F.. Predators and prey: A New Ecology of Competition [J]. Harvard business review, 1993, 71 (3): 75.

[102] Morales A., Sheafor B. W.. Social Work: A Profession of Many Faces [J]. Turbulent Flow Problems, 2009.

[103] Muffatto M., Roveda M.. Product Architecture and Platforms: A Conceptual Framework [J]. International Journal of Technology Management, 2002, 24 (1):

1 - 16.

[104] Norgaard R. B.. Environmental Economics: An Evolutionary Critique and a Plea for Pluralism [J]. Journal of Environmental Economics and Management, 1985, 12 (4): 382 - 394.

[105] Parker G., Alstyne M. V.. Innovation, Openness & Platform Control [C] // ACM Conference on Electronic Commerce [M]. New York: NY ACM, 2010.

[106] Parker G., Alstyne M. W. V.. Platform Strategy [J]. SSRN Electronic Journal, 2014.

[107] Parker G., Van Alstyne M. W.. Platform Strategy [J]. Boston U. School of Management Research Paper, 2014.

[108] Parker G. G, Alstyne M. W. V.. Two - Sided Network Effects: A Theory of Information Product Design [J]. Management Science, 2005, 51 (10): 1494 - 1504.

[109] Parnas D. L.. On the Criteria to Be Used in Decomposing Systems Into Modules [J]. Communications of the ACM, 1972, 15 (12): 1053 - 1058.

[110] Peltoniemi M., Vuori E.. Business Ecosystem as the New Approach to Complex Adaptive Business Environments [C]. Proceedings of eBusiness Research Forum, 2004 (2): 267 - 281.

[111] Peltoniemi M.. Business Ecosystem: A Conceptual Model of an Organisation Population From the Perspectives of Complexity and Evolution [J]. 2005.

[112] Penrose E.. Theory of the Growth of the Firm [J]. Long Range Planning, 1959, 23 (2): 240 - 241.

[113] Peter Hines, Nick Rich, John Bicheno, et al. Value Stream Management [J]. Corporate Finance, 1998, 9 (1): 25 - 42.

[114] Peteraf M. A.. The Cornerstones of Competitive Advantage: A Resource - based View [J]. Strategic Management Journal, 1993, 14 (3): 179 - 191.

[115] Pincus A., Minahan A.. Social Work Practice: Model and Method [J]. F. e. Peacock, 1973.

[116] Pinker R. Book Reviews: Kemp, Susan P. James K. Whittaker and Elizabeth M. Tracey (1997) Person - Environment Practice: The Social Ecology of Interpersonal Helping [J]. International Social Work, 1998, 41 (4): 531 - 532.

[117] Porter M.. Competitive Advantage: Creating and Sustaining Superior Performance [M]. New York: The Free Press, 1985.

[118] Porter M. E.. Competitive Strategy [J]. Journal of Marketing, 1980, 1 (2): 2001.

[119] Power T. , Jerjian G. . Ecosystem: Living the 12 Principles of Networked Business [M]. Financial Times Management, 2001.

[120] Pyka A. , Windrum P. . The Self – organisation of Strategic Alliances [J]. Economics of Innovation and New Technology, 2003, 12 (3): 245 – 268.

[121] Rangan S. , Adner R. . Profits and the Internet: Seven Misconceptions [J]. MIT Sloan Management Review, 2001, 42 (4): 44.

[122] Rayport J. F. , Sviokla J. J. . "Exploiting the Virtual Value Chain" Harvard Business Review [C] . Harvard: Harvard Business School Press, 1999.

[123] Reisinger M. . Two – sided Markets with Negative Externalities [R]. Munich Discussion Paper, 2004.

[124] Robert M. . Grant. The Resource – Based Theory of Competitive Advantage: Implications for Strategy Formulation [J]. California Management Review, 1991, 33 (3): 3 – 23.

[125] Robertson D. , Ulrich K. . Planning for Product Platforms [J]. Sloan Management Review, 1998, 39 (4): 19.

[126] Rochet J. C. , Tirole J. . Two – sided Markets: A Progress Report [J]. Rand Journal of Economics, 2006, 37 (3): 645 – 667.

[127] Rochet J. C. , Tirole J. . Cooperation Among Competitors: The Economics of Payment Card Associations [J]. Rand Journal of economics, 2002, 33 (4): 1 – 22.

[128] Rochet J. C. , Tirole J. . Platform Competition in Two – sided Markets [J]. Journal of the European Economic Association, 2003, 1 (4): 990 – 1029.

[129] Rochet J. C. , Tirole J. . Platform Competition in Two – sided Markets. CSIO [C] . IDEI Workshop, 2001.

[130] Rochet J. C. , Tirole J. . Two – sided Markets: A Progress Report [J]. The RAND Journal of Economics, 2006, 37 (3): 645 – 667.

[131] Rong K. , Lin Y. , Shi Y. , et al. Linking Business Ecosystem Lifecycle with Platform Strategy: A Triple View of Technology, Application and Organisation [J]. International Journal of Technology Management, 2013, 62 (1): 75 – 94.

[132] Rong K. , Lin Y. , Shi Y. , et al. Linking business ecosystem lifecycle with platform strategy: A Triple view of technology, application and organisation [J]. International Journal of Technology Management, 2013, 62 (1): 75 – 94.

[133] Rumelt R. P. , Schendel D. , Teece D. J. . Strategic Management and Economics [J]. Strategic Management Journal, 1991, 12 (S2): 5 – 29.

[134] Rysman M.. The Economics of Two – Sided Markets [J]. Journal of Economic Perspectives, 2009, 23 (3): 125 – 143.

[135] Schiff A.. Open and closed systems of two – sided networks [J]. Information Economics & Policy, 2003, 15 (4): 425 – 442.

[136] Schilling M. A.. Technological Leapfrogging: Lessons from the US Video Game Console Industry [J]. California Management Review, 2003, 45 (3): 6 – 32.

[137] Schmalensee R. , Evans D. S.. The Industrial Organization of Markets with Two – Sided Platforms [J]. Social Science Electronic Publishing, 2007, 3 (1): 103 – 114.

[138] Science M.. Asset stock accumulation and sustainability of competitive advantage [J]. Management Science, 1989, 35 (12): 1504 – 1514.

[139] Sheafor B. W. , Morales A. , Scott M. E.. Social Work: A Profession of Many Faces [M]. Allyn & Bacon, 2010.

[140] Slywotzky A. J. , Morrison D. J. , Andelman B.. The Profit Zone: How Strategic Business Design will Lead you to Tomorrow's Profits [J]. 1998.

[141] Slywotzky A. J. , Morrison D. J. , Andelman B.. The Profit Zone: How Strategic Business Design Will Lead You to Tomorrow's Profits [M]. New York: Three Rrivers Press, 2007.

[142] Stabell C. B. , Fjeldstad O. D.. Configuring Value For Competitive Advantage: On Chains, Shops, And Networks [J]. Strategic Management Journal, 1998, 19 (5): 413.

[143] Suarez F. F. , Lanzolla G.. The Role of Environmental Dynamics in Building a First Mover Advantage Theory [J]. Academy of Management Review, 2007, 32 (2): 377 – 392.

[144] Subramanian Rangan, Ron Adner. Profits and the Internet: Seven Misconceptions [J]. Mit Sloan Management Review, 2001, 42 (4): 44 – 53.

[145] Tansley A. G.. The Use and Abuse of Vegetational Concepts and Terms [J]. Ecology, 1935, 16 (3): 284 – 307.

[146] Teece D. J.. Competition, Cooperation, and Innovation: Organizational Arrangements for Regimes of Rapid Technological Progress [J]. Journal of Economic Behavior & Organization, 1992, 18 (1): 1 – 25.

[147] Tellis G. J. , Prabhu J. C. , Chandy R. K.. Radical Innovation Across Nations: The Preeminence of Corporate Culture [J]. Journal of Marketing, 2009, 73 (1): 3 – 23.

［148］ Tellis G. J. , Yin E. , Niraj R. . Does Quality Win? Network Effects Versus Quality in High – Tech Markets ［J］. Journal of Marketing Research, 2009, 46 （2）: 135 – 149.

［149］ Thomas Eisenmann, Geoffrey Parker, Marshall Van Alstyne. Platform envelopment ［J］. Strategic Management Journal, 2011, 32 （12）: 1270 – 1285.

［150］ Ulrich K. . The Role of Product Architecture in the Manufacturing Firm ［J］. Research Policy, 1995, 24 （3）: 419 – 440.

［151］ Von Bertalanffy L. . General System Theory ［J］. New York, 1968: 40.

［152］ Wernerfelt B. . A Resource – based View of the Firm ［J］. Strategic Management Journal, 1984, 5 （2）: 171 – 180.

［153］ West J. , Wood D. . Evolving an Open Ecosystem: The Rise and Fall of the Symbian Platform ［J］. Advances in Strategic Management, 2013 （30）: 27 – 67.

［154］ Wheelwright S. C. , Clark K. B. . Creating Project Plans to Focus Product Development ［J］. Harv Bus Rev, 1992, 70 （2）: 70 – 82.

［155］ Wheelwright S. C. , Clark K. B. . Revolutionizing Product Development: Quantum Leaps in Speed, Efficiency, and Quality ［M］. New York: Simon and Schuster, 1992.

［156］ Wright F. L. , Pfeiffer B. B. . Frank Lloyd Wright: Architecture ［M］. ADA Edita, 2003.

［157］ Yoshino M. Y. , Rangan U. S. . Strategic Alliances: An Entrepreneurial Approach to Globalization Harvard Business School Press ［J］. Boston, MA, 1995: 909 – 910.

［158］ Zastrow C. , Kirst – Ashman K. K. . Understanding Human Behavior and the Social Environment ［M］. Illinois Nelson – Hall, 1987.

［159］ Zhu F. , Iansiti M. . Entry into Platform – based Markets ［J］. Social Science Electronic Publishing, 2012, 33 （1）: 88 – 106.

［160］ Zhu F. , Iansiti M. . Dynamics of Platform Competition: Exploring the Role of Installed Base, Platform Quality and Consumer Expectations ［M］. Boston: Division of Research, Harvard Business School, 2007.

［161］ A. N. 怀特海. 科学与近代世界［M］. 何钦译. 北京: 商务印书馆, 2011.

［162］ LS 集团控股有限公司 2016 年年度报告.

［163］ LY 工业股份有限公司 2016 年年度报告.

［164］ GJ 机械科技股份有限公司 2016 年年度报告.

［165］河北 BS 有限公司 2016 年年度报告．

［166］蔡宁，王节祥，杨大鹏．产业融合背景下平台包络战略选择与竞争优势构建——基于浙报传媒的案例研究［J］．中国工业经济，2015（5）：96 – 109．

［167］陈黎．AISAS 模式下网络整合营销传播应用研究［D］．武汉：武汉理工大学，2010．

［168］陈威如．平台战略［M］．北京：中信出版社，2013．

［169］迟晓英．价值网及节点价值链的系统研究［M］．上海：上海交通大学出版社，2003．

［170］崔瑜琴．基于 AIDMA 的隐性广告效果评估模型构建［J］．商业经济，2011（21）：39 – 40．

［171］大卫·波维特，约瑟夫·玛撒，R·柯克·克雷默等．价值网：打破供应链，挖掘隐利润［M］．仲伟俊译．北京：人民邮电出版社，2002．

［172］丁绒．自组织演化视角下的战略联盟企业间合作机制研究［D］．广州：华南理工大学，2013．

［173］樊志刚，黄旭，谢尔曼．互联网时代商业银行的竞争战略［J］．金融论坛，2014（10）：3 – 10．

［174］葛敏，许长新．金融产业生态系统的生态承载力研究［J］．经济问题，2007（9）：103 – 106．

［175］龚丽敏，江诗松．平台型商业生态系统战略管理研究前沿：视角和对象［J］．外国经济与管理，2016，38（6）：38 – 50．

［176］郭露桑．传统企业的平台化发展战略及实施步骤［J］．商，2015（50）：12 – 13．

［177］郭晓娜．消费者心理和行为变化对网络营销影响研究综述——基于网络条件下［J］．现代商贸工业，2012，24（6）：82 – 83．

［178］韩卓然，吴正刚．平台企业战略管理研究［J］．经济研究导刊，2015（23）：23 – 25．

［179］胡树华，汪秀婷．产品创新平台的理论研究与实证分析［J］．科研管理，2003（5）：8 – 13．

［180］李海舰，陈小勇．企业无边界发展研究——基于案例的视角［J］．中国工业经济，2011（6）：89 – 98．

［181］李景怡．基于商业生态系统的企业平台战略发展路径研究——以甘肃省为例［J］．生产力研究，2016（2）：64 – 68，80．

［182］李垣，刘益．基于价值创造的价值网络管理（Ⅰ）：特点与形成［J］．管理工程学报，2001，15（4）：38 – 41．

[183] 李允尧，刘海运，黄少坚．平台经济理论研究动态[J]．经济学动态，2013（7）：123-129．

[184] 蔺雷，吴贵生．制造企业服务增强的质量弥补：基于资源配置视角的实证研究[J]．管理科学学报，2009，12（3）：142-154．

[185] 刘刚，熊立峰．消费者需求动态响应、企业边界选择与商业生态系统构建——基于苹果公司的案例研究[J]．中国工业经济，2013（5）：122-134．

[186] 刘家明．双边平台战略研究综述[J]．江苏商论，2016（1）：20-24．

[187] 刘炎飞．从独播到独特：芒果 TV 发展战略转型研究[J]．当代传播，2016（6）：109-112．

[188] 鲁泰纺织．鲁泰纺织股份有限公司 2016 年年度报告 [EB/OL]．http：//www. 1ttc. com. cn，2017-03-30．

[189] 陆宏芳，彭少麟，任海等．产业生态系统区域能值分析指标体系[J]．中山大学学报（自然科学版），2006，45（2）：68-72．

[190] 吕尚彬，戴山山．"互联网＋"时代的平台战略与平台媒体构建[J]．山东社会科学，2016（4）：13-18．

[191] 迈克尔·波特．竞争战略：分析产业和竞争者的技巧[M]．北京：华夏出版社，1997．

[192] 耐克官网：http：//www. NIKE. com. cn．

[193] 潘剑英，王重鸣．商业生态系统理论模型回顾与研究展望[J]．外国经济与管理，2012（9）：51-58．

[194] 钱晓文．媒体实施平台战略的必要性与可行性 [J]．青年记者，2013（9）：9-10．

[195] ［日］田村泰一．An Analytical Perspective on the Platform Strategy and the Business Model-Focusing on Cases of a Digital Content Terminal [J]．早稻田国际经营研究，2014（45）：41-52．

[196] 斯莱沃斯等．发现利润区[M]．凌晓东译．北京：中信出版社，2003．

[197] 孙丽娟，方义松．基于价值链的 3G 时代电信运营商平台战略[J]．电信科学，2010，26（9）：31-36．

[198] 孙顺利，周科平，胡小龙．矿区生态产业链延伸风险及其控制分析[J]．中国矿业，2007，16（11）：30-32．

[199] 谈留芳．传统营销渠道和网络营销渠道的结合发展探索[J]．江苏商论，2016（4）：68-69．

[200] 唐·泰平，汤姆·路易斯特，汤姆·舒．价值流管理[M]．大连：东北财经大学出版社，2005．

［201］汪旭晖，张其林．平台型电商企业的温室管理模式研究——基于阿里巴巴集团旗下平台型网络市场的案例［J］．中国工业经济，2016（11）：108－125.

［202］王季，郭媛媛，张晓松．全球价值链理论研究综述［J］．科技和产业，2007，7（5）：1－4.

［203］王小平，何其霞，杜丛新．消费心理、个人特性和市场营销对观众购买决策的影响（综述）［J］．北京体育大学学报，2002，25（1）：47－49.

［204］王毅，袁宇航．新产品开发中的平台战略研究［J］．中国软科学，2003（4）：55－58.

［205］吴海平，宣国良．基于 DEA－MODM 的价值网络组构模型研究［J］．系统工程理论与实践，2004，24（6）：20－25.

［206］吴义爽，徐梦周．制造企业"服务平台"战略，跨层面协同与产业间互动发展［J］．中国工业经济，2011（11）：48－58.

［207］徐晋，张祥建．平台经济学初探［J］．中国工业经济，2006（5）：40－47.

［208］袁爱芝．山东半岛城市群产业生态化与生态城市建设研究［J］．山东经济战略研究，2006（9）：43－47.

［209］袁心士．平台型企业商业模式构建路径研究［D］．吉林大学硕士学位论文，2016.

［210］张强．云计算时代的平台战略［J］．电脑知识与技术，2010，6（6）：1350－1352.

［211］张小宁，赵剑波．新工业革命背景下的平台战略与创新——海尔平台战略案例研究［J］．科学学与科学技术管理，2015（3）：77－86.

［212］赵占波，邬国锐，刘锋．中国社交网络商业模式发展及影响因素分析［J］．商业研究，2015，57（1）：33－40.

［213］周嘉琳．融合、平台与价值链——BBC 新媒体战略分析［J］．东南传播，2012（9）：21－23.

［214］左娟．基于产业平台论的互联网思维及 P－V－A 模型［J］．通信企业管理，2014（4）：64－67.